1001
MACHT

MATHIAS BRÜGGMANN

1001 MACHT

Fußball, Flüssiggas, Finanzimperium

Der märchenhafte Aufstieg des Emirats Katar
vom Wüstenstaat zum Global Player

Bibliografische Information der Deutschen Nationalbibliothek
Die Deutsche Nationalbibliothek verzeichnet
diese Publikation in der Deutschen Nationalbibliografie;
detaillierte bibliografische Daten sind im Internet
über *http://dnb.dnb.de* abrufbar.

ISBN 978-3-8012-0639-0

Copyright © 2022 by
Verlag J. H. W. Dietz Nachf. GmbH
Dreizehnmorgenweg 24, 53175 Bonn

Umschlag: Ute Lübbeke, Köln
Umschlagillustrationen: iStock/Leontura (Doha);
iStock/Sergii Tverdokhlibov (LNG); iStock/Andreas Lang (Fußball)
Satz: Rohtext, Bonn
Druck und Verarbeitung: Plump Druck & Medien GmbH, Rheinbreitbach

Alle Rechte vorbehalten
Printed in Germany 2022

Besuchen Sie uns im Internet: *www.dietz-verlag.de*

DIETZ & *DAS*
Der Podcast zu Politik, Gesellschaft und
Geschichte aus dem Dietz-Verlag

Abrufbar auf allen Podcast-Plattformen

Für meine Eltern,
die ein besseres Leben für ihre Kinder wollten
und uns vieles ermöglicht haben, das sie nicht bekamen,
aber erträumt hatten.

Inhalt

Prolog

Geschichte von den drei Äpfeln, Tausendundeine Nacht

Der »Diener« von Doha erregte Deutschland medial: Als der deutsche Vizekanzler und Wirtschaftsminister Robert Habeck im März 2022 der katarischen Führung seine Aufwartung machte, verbeugte er sich tief, als ihn der Staatsminister für Energie und CEO von Qatar Energy, Saad bin Sherida Al-Kaabi, begrüßte. Diese Geste des Deutschen rief in den Twitter-Blasen Befremden oder Empörung hervor. Die Fotos fängen »die Situation nicht richtig ein«, man habe sehr selbstbewusst verhandelt, erklärte sich der Grünen-Politiker anschließend.

Zeitenwende: Seit Russlands Krieg gegen die Ukraine ist Deutschlands Rolle in der Welt erheblich ins Wanken geraten. Bisher vermeintlich sicher und billig versorgt mit russischem Gas, wird die Energieabhängigkeit von Moskau mehr und mehr zum Problem. Die Suche nach Alternativen rückt plötzlich potenzielle Partner in den Mittelpunkt, von denen selbst ein dortiger Herrscher zugibt, dass die allermeisten Menschen es zuvor wohl nicht einmal auf der Landkarte gefunden hätten: Länder wie Katar.

Von der Halbinsel – mit 11.571 Quadratkilometern Fläche gerade einmal gut zwei Drittel so groß wie Habecks Heimat Schleswig-Holstein – war zumindest bis zur Vergabe der Fußball-WM 2022 durch den skandalumwitterten Weltfußballverband FIFA im Jahre 2010 kaum etwas bekannt. Seither hagelt es Vorwürfe: Sklaventreiber, Terrorfinanziers, Ausbeuter, Umweltsünder, Frauenunterdrücker. Die Liste der Vorwürfe gegen Katar ist größer, als ein so kleiner Staat auf der Arabischen Halbinsel vermuten lassen würde. Die Vorhaltungen sind so heftig, dass Habeck in der ihm eigenen Sprache von »Partnern, die ihre Eigenheiten haben«, redet.

Bei einem solchen Land soll Deutschland zum Bittsteller werden? Was die Energieversorgung angeht, ganz sicher. Denn Katar verfügt nach Russland und dem kaum besser beleumundeten Iran – gegen beide sind Sanktionen in Kraft – über die drittgrößten Erdgasvorkommen der Welt. Dohas Staatskonzern Qatar Energy ist der weltgrößte Flüssiggasexporteur. Dieses Gas hat den strategischen Vorteil, dass es nicht durch Pipelines gepumpt werden muss, sondern per Schiff fast überallhin transportiert werden kann. Für das Land ist seine global führende Rolle bei verflüssigtem Erdgas (LNG) so bedeutend, dass ein LNG-Tanker und eine Verflüssigungsanlage sogar den 500-Rial-Schein zieren, die größte Banknote der katarischen Landeswährung.

Für 45 Milliarden Dollar baut Katar seine Gasförderung und -verflüssigung bis 2027 deutlich aus. Zudem ist Qatar Energy an US-Firmen beteiligt, die verflüssigtes Erdgas (LNG) in alle Welt verschiffen, sowie an LNG-Terminals in Europa, wo das durch extreme Kühlung auf ein Sechshundertstel seiner ursprünglichen Größe verflüssigte Gas angelandet und verteilt wird. Wer nach Alternativen zu russischem Erdgas sucht, kommt an Katar kaum vorbei. Das lockte auch Habeck in die Welt von 1001 Nacht. Deutschlands Nachbar Polen hat dies deutlich eher erkannt und im unmittelbar angrenzenden Ostseeort Świnoujście (Swinemünde) mit katarischer Unterstützung ein fast eine Milliarde Euro teures LNG-Importterminal gebaut – und dies schon 2011, also lange vor dem großen Krieg Russlands gegen die Ukraine und der 2014 erfolgten russischen Annexion der ukrainischen Halbinsel Krim.

2015, in dem Jahr, in dem deutsche und europäische Energieversorgungsunternehmen mit dem vom Kreml kontrollierten Konzern Gazprom und mit dem Segen der damaligen Bundeskanzlerin Angela Merkel (CDU) den Bau der zweiten Ostseegaspipeline Nord Stream 2 vereinbarten, dockte der erste aus Katar kommende Tanker mit Flüssiggas in Świnoujście an. Polen hat sich katarisches LNG bis 2034 gesichert. Deutsche Versorger hatten immer wieder mal mit der katarischen Führung über den Bau eines Terminals an der Elbe verhandelt. Entnervt, so berichten zahlreiche Gesprächspartner in der katarischen Hauptstadt Doha, habe Qatar Energy dann aber aufgegeben und sich andernorts in Europa an LNG-Anlandestellen beteiligt.

Zwar könne Deutschland in Fragen von Energie und Rohstoffen auch künftig nicht nur mit Demokratien zusammenarbeiten, hatte der deutsche Wirtschafts- und Klimaschutzminister erkannt. Aber es gebe, wie Habeck am Rande seines Katar-Besuchs formulierte, »zwischen einem nicht demokratischen Staat, bei dem die Situation der Menschenrechte problematisch ist, und einem autoritären Staat, der einen aggressiven, völkerrechtswidrigen Krieg vor unserer Tür führt, noch mal einen Unterschied«.

Damit wird richtigerweise auf die Frage gezielt, ob Länder, die russische Lieferungen ersetzen sollen – wie Katar beim Erdgas oder Saudi-Arabien beim Erdöl –, einen besonderen Reputationstest durchlaufen müssen. Es ist richtig, bei der Auswahl wirtschaftlicher und politischer Partnerinnen und Lieferanten der deutschen Industrie sehr genau hinzuschauen. Menschenrechte, das Verbot von Sklaven- und Kinderarbeit, soziale und ökologische Mindeststandards müssen in Wirtschafts- und Handelsfragen noch viel stärker in den Mittelpunkt rücken. Deshalb ist die Kritik an den oft menschenunwürdigen Arbeitsbedingungen in Katar absolut berechtigt. Aber die Verve, mit der Katars Mängel beäugt werden, seit das kleine Land im Winter 2022 zum großen Nabel der Fußballwelt wurde, legt nahe, dass es in diesem Fall um weit mehr und ganz andere Themen geht als um den Schutz der mehr als zwei Millionen ausländischen Arbeitskräfte auf der Halbinsel.

Denn weder in anderen, deutlich größeren Ländern der Region mit einem Vielfachen an Arbeitsmigranten und inzwischen deutlich schlechteren Bedingungen werden ähnliche Fragen gestellt, bevor deutsche Firmen dort Rohöl oder andere Rohstoffe beziehen und Autos, Aufzüge oder Anlagen verkaufen. Noch wird über das Schicksal der Hunderttausenden von Gastarbeitern aus Zentralasien und dem Kaukasus, die sich auf russischen Baustellen für die Fußball-WM in Russland 2018 und die Olympischen Winterspiele in Sotschi vier Jahre verdingten und um ihre Löhne geprellt und ausgebeutet wurden, auch nur ansatzweise so intensiv berichtet wie über Katar. Obwohl sie in Russland sehr oft beschimpft, rechtlich diskriminiert, von korrupten Polizisten oder Inspekteuren abkassiert und immer wieder zum Spielball der Politik werden: Wenn einer der Nachfolgestaaten der Sowjetunion sich von Moskau abwendet, Kritik am Kreml übt oder zu sehr nach Eigenständigkeit begehrt, werden wie durch einen Zufall die Arbeitsvisa für in Russland schaffende Migranten annulliert. Tausenden dieser Menschen wurden auf den Baustellen der Stadien und Sportanlagen für WM und Olympische Spiele ihre Löhne vorenthalten und vor Anpfiff der Spiele wurden sie kurzerhand außer Landes geschafft. Auch Tote gab es auf den WM- und Olympiabaustellen, nur wurden sie nicht öffentlich gezählt wie im Falle Katars.

Es war auch nichts zu hören über die Bedingungen für die Zehntausenden zumeist asiatischen Arbeiterinnen und Arbeiter, die die »Expo2020 Dubai« erst aufbauten und dann in brüllender Hitze als Personal auf der Anlage schuften mussten. Die wegen der Corona-Pandemie um ein Jahr verschobene Weltausstellung in Dubai zog mit 24 Millionen Besuchern mehr Menschen an, als die FIFA mit 1,5 Millionen Fans für ihre Weltmeisterschaft in Katar erwartet.

Auch über der mit Abstand größten Volkswirtschaft am Golf, Saudi-Arabien, wo sich deutlich mehr Bauarbeiter, Krankenschwestern, Busfahrer und Köchinnen zumeist aus ärmeren arabischen oder asiatischen Ländern verdingen, liegt ein Schleier des Schweigens.

Dieser ist in Katar richtigerweise zerrissen worden. Die menschenunwürdige Behandlung von Bauarbeitern, Hausangestellten, Taxifahrern, Kassiererinnen und Wachleuten in Katar wird offen kritisiert. Ebenso, dass ein Großteil von ihnen quasi kaserniert in der Industrial City am Ausläufer der Hauptstadt Doha untergebracht war (und teilweise noch ist) und dass erst spät akzeptable Wohnanlagen für diejenigen erbaut wurden, die die glitzernden Shoppingmalls, Nobelhotels und künstlichen Inseln errichtet haben. Und dies auch noch oftmals unter der Bedingung, dass sie ihren Arbeitgeber nicht wechseln dürfen und bei Kritik das Land verlassen müssen. Diese Missstände haben zu Recht die Vergabe einer Fußball-WM an Katar hinterfragen lassen oder Proteste auf der Mitgliederversammlung des FC Bayern München gegen den Sponsor Qatar Airways ausgelöst.

Zu einer fairen Bewertung gehört aber, die Fakten zu kennen, die dieses Buch aufzuzeigen sucht. Was wir nicht vergessen sollten:

Auch in westlichen Ländern geschah Wandel oft nicht über Nacht. Beispiel Frauenrechte: So durften bei uns Frauen bis 1958 nur mit Zustimmung ihres Ehemanns arbeiten, er durfte ohne ihre Zustimmung ein Arbeitsverhältnis beenden. Und bis 1977 lautete der § 1356 BGB Absatz 1: »[1] *Die Frau führt den Haushalt in eigener Verantwortung.* [2] *Sie ist berechtigt, erwerbstätig zu sein, soweit dies mit ihren Pflichten in Ehe und Familie vereinbar ist.*« Das Frauenwahlrecht in der Schweiz gibt es erst seit 1971 – dem Jahr, in dem sich Katar aus dem britischen Protektorat in die Unabhängigkeit verabschiedete.

Energiepartnerschaft und WM als Chance

Eine deutsch-katarische Energiepartnerschaft und die Winter-WM sind Chancen, mit einem reformwilligen Land wie Katar im breiten Sinn des Worts ins Geschäft zu kommen. »Wandel durch Handel«, wie die Willy Brandt'sche Ostpolitik in den Nullerjahren fast schon verballhornt wurde, ist für alle erkennbar mit Russland spätestens 2022 krachend gescheitert. Doch warum sollten Länder, die keine großen Wirtschaftsbeziehungen zu Deutschland oder der Europäischen Union unterhalten und von ihnen nicht abhängig sind, sich auf eine Wertediskussion mit Berlin oder Brüssel einlassen? Vertiefte Handelsbeziehungen sind eine Grundlage dafür.

Katar ist ein Musterbeispiel dafür, dass das Brandt'sche Konzept des Wandels durch Annäherung wirkt: Spätestens seit der Vergabe der Fußball-WM an das Land, geriet Katar so sichtbar auf die Bühne, dass lautstarke Kritik aufbrandete und die Frage beantwortet werden musste: Wandel oder Aussitzen? Einflussreiche Menschen in der Führung von Staat und Unternehmen dort haben erkannt, dass Arbeitskräfte mehr sind als ein Kostenfaktor. Dass die Ziele der »Vision 2030« – eine wissensbasierten Wirtschaft für die Zeit nach Öl und Gas aufzubauen – nur erreichbar sind, wenn es dafür qualifizierte und in der Wahl ihrer Arbeitgeber freie Menschen gibt. Dazu taugen weder Arbeitssklaven noch unfreie Menschen. Deshalb hat Katar das Arbeitsrecht reformiert und als erstes Land der Region einen Mindestlohn eingeführt. Dass heute mehr junge katarische Frauen an den (westlichen) Universitäten des Landes studieren und ihre männlichen Verwandten in Sachen Bildung längst überholt haben, ist ein logischer Teil der Reformen.

Wenn Katar mit der Austragung der Fußball-WM den Wunsch einer Vorbildrolle für die 22 arabischen Länder mit ihren mehr als 420 Millionen Bürgerinnen und Einwohnern formuliert, dürfen die begonnenen Reformen nur ein Anfang sein. Denn das Ziel seiner »Vision 2030« hat das vom jungen Emir Tamim bin Hamad Al-Thani als eine Art Fürst absolutistisch beherrschte Katar sicher noch nicht erreicht.

Katar ist ein Land der Widersprüche.

Der neu eingeführte Mindestlohn für ausländische Gastarbeiter liegt bei umgerechnet 275 Dollar, für Kataris beträgt er fast 20-mal so viel.

Nachhaltigkeit ist das wohl am meisten verwendete Wort in Präsentationen von Firmen, Regierungsvertretern und des Staatsfonds Qatar Investment Authority (QIA), der große Anteile an Volkswagen, Siemens, der Deutschen Bank und anderen Unternehmen bei uns besitzt und damit nicht unerheblichen Einfluss hat. Aber das vom einst bettelarmen Land von Perlenfischern zum Land mit dem weltweit höchsten Bruttoinlandsprodukt pro Kopf aufgestiegene Katar hat zugleich den mit Abstand größten ökologischen Fußabdruck. Kein anderes Land emittierte pro Kopf so große Mengen an Treibhausgasen. Beim Einsatz erneuerbarer Energien hinkt Katar weit hinter den eigenen Ankündigungen und Versprechen hinterher. Hier ergibt sich eine große Chance für eine beide Seiten begünstigende Energiepartnerschaft zwischen Berlin und Doha. Und während die Qatar Investment Authority auf Einkaufstour geht und Beteiligungen an Firmen mit wohlklingenden Namen à la Porsche, Tiffany's, Harrods oder Louis Vuitton Moët Hennessy wie Perlen zur Kette aufreiht, dürfen Ausländer bis heute keinen Grund und Boden auf der Halbinsel erwerben – von dem bisschen Land auf der neugeschaffenen Luxus-Insel »The Pearl« und Appartements in der neu gebauten Stadt Lusail einmal abgesehen.

Zu den Widersprüchen zählt auch, dass Katar von seinen Nachbarstaaten heftige Vorwürfe gemacht wurden, islamistische Terrorgruppen zu finanzieren. US-Präsident Joe Biden hingegen empfing im

Januar 2022 den katarischen Emir als ersten Regenten aus den Golfstaaten im Weißen Haus. Er adelte Katar als bisher einziges Land mit dem Status des »Major Non-NATO Ally«. Nicht zuletzt, weil es dank des diplomatischen Geschicks der Kataris möglich wurde, im Sommer und Herbst 2021 über 60.000 amerikanische und europäische Militärs und zivile Helfer sowie einige afghanische Ortskräfte aus Afghanistan auszufliegen.

Bidens Anerkennung verstärkte noch die Kabale und Liebe am Golf: Wie in den Märchen aus 1001 Nacht tobt heute am Golf eine Geschichte aus enttäuschter Liebe, neuen Abenteuern und dunklen Intrigen. Denn Katar habe sich von »einem Vasallen Saudi-Arabiens noch vor wenigen Jahrzehnten in einen der reichsten, angesehensten und einflussreichsten Staaten entwickelt«, urteilt der Politikwissenschaftler Mehran Kamrava von der Filiale der Georgetown University in Doha[1]

Das ruft Neid hervor, führt zu Spannungen und rückt die Golfregion auch sicherheitspolitisch immer wieder in den Fokus. Geopolitisch stehen die arabischen Golfstaaten dort wegen ihrer Energievorkommen und der Rivalität mit dem Iran ohnehin unter Beobachtung. Doch während die sunnitische Vormacht Saudi-Arabien dem schiitisch dominierten Persien spinnefeind ist, versucht sich Katar im Ausgleich und eckt damit bei seinen arabischen Nachbarn immer wieder an.

Katar hat es seit 1995 geschafft, sein Bruttoinlandsprodukt zu vervierundzwanzigfachen. Dieser wirtschaftliche Aufschwung erfolgte während der Herrschaft von Scheich Hamad bin Khalifa Al-Thani bis 2013, als er die Macht friedlich an seinen Sohn, den aktuell herrschenden Emir Tamim bin Hamad Al-Thani, übergab: Der junge Emir führte das Land durch eine dreieinhalbjährige Blockade der arabischen Nachbarstaaten. Was andere Staaten vielleicht aufgerieben hätte, führte im Falle Katars dazu, dass eine noch stärker diversifizierte Wirtschaft entstand und lange angedachte Reformen endlich umgesetzt wurden.

Katar ist heute – bei allen noch vorhandenen Defiziten und einer Gesellschaft, die sich auch selbst noch sucht und finden muss – ein Land, mit dem man weltweit zu rechnen hat: In den Bereichen Ener gie, Sport, Kultur, Medien, Finanzen und Firmenbeteiligungen, Wirtschaftskooperationen, auf dem Kunstmarkt und in der internationalen Diplomatie.

Wegen seiner »1001 Macht« ist Katar den Rivalen am Golf ein Dorn im Auge. Seinen Einfluss übt es auch über den in der ganzen arabischen Welt empfangbaren Satellitensender Al Jazeera aus, mit diplomatischen Kraftakten wie der Beendigung des Bürgerkriegs im Libanon oder dem Abzug der westlichen Truppen aus Afghanistan. Vor allem aber über seine gewaltige Marktmacht beim Erdgas. Es nutzt seine Macht auch dazu, die Sportwelt aufzumischen – Beispiele sind die Fußball-WM oder der Kauf des Spitzenklubs Paris Saint-Germain.

Doch die Rivalen aus Riad und Abu Dhabi lassen dieses zur Schau gestellte Selbstbewusstsein nicht unbeantwortet und liefern sich einen Wettlauf um europäische Fußballklubs, Formel-1-Rennen, Sportveranstaltungen oder Serien wie eine eigene Profi-Golftour. Das Milliardengeschäft Sport dient als Lockmittel für Touristen und sorgt für Bekanntheit und Prestige. Auf Neudeutsch »Nation Branding« genannt, die Schaffung eines positiven und bedeutsamen Images für einen Staat. In Katar hat das Engagement im Sport-Business mit der dazugehörigen weltweiten Aufmerksamkeit dazu geführt, dass Druck aufgebaut werden konnte, der beispielsweise grundlegende (Arbeitsrechts-)Reformen erwirkte. Käme es doch noch zu einem Boykott der WM, würde dies nur den Hardlinern am Golf nützen. Denn längst nicht alle in der katarischen Gesellschaft, in der die Einheimischen gerade einmal ein gutes Zehntel der Bevölkerung stellen, haben verstanden, wie wichtig der Wandel ist. So wurde das Kafala genannte System, das ausländische Beschäftigte abhängig machte von einem einzigen Arbeitgeber, abgeschafft. Solche Reformen bringen nach Ansicht konservativer Kreise am Golf nur Kostennachteile im Wettbewerb mit anderen Ländern in der Region und sind deshalb in Katar auch nicht unumstritten.

Dieser Wettbewerb um Standortbedingungen könnte noch zunehmen. Denn wenn die Energiepreise in Europa weiter so rasant steigen wie aktuell und die Politik nichts unternimmt, werden Unternehmen aus energieintensiven Branchen ihre Produktion immer mehr dahin verlagern, wo die Kosten niedrig sind. Und die Golfstaaten haben billige Energie sowohl durch den Reichtum an Öl und Gas als auch durch exzellente Bedingungen für Solarstrom und damit auch für den Export von »grünem Wasserstoff«. Sie haben bisher auch niedrige Lohnkosten dank der vielen arbeitswilligen Menschen vor allem aus Asien und Afrika, die am Golf den Lebensunterhalt für ihre Familien verdienen. Dabei überweisen sie zumeist mehr Geld in ihre Heimatländer als Entwicklungshilfe aus dem Westen dorthin fließt. Dieser Mix macht es verständlich, dass im Rahmen der Diversifizierung bereits eigene Stahl-, Aluminium- und Chemieunternehmen in den Golfstaaten aufgebaut wurden, die nun auch einen Standort wie Deutschland unter Druck setzen.

Die Golfregion wird in Kürze anders betrachtet werden müssen. Nicht mehr nur als »Tankstelle der Welt«, sondern mehr und mehr als eine Region mit hervorragenden Standortbedingungen und mit dem Willen, eine Wissensgesellschaft zu etablieren sowie in Zukunftstechnologien vorne mitzuspielen.

Katar ist dabei das Land mit dem größten Interesse, mit westlichen Firmen zusammenzuarbeiten und auf Augenhöhe Partnerschaften einzugehen. Dieses Buch soll dazu beitragen, Katar besser kennenzulernen. Es lohnt der Blick hinein in die katarische Gesellschaft, denn nur so verstehen wir die Beweggründe und Ziele dieses im rasanten Wandel befindlichen Landes. Ohne dabei dem Fehler der Verharmloser des Regimes von Wladimir Putin zu verfallen und zu »Katarverstehern« zu werden, die beißende Missstände schlicht ignorieren.

Noch ist Katar uns weitgehend unbekannt. Durch die Fußball-WM 2022 bietet sich die Chance, intensiv in diese geopolitisch und ökonomisch wichtige Weltregion zu schauen. Katar öffnet sich, und wir sollten die Gelegenheit nutzen, genau hinzuschauen. Denn diese Öffnung hat auch Auswirkungen auf uns – die Versorgung mit Energie ist dabei nur 1 von 1001 Aspekten.

Wie rasant sich Katar entwickelt, lässt sich nicht nur an der Einwohnerzahl Dohas ablesen: Als es 1971 mit der Unabhängigkeit des Landes zur Hauptstadt wurde, lebten hier etwa 83.000 Menschen. Besiedelt war nur der südliche Teil der Bucht, wo sich die Stadt mittlerweile an der Uferstraße Corniche entlang zieht und auf 652.000 Einwohnerinnen und Einwohner im Jahr 2022 gewachsen ist. Die Stadt wuchs um den alten Basar, den Souq Waqif, herum, der mir bei meinem ersten Besuch in Doha, Ende der Nullerjahre, als der eindrücklichste der arabischen Golfstaaten erschien. Klein und alt und mit dem Falkner-Klub, vor dem ältere Männer in ihren weißen Dishdashas auf mit weinroten Teppichen bespannten Holzbänken hockten, Zeitung lasen oder über ihre Jagdvögel sprachen. Die Falken sind längst umgezogen in einen anderen Teil des Basars. Denn der Souq wurde immer weiter vergrößert. Im alten arabischen Stil, was die Kataris als Erhalt ihrer Kultur begreifen, andere aber vielleicht als eine Art Disney World bezeichnen würden.

Was geblieben ist trotz all der auf alt gemachten neuen Restaurants und Souvenirläden und Galerien, in denen auf dem Boden hockende Männer Kupferkessel mit kleinen Meißeln verzieren oder mit Goldborten versehene schwarze Umhänge für die weißen Dishdashas nähen, sind die Schubkarren. Sie lehnen in der Mittagshitze an den weißgestrichenen Lehmwänden. Aber nach Sonnenuntergang, wenn arabische Familien im vielleicht einen Quadratkilometer großen Quartier mit engen Gassen einkaufen gehen in den mit bunten Aushängen lockenden Textilgeschäften, nach Curry und Kardamom riechenden Gewürzläden oder über den Vogelmarkt laufen mit seiner breiten Auswahl an Sittichen und Papageien, schieben alte, mit roten Westen bekleidete Männer die Karren für die Einkäufe hinterher. Sie bahnen sich den Weg an großen Pfeffersäcken, Beuteln mit getrockneten Hibiskusblüten und Bergen von Datteln vorbei.

Auf der anderen Seite der Bucht standen oft mehr Baukräne als Hochhäuser, von denen dann aber immer mehr in den Himmel wuchsen. Eine völlig neue Skyline Dohas entstand, von dem weißen Monument einer geöffneten Muschel mit Perle aus gesehen – einem steinernen Hinweis auf die Entstehungsgeschichte der Stadt, die einst ein Hafen für Perlenfischerboote war. Und wie Doha wuchs, so wuchs auch die Bedeutung Katars, das damals kaum jemand kannte und das jetzt mit der Ausrichtung der Fußballweltmeisterschaft und als immer wichtiger werdender Energielieferant selbstbewusst die Weltbühne betritt.

Der Souq Waqif vor dem Zweiten Weltkrieg.

Schubkarren: Alte Überbleibsel auf dem ansonsten völlig modernisierten Souq Waqif.

KAPITEL 1
Die Wüste bebt

»Wisse, dass es kein Leid gibt, dem nicht Freude folgte,
kein Unglück, das nicht irgendein Glück nach sich zöge.«
520. Nacht, Tausendundeine Nacht

Der wundersame Aufstieg eines Mini-Wüstenstaates

Die Geschichte eines Übermorgen-Landes am Persischen Golf begann mit einer Enttäuschung. Oder einem Missverständnis. »Als wir vor gut 50 Jahren das North-Dome-Feld vor unserer Küste entdeckten, waren wir traurig. Es war zwar das größte Gasfeld der Welt, aber eben ein Erdgasvorkommen«, erinnert sich Abdullah bin Hamad Al-Attiyah. »Erdgas wollte damals kaum jemand haben, es waren die Jahre der Ölkrise und der rasant steigenden Rohölpreise.« Das war 1971, Katar hatte sich mit seinen damals 115.000 Einwohnern gerade vom Protektorat der Briten gelöst, eine Mitgliedschaft in den Vereinigten Arabischen Emiraten abgelehnt und war unter den skeptischen Augen sowohl der Emiratis wie auch des großen Bruders Saudi-Arabien unabhängig geworden. Und zugleich wurde zusammen mit dem Ölmulti Shell der große Fund unter dem Meeresboden gemacht.

Damals war die gigantische Gasblase, die sich vom Nordzipfel der Halbinsel, die den Staat Katar bildet, durch den Persischen Golf bis hinüber zum Iran zieht, eine große Enttäuschung. Doch nicht nur die Frustration des späteren langjährigen Energieministers, Industrieministers, Vizepremiers und Chefs des »Amiri Diwans«, also quasi eines Kanzleramts für den Emir, hat sich längst gelegt: »Katar ist binnen zweier Jahrzehnte zum weltgrößten Flüssiggasproduzenten auf dem Globus geworden«, strahlt Al-Attiyah, der ein Jahr nach dem Gasfund in den Staatsdienst eintrat – in das Ministerium, das damals noch »Finanzen und Öl« hieß. Er hat dann in seiner politischen Karriere aus dem Fluch einen Segen gemacht.

Schaut der 1952 Geborene aus den Fenstern des Büros seiner nach ihm benannten Stiftung für Energie und nachhaltige Entwicklung im neuen Barzan Tower, so sieht er um sich einen Wald aus Wolkenkratzern im »West Bay« genannten Business- und Regierungsviertel Dohas. Viele sind doppelt so hoch wie sein blau glänzendes 22-stöckiges Hochhaus. Noch 1996, als der damalige Emir ihn zum Chef der Qatar General Petroleum Corporation (heute: Qatar Energy) machte, stand nur am Ende dieses Teils der Bucht von Doha ein einziges hohes Gebäude: das 1979 am Nordende erbaute pyramidenförmige Sheraton Hotel. Damals war kaum ein Gebäude in der Stadt höher als drei Stockwerke. Ende 1996 lieferte Katar das erste Schiff mit verflüssigtem Erdgas (LNG) nach Japan: Damit begann der fast unermessliche Reichtum des kleinen Landes.

Und der Reichtum dürfte noch weiter steigen: Die Gaspreise sind seit dem russischen Angriff auf die Ukraine am 24. Februar 2022 in immer neue Höhen gestiegen. Seither liefern sich vor allem europäische Staaten ein Wettrennen, wem der kleine Golfstaat noch aus seinen Riesenreservoirs Gas liefern kann.

Dabei ist Reichtum dem Land nicht in die Wiege gelegt worden.

Geht es nach der offiziellen Website »visitqatar.qa«, beginnt die Geschichte des künftigen Emirats 1776: Damals sollen sich alle Beduinen-Stämme auf der Halbinsel hinter der neuen Herrscherfamilie der Al-Thanis versammelt haben. Sie stellt bis heute den Emir, also den Herrscher. Doch der Weg in der Geröll- und Kalksteinwüste war steinig.

So datieren erste Zeugnisse menschlicher Besiedlung dort 55.000 Jahre zurück. Und in der Steinzeit war die Gegend von Jägern und Sammlern bewohnt, die damals noch reichlich Wasser fanden. Die erste nachgewiesene menschliche Dauersiedlung auf dem Gebiet des heutigen Katars reicht bis ins 6. Jahrtausend vor Christus zurück: Archäologen gruben Hinterlassenschaften kleiner Gehöfte, Überreste von Steinwerkzeugen und verzierte Keramik-Scherben aus. Sie werden der »Obed-Zeit« im damals südlichen Mesopotamien (dem heutigen Irak) zugeordnet und zeigen die traditionellen Verbindungen zwischen dem Süden des Persischen Golfs und den nördlichen (heute: Iran) und nordwestlichen (Irak, Kuwait) Gegenden. Doch zunehmende Austrocknung zwang die Bewohner seit dem 5. Jahrtausend vor Christus dazu, die Region zu verlassen. Es gibt heute keine Flüsse und kaum Grundwasservorkommen. Die karge und staubtrockene Halbinsel wurde in den folgenden Jahrtausenden der Bronze- und Eisenzeit nur sporadisch besiedelt.

Es sind auch nur wenige Anzeichen für das Christentum im vorislamischen Katar gefunden worden, obwohl es sogar einen Bischof von Katara gab. In Al Wakrah südlich der heutigen Hauptstadt Doha fanden Forscher Mauerrreste eines großen Gebäudes, das als Fundament einer nestorianische Kirche identifiziert wurde. Und auch ein großes Fragment eines Kreuzes wurde zutage gefördert. Der christliche Name jener Zeit für Katar war »Beth Qatraye«.[2] 628 nach Christus, vier Jahre vor dem Tod des Propheten Mohammed, konvertierte Munzir bin Sawa Al Tamimi, der christliche Herrscher der Region Al Hasa, zu der auch die Halbinsel Katar gehörte, zum Islam.

Perlenfischer, Piraten und die Ankunft der Al-Thanis

Zu dieser Zeit wurde die Halbinsel zu einem Zentrum des Perlenhandels. Dort ertauchte perlmutterne Preziosen wurden auf Handelsschiffen gen Indien und China oder über Euphrat und Tigris hoch nach Europa gebracht. Noch zu Beginn des 20. Jahrhunderts war die Hälfte der katarischen Bevölkerung ins Perlengeschäft eingebunden. Von Mai bis September – mit einer kurzen Unterbrechung – fuhren »Jalbut« genannte Boote mit wenig Tiefgang und jeweils 18 Mann Besatzung aufs Meer. In bis zu 50 Tauchgängen täglich ohne Ausrüstung bis auf ein Sammelnetz holten die Fischer Perlen tragende Austern aus der Tiefe. Die al-tawwash genannten Perlenhändler verkauften dann aus Kaffeehäusern, wo sie aus Dallah genannten Kannen mit langem, spitzem Auslauf ihren »Qahwa« (Kaffee) tranken, die wertvollen Perlmutt-Kugeln. Der spätere Emir Katars, Scheich Mohammed bin Thani, sagte 1862: »Wir haben nur einen Herrn – die Perle.«

In Jahrhunderten zuvor hatten die Bewohner vor allem »Königliches Purpur« verkauft, einen aus Stachelschnecken gewonnenen

Doha in den 1940er-Jahren.

Katar aus der Luft: Baustellen in der Wüste, künstliche Inseln und im Hintergrund Lusail und Doha.

Farbstoff. Für die Herstellung eines Gramms davon mussten etwa 12.000 Schnecken im Wasser gesammelt werden. Große Mengen an Überresten der Tiere wurden von Archäologen gefunden. Die historische Farbgewinnung soll auch dazu geführt haben, dass Katars Staatsflagge purpurn aussieht, auch wenn sie offiziell im Englischen als »maroon« (kastanienbraun) geführt wird.

Nach 18 Jahren Bauzeit wurde 2019 gegenüber dem Hafen von Doha das imposante Nationalmuseum eröffnet. Wie aus riesigen, ineinander verkeilten, steinernen Diskusscheiben gebildet, türmt sich das Gebäude auf. Es soll eine gigantische Sandrose darstellen, dieses auch bei europäischen Sammlern beliebte Wüsten-Mineral. Die ineinander geschobenen Scheiben machen aus den elf Galerien des Museums ein Labyrinth, wo einige Decken luftige Höhen erreichen und andere enge Nischen bilden. Die Idee des Architekten Jean Nouvel mit den 539 Rundscheiben konnte nur dank einer im Büro des Stararchitekten Frank Gehry entwickelten Software sowie eines Budgets von mehr als 400 Millionen Dollar umgesetzt werden.[3]

Das Gebäude knüpft bewusst an lokale Formensprache an. Die Ausstellung hinter dem felsartigen Eingang, die bis in die Amtszeit des herrschenden Emirs, Scheich Tamim bin Hamad Al-Thani führt, bringt ebenfalls die lokale Sicht zum Ausdruck: Die Entstehung Katars, das auf einer dort ausgestellten Karte eines Astronomen und Geografen aus dem 2. Jahrhundert erstmals als »Catara« verzeichnet ist, wird dargestellt als ein Ringen zwischen seinerzeitigen Großmächten wie Portugal, dem Osmanischen Reich und dem British Empire. Vor allem aber als Kampf gegen die von den Nachbarn Bahrain und Saudi-Arabien angestrebte Dominanz oder gar Eroberung der Halbinsel.

Die Portugiesen errichteten zu Beginn des 16. Jahrhunderts nach Vasco da Gamas Umrundung des Kaps der Guten Hoffnung und dem Aufstoßen des Seewegs nach Indien am Persischen Golf Forts. Sie erhoben hohe Abgaben auf den Perlenhandel und herrschten faktisch ab 1521 über die Gebiete des heutigen Bahrain und Katar. Parallel weitete aber auch das Osmanische Reich seinen Einfluss auf den arabischen Raum aus. Dreieinhalb Jahrzehnte später schlossen sich die dort lebenden Menschen den Osmanen als Teil ihrer Al-Hasa-Provinz an. Dies geschah zunächst in engem Schulterschluss mit dem Stamm der heutigen Herrscher von Saudi-Arabien, den Al-Sauds.[4] 1670 mussten sich die Türken erstmals aus diesem Teil der Welt wieder zurückziehen, als arabische Stämme um die Bani Khalid die Region vom Oman bis Kuwait und Basra unter ihre Kontrolle brachten.

In den 1720er-Jahren wanderte auch der Stamm der Al-Thani aus den Oasen um Najd, 150 Kilometer nordwestlich der heutigen saudi-arabischen Hauptstadt Riad, auf die Halbinsel Katar. Sie ließen sich zunächst in Sikak ganz im Süden nieder. Um dann nach Zubarah an der Nordspitze, dem Zentrum des Perlenhandels, überzusiedeln. Als in den 1760er- bis 1770er-Jahren die Perser Basra eroberten und später Bahrain besetzten, kamen weitere Stämme, vor allem die Al-Khalifas, nach Zubarah. Die Al-Khalifas wurden bis heute die Herrscherfamilie auf dem benachbarten Inselstaat Bahrain, reklamierten aber nach schweren Kämpfen um Zubarah seit 1782 lange Katar für sich.

Immer wieder kam es zu blutigen Gefechten zwischen den Anhängern der Al-Khalifas und katarischen Stämmen. Vor allem Piraten, die die dortigen verklüfteten Küsten als Unterschlupf nutzen, wollten sich den Al-Khalifas nicht unterordnen. Einer der berüchtigtsten Freibeuter war Rahma bin Jabir al-Jalahimah. Der Erzfeind der Al-Kalifas setzte bei seinen Attacken der Flotte der späteren bahrainische Herrscherfamilie enorm zu, sodass Fischer ständig Leichenteile in ihren Netzen fanden, so viele, dass für Wochen der Verzehr von Fisch eingestellt worden sein soll. Rahmas Körper soll laut James Silk Buckingham, einem englischen Reisenden jener Tage, am Ende ein Zeugnis seiner Kämpfe gewesen sein: Er habe nur noch ein Auge und einen Arm gehabt und trotzdem immer noch mit seinem Dolch heftig zugeschlagen.

Zwischen Osmanischem Reich und British Empire

Nach einem kurzen Intermezzo holländischer und französischer Vorherrschaft am Golf setzte sich vor allem das British Empire mit seiner East India Company am Golf fest. Die Krone in London hatte Indien fest im Griff und Sorge um die Handelswege wegen der Piratenküste am Golf. Die Briten fanden arabische Stammeskriege zu

Land noch akzeptabel. Und die gab es seinerzeit immer wieder: Der erste saudische Staat, das Emirat von Diriya, hatte 1787 Katar und Bahrain erobert.

Allerdings gingen die Briten rigoros gegen Piraten vor, die englische Schiffe bedrohten. 1820, zwei Jahre nachdem die Saudis die Macht im Osten der Arabischen Halbinsel zu Lande wieder an die Osmanen verloren hatten, schlossen die Briten deshalb ein erstes Abkommen mit den Scheichs an der Golfküste: Es untersagte Überfälle auf die Handelsmarine und Kidnapping von Sklaven in Afrika. Als sich nicht darangehalten wurde, beschossen die Briten Doha (damals noch: Bidaa) 1821 von ihren Kriegsschiffen aus und zerstörten die Stadt. Eine erneute Verwüstung erlebte Doha 1867, als die bahrainische Flotte angriff. Die dortigen Herrscher, die Al-Khalifas, wollten weiter Abgaben von Katar kassieren.

Es folgten Gegenangriffe der Al-Thanis auf Bahrain ein Jahr später. So sah sich die Kolonialmacht Großbritannien zum Eingreifen im Kampf der zerstrittenen Familien-Stämme gezwungen: 1868 erkannte der »Political Agent« der Briten, Oberst Lewis Pelly, in einem mit Scheich Mohammed bin Thani geschlossenen Abkommen die Eigenständigkeit Katars an. Er zwang dabei die daraufhin nur noch über Bahrain herrschenden Al-Khalifas zu Reparationszahlungen für die Zerstörungen in Doha und bestätigte so die Vorherrschaft der Al-Thanis auf der Halbinsel. Dieser Familienstamm war aber anfangs keineswegs »gesetzt« als Herrscherhaus für Katar: Die Al-Sudans siedelten viel länger dort, die Naim-Stämme waren viel härtere Kämpfer.[5] Dennoch konnten die Al-Thanis mit Hilfe der Briten bis Ende des 19. Jahrhunderts die Macht über Katar erringen und verlagerten ihr Machtzentrum von Zubarah nach Doha, das damals 12.000 Einwohner hatte. Die Ausstellung im Nationalmuseum legt indes nahe, dass Mohammed bin Thani die katarischen Stämme hinter sich sammeln konnte. So sieht es die nationale Geschichtsschreibung.

In Doha, wohin Mohammed bin Thani 1848 gezogen war, kassierten die Al-Thanis von den Perlenfischern Abgaben. In anderen Siedlungen nahmen zunächst andere Scheichs den Tauchern und Händlern eine Art Steuer für ihren Schutz ab. London wisse, dass die Al-Thanis nicht über die volle Kontrolle verfügten, schrieb der britische Diplomat und spätere Resident der Briten, J. G. Lorimer, in seiner zunächst geheimen Enzyklopädie »Gazetteer of the Persian Gulf, Oman and Central Arabia«. Doch treu zur britischen Krone standen die Al-Thanis zunächst nicht: 1871 konnte das Osmanische Reich die Vormachtstellung am Golf weitgehend zurückerobern – vor allem an Land, wo die Kataris erbittert und mit Hilfe der Türken gegen eine Vereinnahmung durch die Saudis kämpften, während die Briten weiter die Seewege kontrollierten. Doch die Türken nutzten einen Zwist innerhalb der Al-Thani Stammesfamilie und zogen Mohammeds Sohn Jassim zunächst auf ihre Seite.

Die Flagge des Osmanischen Reichs wehte so in Doha, während andernorts die Vorherrschaft der Engländer fortbestand. Nach dem Tod des Vaters übernahm Jassim 1878 die Macht und benutzte die Osmanen, um Rückeroberungsversuche Bahrains – auch mit Hilfe rivalisierender katarischer Stämme – zurückzuschlagen. Dabei kam es immer wieder zu blutigen Schlachten. 1893, als die Osmanen Jassim festnehmen wollten, weil er immer wieder auch mit den Briten paktierte und keine Abgaben an die Türken leisten wollte, kam es zur Schlacht bei Waibah. Hier besiegten die Kataris die Osmanen und vertrieben sie.

Scheich Jassim gilt seither als Gründer Katars. Er musste sich neben dem anhaltenden Streit mit Bahrain und saudischen Vereinnahmungsversuchen auch mit einem Angriff des benachbarten Abu Dhabi auseinandersetzen und dabei immer wieder zwischen einer Allianz mit den Briten und Hilfen der Osmanen schwanken.

Erst 1916, nachdem drei Jahre zuvor sein Sohn Abdullah bin Jassim Al-Thani gegen einen konkurrierenden Neffen an die Macht gekommen war und das Osmanische Reich im Ersten Weltkrieg unterging, verloren die Türken die Kontrolle über Katar. Scheich Abdullah verhandelte mit dem Vereinigten Königreich ein grundlegendes Abkommen. Das Land wurde so zum britischen Protektorat. Katar habe, darauf wird in der Ausstellung in dem wie eine gigantische Sandrose aussehenden Nationalmuseum in Doha besonders hingewiesen, in Verhandlungen erwirkt, dass im Gegensatz zum deutlich früher abgeschlossenen Schutzabkommen mit Bahrain kein britischer Resident als Oberverwalter im Protektoratsgebiet selbst angesiedelt werde.

Mit dem 1916 von Katars Herrscher, der mit »I, Sheikh Abdullah-bin-Jasim-bin-Thani« begann,[6] persönlich abgeschlossenen Vertrag erkennen die Briten Abdullah als Emir an. Ihm wurde nach der erst 1918 von der britischen Regierung erfolgten Ratifizierung des Abkommens von London der Titel »Companion of the Most Eminent Order of the British Empire« verliehen. Und er bekam die Zusage, dass bei Empfängen für ihn sieben Salut-Schüsse abgefeuert wurden – so viele wie für die Herrscher Kuwaits und Bahrains, aber mehr als für die Herrscher Abu Dhabis (5) und Dubais (3).

Die Briten wussten aber, dass er in der Al-Thani-Sippe umstritten war, und rangen dem Herrscher Kompromisse ab: So durften die Kataris nicht einmal Korrespondenz mit ausländischen Mächten führen ohne das Wissen der Engländer. Sie übernahmen die volle Kontrolle über Katars Außenpolitik im Tausch gegen den militärischen Schutz des Landes. Zugleich durfte das Königreich im Emirat Zölle erheben, aber der Emir behielt die Kontrolle über die Zollstation. Auch verboten die Briten offiziell den Sklavenhandel, allerdings drückten sie mit Rücksicht auf die machtpolitisch fragile Lage von Scheich Abdullah bin Jassim beide Augen zu.[7]

Bei der Erneuerung des Vertrages und dem Abschluss von Ölkonzessionen 1935 musste der Emir die 1916 ausgeklammerten, aber im Vertrag notierten Artikel 7, 8 und 9 akzeptieren: Sie erlaubten britische Händler in Katar, die Ansiedlung eines britischen Regierungs-Agenten in Doha und die Öffnung eines britischen Post- und Telegrafenamtes (mit in Indien gedruckten britischen Briefmarken). Es wäre doch »schade«, wenn Katar als unabhängiges Land verschwände. So soll der britische Unterhändler Londons Forderungen Nachdruck verliehen haben.[8] Im Gegenzug sagten die Briten nach dem 1916 gewährten Schutz von See aus nun auch den landseitigen zu, um mögliche Angriffe zurückzuschlagen.

Das Ringen ums Öl

Katars Herrschern ging es um Schutz vor Eroberung durch andere Mächte. Auch die Briten wollten verhindern, dass der Eroberer von Riad, Abdulaziz Al-Saud, beim Aufbau eines neuen Königreichs

Saudi-Arabien Katar einfach eingemeindet. Die Al-Sauds sahen die Halbinsel lange als Teil der Al-Hasa-Provinz an, die mal mit und mal gegen die Osmanen entstanden war. »Sie sind in diesem Jahr von der Pest schwer gezeichnet worden, und dazu kommt noch der finanzielle Ruin, der durch den verheerenden Krieg, der derzeit in Europa tobt, verursacht wird«, fasste der damalige Political Resident am Golf, eine Art Oberaufseher der Briten, 1914 die Lage in Katar in einem Brief zusammen. Darin warnte er vor einer Vereinnahmung durch das sich ausbreitende Reich der Al-Sauds.[9]

Vor allem ging es sehr schnell um das neue Gold am Golf: 1908 wurde in Persien, dem heutigen Iran, Erdöl gefunden. Seither erhofften sich alle Anrainerstaaten des von den Arabern »Arabischer Golf« und von Iran »Persischer Golf« genannten Meeres einen Schub durch den neuen Schmierstoff der Weltwirtschaft. Dabei führte das Ringen ums Öl zu einer Verschärfung der territorialen Streitigkeiten in der Region und machte die Festlegung territorialer Grenzen notwendig.

Der erste Schritt erfolgte 1922 auf einer Grenzkonferenz im saudischen Uqair, an der auch der Herrscher Abdul-Aziz bin Saud teilnahm. Der britisch-neuseeländische Glücksritter Major Frank Holmes war für den Londoner Konzern Eastern and General Syndicate Ltd. auf der arabischen Halbinsel unterwegs und unter dem Spitznamen »Abu Naft« (Vater des Öls) berüchtigt. Er drängte Saud zum Unterzeichnen einer Ölkonzession, die ohne Grenzziehung auch das Gebiet Katars umfasst hätte. Doch der britische Unterhändler Sir Percy Cox durchschaute den Trick. Er zeichnete eine Linie auf die Karte am Verhandlungstisch, die die Halbinsel Katar vom saudischen Festland trennte.

Die erhoffte »Bonanza« lockte nach Portugiesen, Osmanen und Briten auch die neue Großmacht USA an den Golf. Nach langen Rivalitäten zwischen amerikanischen und britischen Ölfirmen bekam die Anglo-Persian Oil Company (APOC, später: British Petroleum/BP) 1926 einen ersten Erkundungsauftrag in Katar. 1932, als im benachbarten Bahrain von der amerikanischen Standard Oil Company Öl entdeckt wurde, schickte APOC ein neues Explorationsteam. Drei Jahre später bekam die britische Firma einen auf 75 Jahre laufenden Konzessionsvertrag. Im Gegenzug zahlte APOC an Katars Herrscher,

Scheich Abdullah bin Jassim Al-Thani, bei Unterzeichnung 400.000 Rupien. Damals galt die indische Währung im Einflussgebiet der britischen Kolonialmacht am Golf. Dann sollten jährlich 300.000 Rupien plus zwei Rupien pro Tonne geförderten Rohöls bezahlt werden.[10]

Gleich nach Entdeckung von Öl in Bahrain hatte Standard Oil eine Lizenz in Saudi-Arabien bekommen und die Briten ausgestochen. In Dammam in der saudischen Ostprovinz wurde die Bohrung Nr. 7 fündig. In jenem Jahr, in dem im katarischen Dhukan die Bohrungen begannen: 1938. Erdöl gefunden wurde dann dort im Januar 1940,[11] allerdings erst nach langer Suche und in deutlich tieferen Schichten als in Bahrain. Die Förderlizenz wurde an eine neu gegründete Firma namens Petroleum Department of Qatar weitergereicht, an der der BP-Vorgänger, Shell, und die Cie Française des Pétroles jeweils 23,75 Prozent sowie Standard Oil of New Jersey und Mobil je 11,87 Prozent bekamen. Die verbliebenen 5 Prozent hielt Paratex des armenischen Unternehmers Calouste Gulbenkia. Er war an vielen Ölförderern mit je 5 Prozent beteiligt, das machte den »Mr. Fünfprozent« genannten damals zum reichsten Mann der Welt.

Nach dem sehnlich erwarteten Ölfund dauerte es noch lange, bis das Geld floss: Denn das erste Rohöl wurde erst 1949 exportiert.[12] Inmitten der Kriegswirren in Europa drängten andere Sorgen als das darbende Land am Golf. Dabei litt Katar durch den Zusammenbruch des bis dahin wichtigsten Wirtschaftszweiges enorm: In den 1930er-Jahren brach die Perlenfischerei mit dem Aufkommen japanischer Zuchtperlen regelrecht zusammen. Und nach dem Crash an der Wall Street 1929 waren Luxuswaren ohnehin wenig gefragt. Es waren »harte Hungerjahre, die das Land durchmachte«, sagt Scheich Faisal bin Qassim Al-Thani, einer der heute reichsten Unternehmer Katars (siehe sein Porträt ab S. 207).[13] Ganze Stämme verließen während der offiziell als »Jahre der Härte« in die Geschichte eingegangenen Zeit die Halbinsel.

Doha sei nur noch ein »miserables Fischerdorf« und »mehr als zur Hälfte in Ruinen«, berichtete Londons Verwalter am Golf. Es gebe keine Elektrizität, Wasser müsse über Kilometer herangeschleppt werden.[14] Die Gesamteinwohnerzahl sank auf 16.000 Menschen, darunter 1944 noch 6.000 Fischer und Perlentaucher, während es 20 Jahre zuvor noch zehnmal so viele waren. Handelsrouten rissen in beiden Weltkriegen ab und führten zu extremem Mangel. Denn wegen der Hitze und der ausgeprägten Trockenheit war Katar schon damals stark auf Lebensmitteleinfuhren angewiesen. Es wurde neben Datteln kaum etwas angebaut. Katarische Händler und Kapitäne, die ihre Dhows genannten Schiffe durchbrachten, wurden als Retter und Helden in den Heimathäfen empfangen.

Und 1936 beanspruchte Bahrain wieder Teile Katars, vor allem die Hawar-Inseln unmittelbar vor Katars Westküste. Es kam erneut zu schweren Kämpfen, auch mit dem Bahrain unterstützenden katarischen Naim-Beduinenstamm. Einige ergaben sich Katars Herrscher, andere flohen oder wurden getötet. Und Bahrain verhängte 1937 ein Handels- und Reiseembargo gegen Katar. Bahrain war auch bei der jüngsten, 2017 ausgerufenen Katar-Blockade einer der härtesten Frontstaaten. Der Grenzstreit zwischen beiden Ländern wurde erst 2001 vor dem Internationalen Gerichtshof gelöst: Bahrain bekam die Inseln Hawar und Jarada, Katar Zabarah, Fasht Dibal und die Insel Janan. »Auf dem ihnen zugesprochenen Territorium wurden nie Öl und Gas gefunden, auf unserem aber schon«, freut sich ein ranghoher katarischer Politiker.[15] Es wird nicht das einzige Mal bleiben, in dem Katar das Glück auf seiner Seite hatte.

Streit im Herrscher-Clan

Die Herrscherfamilie um Scheich Abdullah bin Jassim konnte auch während der Hungerjahre die in der Ölkonzession zugesagten Rupien kassieren, während das Volk darbte. Das führte zu Zwist und Widerstand auch innerhalb der Al-Thani-Sippe. Kurz bevor im Dezember 1949 die ersten Ölexporte starteten, dankte der als Emir herrschende Scheich Abdullah ab. Zuvor hatte Katar unter seiner Führung als letzter der arabischen Golfstaaten zugestimmt, dass die Briten einen Political Resident entsenden können. Im Gegenzug akzeptierte London seinen Sohn Ali bin Abdullah Al-Thani als neuen Emir. Im Jahr zuvor war der eigentlich als Nachfolger vorgesehene Hamad gestorben, Scheich Jassims zuvor als Thronfolger auserwählter ältester Sohn. Sofort verlangten andere Teile der Al-Thanis, einer ihrer Söhne müsse zum Zuge kommen. Von einer Thronfolgekrise war die Rede, die »Encyclopædia Britannica« berichtet von »Machtkämpfen in der Al-Thani-Dynastie«.[16]

Erst die ersten Ölexporterlöse – vier Rupien pro Tonne[17] – stärkten die Position von Scheich Ali. Während seiner bis 1960 dauernden Herrschaft baute er die Ölindustrie weiter aus und konnte 1954 erstmals eine Meerwasserentsalzungsanlage und kurz darauf das erste Kraftwerk im Land einweihen. Seither sind Strom und Leitungswasser für katarische Staatsbürger kostenlos. Auch die ersten Sportvereine wurden gegründet, ebenso Banken und eine Bibliothek sowie erste Polizei- und Feuerwehrstationen. Ein öffentlicher Dienst wurde unter britischer Vormundschaft langsam aufgebaut mit zunächst 24 Kataris in der Verwaltung und einem Haushalt, der 1953 noch von einem britischen Berater aufgestellt wurde.

Die große Al-Thani-Familie wurde zunächst befriedet, indem Angehörige Land geschenkt bekamen und Posten im Staat erhielten. Zudem wurde eine einmalige Quasi-Apanage des Emirs an 150 männliche Vertreter des Stammes ausgezahlt. Solange die Öleinnahmen stiegen, ging dies gut. Allerdings verlangten auch die Ölarbeiter gerechtere Löhne und streikten immer wieder. Und 1956 wurde Katar von panarabischen Protesten erfasst, die in der gesamten Region – inspiriert vom ägyptischen Präsidenten Gamal Abdal Nasser – mehr arabische Souveränität verlangen und einen Abzug der Briten. Vor allem aber ein neuer Streit ums Geld und sein schlechter Gesundheitszustand ließen Scheich Ali 1960 abdanken. Wegen seines aufwändigen Lebensstils mit Villa in der Schweiz und teuren Jagden in Pakistan hatte sich die Staatskasse merklich geleert.[18]

Doch anstatt die Macht an den Sohn seines Bruders Hamad, des schon 1949 zum Thronfolger ernannten Khalifa bin Hamad Al-Thani, zu übergeben, machte Ali seinen Sohn Ahmad bin Ali zum Herrscher. Der hatte indes kaum Interesse an der Führung seines Landes, das damals etwa 30.000 Kataris zählte. Er verbrachte einen Großteil seiner Zeit mit Luxusleben in Europa. Er gründete ein Finanzministerium und machte seinen übergangenen Neffen Khalifa zum Minister und zu seinem Stellvertreter.[19] In dieser Rolle führte dieser weitgehend die Geschäfte des Staats, der 1961 dem Kartell der Erdöl exportierenden Länder (OPEC) beitrat (siehe Kapitel 6: Qatar Energy, S. 179). Danach wurde unter seiner Führung auch der Qatari Rial als Landeswährung eingeführt, der die indische Rupie als Zahlungsmittel im Land ablöste. Ausgebaut wurde neben der Infrastruktur des Landes auch der Staatsapparat, in dem vor allem Al-Thani-Familienmitglieder mit Posten versorgt wurden. Dies verärgerte andere Teile der Bevölkerung.

Nach der Unabhängigkeit tobt der Streit ums Geld

1968 gaben die Briten bekannt, dass sie sich aus den Ländern östlich des Suez-Kanals zurückziehen würden. Daraufhin nahm Katar mit Bahrain und den sieben Ländern, die heute zusammen die Vereinigten Arabischen Emirate (VAE) bilden, Verhandlungen auf zur Bildung eines gemeinsamen Staates. Katars Scheich Khalifa wurde sogar zum Chairman eines Temporary Councils gewählt, leitete also die Verhandlungen. Im Erfolgsfall hätte er Premierminister des neuen Staats werden sollen. Der Herrscher Abu Dhabis, des größten Emirats, wäre Präsident des Unionsstaats geworden. Parallel vereinbarte Katar mit Iran die Seegrenze zwischen beiden Ländern. 1970 wurde für Katar eine Interims-Verfassung vorgelegt. Auch die Bildung eines Kabinetts mit zehn Ministern wurde vorbereitet. Die Verhandlungen zur Bildung eines Großemirats aus neun bisher von den Briten beaufsichtigten einzelnen Gebieten stockten – auch weil Katars Emir die Union wollte, aber sein die Gespräche führender Vize dieses Ziel sabotierte. Er setzte auf Eigenstaatlichkeit. Und so annullierte Katar am 3. September 1971 offiziell den mit den Briten 1916 geschlossenen Vertrag über ein Protektorat und erklärte seine Unabhängigkeit.

Diese vollzog der Emir, Scheich Ahmad, aus seiner Schweizer Villa und nicht von seinem Palast in Doha aus. Schon das machte viele Kataris wütend. Als Ahmad im Februar des nächsten Jahres bei einem Jagdausflug in Iran weilte, rief sich Scheich Khalifa zum neuen Emir aus. Er hatte die ganze Arbeit im Unabhängigkeitsprozess geleistet, war bis dahin formal aber nur auserwählter Thronfolger und Stellvertreter des Emirs. Der hatte die Verpflichtung aus der neuen Verfassung zur Berufung eines beratenden Staatsrats (Advisory Council) ebenso wenig erfüllt wie die darin festgeschriebene Anweisung zur Übergabe der Außenpolitik an einen eigenständigen Minister. Alles Argumente für einen unblutigen Putsch an der Staatsspitze.

Einer der Gründe für Khalifas Machtergreifung war wohl auch der Versuch, mit dem opulenten Lebensstil der Vorgänger und den hohen Apanagen für Al-Thanis Familienstämme zu brechen. Das geht aus der Katar-Untersuchung der Federal Research Division des US-Kongresses hervor. »Ahmad bin Ali bezog Berichten zufolge ein Viertel und die gesamte Familie Al-Thani zwischen einem Drittel bis zur Hälfte aller Öleinnahmen Katars im Jahr 1971. Der neue Herrscher schränkte die finanziellen Privilegien der Familie bald nach der Machtübernahme stark ein«, heißt es in dem Bericht.[20] Khalifa soll sich demnach eine Selbstbeschränkung auf ein Gehalt von 250.000 Dollar auferlegt haben.

Khalifa kürzte die Vergütungen aus der Staatskasse an Auserwählte und entwickelte stattdessen entschlossen Katars Wirtschaft. Damit verringerte er die fast absolute Import-Abhängigkeit. So baute Katar als drittes arabisches Land nach Ägypten und Algerien eine eigene Stahlindustrie auf. Auch eine erste petrochemische Fabrik und ein Düngemittelwerk wurden errichtet, in denen das eigene Rohöl weiterverarbeitet werden und so Mehrwert geschaffen werden konnte. In der Folge konnte das Land seine Nicht-Öl-Exporte auf immerhin ein Zehntel aller Ausfuhren steigern. Auch die Qatar University, die erste arabische Hochschule im Land, gründete er. Kritiker sehen zwar den Modernisierungsschub durch Khalifa. Doch kreiden sie ihm an, die Projekte in seinem Namen und nicht im Namen des Landes durchgeführt zu haben. Das 1975 eröffnete erste große Stadion in Doha ließ er nach sich benennen.

Und so erscheint es fast folgerichtig, dass auch ihn ein weiterer unblutiger Staatsstreich in Katars Geschichte ereilte: Sein Sohn Hamad stürzte ihn 1995. Hamad bin Khalifa wollte sichergehen, dass nicht sein Onkel Suhaym oder der amtierende Finanzminister Abdulaziz vorgezogen werden und einer von ihnen Nachfolger wird. Denn eigentlich sollten sich verschiedene Stränge der Al-Thani-Familie ablösen. Hamad bin Khalifa vereitelte dies und nutzte seine Rolle als Kommandeur der katarischen Armee. Er ließ den Amiri Diwan, den Amtssitz des Emirs, von Panzern umstellen und sicherte sich die »baya«, den Treueschwur der (meisten anderen) Scheichs und Führer der Familienstämme. Als Militär war Hamad populär, seit er Katars Militäreinsatz im ersten Golfkrieg nach dem Einmarsch des Iraks in Kuwait 1991 geführt hatte. Dann rief er sich anstatt seines Vaters, den er seit 1993 in Amtsgeschäften schon vertreten hatte, als Emir aus.

Anhaltenden Gerüchten in Doha zufolge rief Hamad nach dem unblutigen Staatsstreich seinen Vater in einem Züricher Hotel an, um ihn über den Wechsel zu informieren. Khalifa, so die lokale Legende, legte einfach auf. Entschlossen, an der Macht zu bleiben, verstieß der ältere Scheich seinen Sohn und kehrte an den Golf zurück, um bei den Stämmen Unterstützung für einen allerdings nach kurzer Zeit erfolglosen Gegenputsch zu sammeln. Der von seinem Sohn Abgesetzte akzeptierte seine unfreiwillige Demission nicht und weigerte sich, die Staatsreserven des Landes auszuhändigen. Er hatte sie im Umfang von – je nach Quelle – 2,5 bis 7,5 Milliarden US-Dollar außer Landes geschafft. Scheich Hamad reagierte auf moderne Weise und versuchte, mit Hilfe einer großen US-Anwaltskanzlei die Gelder auf Schweizer Konten einfrieren zu lassen.

Von der Enttäuschung zum Stolz: Katars Weg zum weltgrößten Flüssiggasexporteur

Aber zunächst musste der neue Emir einmal die Staatsausgaben kürzen. Und sich eines Gegenputsches erwehren: Hamads Cousin, der frühere Polizeichef und Wirtschaftsminister Hamad bin Jassim bin Hamad Al-Thani soll mit einem Beduinenstamm einen Staatsstreich versucht haben.[21] Im Hintergrund sollen Saudi-Arabien und die Vereinigten Arabischen Emirate mitgewirkt haben. Erfolglos flüchtete er ins Exil. Der katarische Geheimdienst leitete 1998 seinen in Beirut startenden Privatjet zur Zwangslandung nach Doha um, setzte ihn fest. Dort wurde er 2001 zum Tod durch Erhängen verurteilt. Das Urteil wurde später in eine lebenslange Haftstrafe abgemildert. 2008 wurde er dann freigelassen.

1996 wurde aber nicht nur wegen des gescheiterten Putschversuchs zu einem Schlüsseljahr: In diesem Jahr schickte Katar einen ersten Tanker mit verflüssigtem Erdgas (LNG) nach Japan. Ein Durchbruch, wie sich Abdullah Al-Attiyah erinnert. 1992 war er kurzzeitig Finanz- und Ölminister geworden, dann Katars Vertreter im OPEC-Ölkartell. Später machte sein Freund, der Emir, ihn zum Vizepremier und Leiter des Amiri Diwans, also quasi zum Hofmarschall. Hatte Al-Attiyah ein Vierteljahrhundert zuvor die Entdeckung des weltgrößten Gasvorkommens noch als Enttäuschung erlebt, da damals kaum jemand auf Erdgas setze, so wurde 1996 ein furioser Start gefeiert: Die Entwicklung des vor der Küste Katars gelegenen Gasfeldes »North Field«, das sich das Land mit Iran teilt, wo es »South Pars« genannt wird. Emir Hamad entschied, die Industriestadt Ras Laffan im Nordosten zu bauen und dort, mit Milliardenkrediten und mit Beteiligungen internationaler Energiekonzerne finanziert, Anlagen zur Verflüssigung von Erdgas zu errichten. Bei –163 Grad wird das Erdgas komprimiert und verflüssigt, in Tankschiffe gepumpt und am Anlandehafen wieder regasifiziert.

1996 galt die Idee in großen Teilen der Industrie als ambitioniert, bei manchen gar als verrückt. »Viele hielten das Projekt für viel zu teuer und kaum machbar. Aber es war eine mutige und richtige, eine wahrlich historische Entscheidung«, sagt Al-Attiyah. 1991 war mit der Gasproduktion für den heimischen Bedarf begonnen worden, aber nach dem Putsch entschied Hamad eine drastische Ausweitung der Förderung und den Weg zum größten Flüssiggasexporteur der Welt (siehe Kapitel 6: Qatar Energy, S. 179). Hamads langjähriger Wegbegleiter sieht auch, was der Emir mit den gewaltigen LNG-Ausfuhrerlösen gemacht hat: »Seine Politik war immer klar: Wir müssen aus dem Reichtum unserer Ressourcen etwas machen – einen modernen Staat aufbauen. Dabei ging es ihm immer mehr um Investitionen in Menschen, in ihre Bildung. Ohne sie gibt es keinen modernen Staat«, sagt Al-Attiyah.

Und so gingen im Schlüsseljahr 1996 noch zwei weitere wichtige Einrichtungen an den Start: Mit der Qatar Foundation for Education, Science and Community Development (QF) wollte die zweite Frau des Emirs, Scheicha Musa bint Nasser al-Missned, das bisher

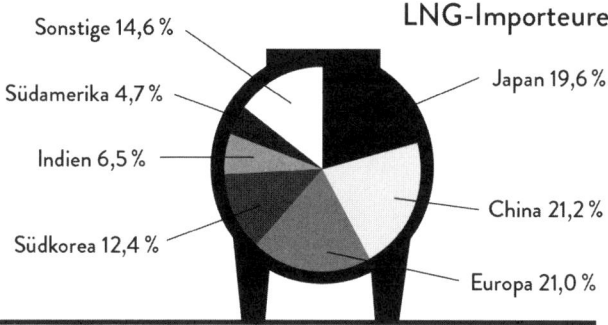

LNG-Importeure

Sonstige 14,6 %
Südamerika 4,7 %
Indien 6,5 %
Südkorea 12,4 %
Japan 19,6 %
China 21,2 %
Europa 21,0 %

Quelle: BP 2022

vollkommen rohstoffabhängige Land in eine wissensbasierte Wirtschaft steuern. Dazu wurden das ganze Bildungswesen modernisiert, eine auch architektonisch herausragende Nationalbibliothek erbaut, weit über das Land hinaus strahlende Museen und vor allem Education City eröffnet – ein Konglomerat von Universitäten im Westen Dohas. Dort haben international renommierte ausländische Hochschulen wie Carnegie Mellon, Georgetown, Texas A&M oder die Pariser École des hautes études commerciales (HEC) einen Campus. Durch die moderne Ausbildung, von der auch besonders einheimische junge Frauen profitieren, geht ein Modernisierungsschub durch das Land (siehe Kapitel 6: Qatar Foundation, S. 171).

Die zweite Großinvestition war der Aufbau des Satellitensenders Al Jazeera. Durch ihn flimmerte arabischem TV-Publikum etwas Neues ins Haus: Plötzlich wurde offen und kritisch berichtet – auch aus den Ländern der Region, die bisher nur Haus- und Hofberichterstattung kannten. Das Nachbarland Bahrain war so schnell verärgert über die neue Offenheit, dass die dortige Führung dem in Doha anberaumten Jahrestreffen des 1981 gegründeten Golfkooperationsrats (GCC) fernblieb. Den »Arabischen Frühling«, die Arabellion der Jungen in Tunesien, Ägypten, Bahrain und andernorts heizte Al Jazeera 2011 durch gut recherchierte Vor-Ort-Reportagen über grassierende Korruption und Misswirtschaft an. Der Vorwurf, Al Jazeera bringe die Propaganda des Terrornetzwerks Al-Qaida »on air«, brachte dem

Sender Ärger mit der US-Regierung unter George W. Bush ein. Die Behauptung, der Sender mache die islamistische Moslembruderschaft aus Ägypten überall in der arabischen Welt populär, versetzte die autokratischen Nachbarstaaten so in Wallung, dass sie wiederholt die Abschaltung des Senders aus Doha verlangten (siehe Kapitel 6: Al Jazeera, S. 211).

Doch auch innenpolitisch schob Scheich Hamad Reformen an: Per Referendum wurde 2003 mit 98,4 Prozent Zustimmung eine neue Verfassung angenommen, die erstmals landesweite Wahlen vorsah. 1996 hatte er schon erstmals Wahlen zu der bis dahin durch den Emir besetzten katarischen Industrie- und Handelskammer zugelassen und drei Jahre später Kommunalwahlen. Dazu war Frauen das aktive und passive Wahlrecht gegeben worden. 2003 wurde erstmals eine Frau Bildungsministerin. Hamad verkündete zudem 2008 seine »Vision 2030« – und damit acht Jahre vor dem gleichnamigen Reformprogramm des saudischen Kronprinzen Mohammed bin Salman Al-Saud für dessen Land. Hamads »Vision 2030« wurde zur Blaupause für den Umbau des Landes, für die Post-Öl-Ära: mit dreistelligen Milliardeninvestitionen in den Infrastrukturausbau und in Beteiligungen bei ausländischen Unternehmen.

Außenpolitisch lehnte sich Katar eng an die USA an und sicherte sich mit der Ansiedlung einer amerikanischen Militärbasis auf der Al Udeid Air Base im Landesinneren Schutz für den Fall des Falles. Zudem engagierte sich das Land immer öfter auf internationaler Bühne: Als erster Golfstaat bahnte Katar Beziehungen zu Israel an. Und immer öfter nahm der Emir viel Geld und seine Diplomaten zusammen, um Konflikte im Mittleren Osten, Afrika und Zentralasien zu schlichten (siehe Kapitel 2: »Scheckbuchdiplomatie«, S. 68). Scheich Hamad brachte das Rivalen und Neider in der Region ein, aber auch viel internationale Aufmerksamkeit. Und so sehen Offizielle in Doha den Gewinn bei der Bewerbung um die Austragung der Fußballweltmeisterschaft 2022 im Jahr 2010 als logische Konsequenz. Für den Emir war dies sicher der Höhepunkt seines Wirkens, drei Jahre später dankte er freiwillig zugunsten eines seiner 24 Kinder als Emir ab.

Wie der Vater, so der Sohn – überraschende Machtübergabe

Hamad habe Katar, das »einst kaum mehr als ein saudischer Vasallen-staat war, der in den Armen des britischen Kolonialismus lag«, politi-sches, wirtschaftliches und kulturelles Prestige und Macht gebracht.[22] »Die durchgreifende Modernisierung begann mit dem unblutigen Putsch von Scheich Hamad, der die Macht von seinem Vater an sich zog. 2013 übergab er in einem in der Region selten beobachteten Schritt freiwillig die Macht an seinen Sohn. Der setzte den Moderni-sierungkurs fort. »Die Qataris durchlebten seither einen ungekann-ten Wandel«, so bilanziert es ein Aufsatz in »International Affairs«.[23]

Also »Mission Accomplished«? So hatte George W. Bush etwas voreilig 2003 nach sechs Wochen Irak-Krieg den Sieg verkündet. Aber war es für Katars Emir Hamad auch ein Sieg, mit dem er sich zufrieden auf das Altenteil zurückziehen konnte? Oder war sein Ab-danken doch das Eingeständnis, in eine Sackgasse gefahren zu sein? Den Arabischen Frühling 2011 ff. hatte Katar nicht nur durch die Al-Jazeera-Berichterstattung befördert. Das gasreiche Land hatte auch mindestens 7,5 Milliarden Dollar allein in Ägypten investiert oder als Kredite vergeben, nachdem 2012 der den Moslembrüdern entstam-mende Mohammed Mursi als Nachfolger des gestürzten Langzeit-Herrschers Hosni Mubarak zum Präsidenten gewählt wurde. Die einen feierten dies als Sieg über einen Diktator, andere kritisierten, an die Macht kämen mit den Moslembrüdern nun Islamisten. Ein Jahr später putschte jedenfalls das Militär und setzte den Gewählten fest. Als Financiers der Militärjunta am Nil traten Katars verfein-dete Nachbarn, hauptsächlich die Vereinigten Arabischen Emirate und etwas auch Saudi-Arabien, auf den Plan. Sie sehen die Moslem-bruderschaft als Gefahr für die Golf-Monarchien, denen sie die Le-gitimation abspricht. Und durch die Förderung Mursis in Ägypten verschärften sich Konflikte zwischen Katar und seinen arabischen Nachbarn, die Dohas Kurs strikt ablehnten.

Einen weiteren Rückschlag erlebte Katar auch bei der Finanzierung der syrischen Opposition. Trotz massiver katarischer Geld- und Waffenunterstützung von geschätzt drei Milliarden Dollar an die

Katars Wirtschaftsentwicklung
unter den Emiren Hamad (1995–2013) und Tamim

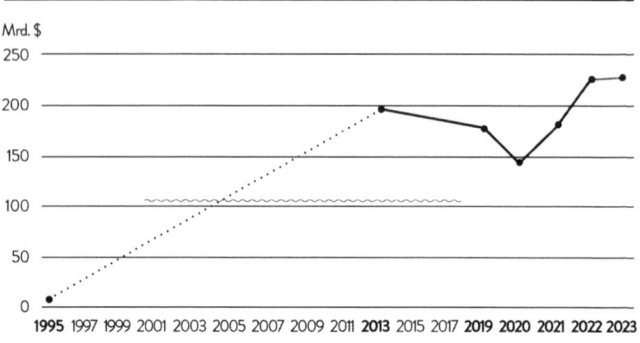

Mrd. $

~~ Durchschnitt 2000–2018 = 106,7 Mrd. $

Quelle: IMF World Economic Outlook 2022

Rebellen in Syrien allein in den ersten zwei Jahren, konnte sich Bashar al-Assad als Herrscher in Damaskus halten. Wurde Hamad also Opfer seines »Fehlers einer gebieterischen Übertreibung«[24] und ein Nachfolger müsste dann Katars umfassende Beteiligung an arabischen Angelegenheiten oder gar Einmischung zurücknehmen?

Über die in der Region ungewöhnliche freiwillige Machtübergabe eines nicht besonders alten Herrschers – Hamad war damals 61 Jahre alt – sagte er selbst nur: »Es ist an der Zeit, eine neue Seite in der Geschichte unserer Nation aufzuschlagen, damit eine neue Generation die Verantwortung tragen kann.« In Saudi-Arabien, Kuwait, Bahrain, Oman und den VAE sterben die Herrscher zumeist hochbetagt im Amt. Über die Gründe des recht unerwarteten Abgangs Hamads gehen bei Weggefährten, ranghohen Vertretern aus der Staatsführung und ausländischen Beobachtern die Meinungen weit auseinander. Einiges hat er vollendet oder zumindest unumkehrbar gemacht. In anderem war er, zumindest vorerst, gescheitert. Ein Paukenschlag war das Ende einer bemerkenswerten Herrschaft, die so viel in Katar verändert hat wie kaum eine andere, in jedem Fall.

Scheich Tamim bin Hamad Al-Thani wurde mit damals erst 33 Jahren am 25. Juni 2013 sein Nachfolger. Hamad trägt seither als erster Katari den Titel »Vater-Emir«.

KAPITEL 2
Kleines Land, große Politik

»Die Glücksgüter dieser Welt wenden sich häufig dem
zu, der sie gar nicht sucht, während sie dem fliehen, der
ihnen nachjagt.«

Tausendundeine Nacht

Tamim – der junge Emir (mit alten Problemen)

Ein Jahr nach Amtsantritt musste der junge Herrscher – wie auch
sein Vater bei dessen Machtübernahme 1995 – das Budget stark kürzen. Allerdings war nicht erneut die Staatskasse gestohlen worden,
sondern der Ölpreis sackte heftig ab, als Saudi-Arabien 2014 einen
Preiskrieg gegen Russland startete. Dabei beruht der ungeschriebe-
ne Gesellschaftsvertrag zwischen dem Fürstenhaus der Al-Thanis
und den anderen Bürgerinnen und Bürgern des Landes darauf, im
Gegenzug für die Anerkennung der Herrscherrolle der Al-Thanis der
Bevölkerung Wohlstand zu verschaffen.

Und der wird wie selbstverständlich erwartet. Wenn es in der Geschichte zu gefühlten Ungerechtigkeiten bei der Verteilung aus der
Staatsschatulle kam, rebellierten immer Vertreter anderer Stämme
und später auch die Ölarbeiter. Aber die stark gestiegenen Energiepreise haben die Einnahmesituation deutlich verbessert, von Spar-
kurs kann keine Rede mehr sein.

Auf der künstlich aufgeschütteten Insel »The Pearl« sind Dutzende Wohnhochhäuser mit Luxusapartments entstanden. Yachthäfen
voll mit edlen weißen Segelschiffen und Motorbooten sind an den
kreisförmigen Einbuchtungen gebaut worden. Eine 110 Quadratmeter große möblierte Neubau-Wohnung im Porto genannten neuen
Viertel ist für 3.400 Dollar im Monat zu mieten. Es geht auch noch
deutlich teurer. Unweit wurden venezianische Kanäle nachgebaut

mitsamt einer Rialtobrücke. Ein-Zimmer-Wohnungen bieten Makler für umgerechnet 360.000 bis 540.000 Dollar zum Kauf an. Und im Sevilla genannten Stadtteil, der das Flair der spanischen Stadt nachempfindet mit vielen Plätzen und darum herumgruppierten feinen Restaurants, hat sich ein Porsche-Händler niedergelassen. Sprechen möchte die philippinische Angestellte nicht sofort. Erst als ihr die Zahl der Käufe beim unweit gelegenen Maserati-Showroom genannt wird, antwortet sie schnippisch: »Wie, nur 70 bis 80 Stück? Wir verkaufen 400 bis 500 Wagen pro Jahr.«

Luxus für alle – so könnte der Kurs der Staatsführung umrissen werden. Doch der Modernisierungskurs des jungen Emirs, den schon sein Vater vorangetrieben hatte, ist nicht unumstritten. Teile der katarischen Gesellschaft sind äußerst konservativ und gegen die immer weitere Öffnung des Landes für westliche Ideen. Gegen Shoppingmalls und ausländische Universitäten statt Moscheen. Gegen die in Doha erbauten christlichen Kirchen oder die amerikanischen und türkischen Truppen im Land. Gegen den Ausschank von Alkohol in Fünf-Sterne-Hotels. Auch gegen Frauen in der Politik.

Wie stark die katarische Gesellschaft, etwa 330.000 Bürgerinnen und Bürger, noch immer in Traditionen verwurzelt ist, zeigten die ersten Wahlen zum Majlis al Shura, dem Konsultationsrat: Im Oktober 2021 wurden erstmals landesweit 30 der 45 Mitglieder des Shura vom Volk gewählt. 15 werden weiterhin vom Emir ernannt. Davor waren alle Mitglieder vom Herrscher berufen worden. Die schon für 2013 versprochenen Wahlen waren immer wieder verschoben worden, bis sie dann 2021 doch stattfanden. Es traten 29 Kandidatinnen und 255 Kandidaten an. Keine Frau wurde gewählt. Die einzigen beiden weiblichen Mitglieder im Rat wurden vom Emir ernannt. Die angesehene Wissenschaftlerin Hamda bint Hassan Al Sulaiti setzte sich dann aber bei der Wahl zur Vizepräsidentin des Shura gegen zwei Männer durch.

Überschattet wurde die Wahl von öffentlich ausgetragenen Streitigkeiten, was sehr selten in Katar vorkommt. Es gab Proteste gegen das in der Verfassung von 2005 verankerte Staatsbürgerrecht, dem zufolge nur Angehörige von Kataris wählen durften, die schon 1930 die Staatsangehörigkeit besaßen. Damit wurden Tausende Angehö-

Bilder und Aufkleber vom jungen Emir, Scheich Tamim, auf Dohas Basar Souq Waqif.

Mit den Pferden an Restaurants vorbei im Souq Waqif – der alte Basar ist zu einer Flaniermeile geworden.

rige des Al-Murrah-Stammes, die sich 1885 von den Al-Thanis abgesetzt hatten und aus Katar geflohen waren gen Bahrain, vom Wahlrecht ausgeschlossen. Obwohl viele später nach Katar zurückgekehrt waren, gestand man ihnen das Staatsbürgerrecht nicht zu.

Emir Tamim reagierte auf die Unmutsbekundungen und änderte nach dem Urnengang und dem Zusammentreten des ersten mehrheitlich gewählten Shura im Oktober das Staatsbürgerschaftsrecht. Die Anerkennung auch später eingebürgerter Kataris wird nun »gleichberechtigte Staatsbürgerschaft« genannt. Bei seiner Rede auf der Eröffnungssitzung des neu zusammengesetzten Rats warnte er aber auch vor »Stammesfanatismus« und »negativen Aspekten des Stammeswesens« und forderte zur »Loyalität gegenüber dem Heimatland« auf.

Der ungewöhnlich junge Nachfolger, Tamim war bei seinem Amtsantritt erst 33 Jahre alt, musste sich also in einer Stammesgesellschaft, in der jahrhundertelang die Ältesten geehrt wurden, seine Anerkennung erarbeiten. Sein Vater habe in zu Vielem inspiriert und berate ihn noch heute, sagt Tamim. Im Alter von acht, neun und zehn Jahren habe sein Vater ihn in jedem Sommer ins belgische Malmédy geschickt zum Französischlernen. Der katarische Monarchen-Spross wohnte dort nach eigenen Angaben in einer Familie. »Mit 13 hat mich mein Vater nach Deutschland geschickt, um Sportausrüstung zu kaufen. Er hätte jeden schicken können, aber er schickte mich. Später verstand ich, dass er mich lehren wollte, allein zu reisen und selbstständig zu werden«, sagte er »Le Point« im September 2022.

Mit 17 Jahren kam er in ein britisches Internat.

Die Al-Thanis seien »relative Spätzünder« unter den Dynastien der Region, wie den Al-Khalifas in Bahrain, den Al-Sauds in Saudi-Arabien, den Al-Sabahs in Kuwait oder den Al-Nahyans in den VAE.[25] Einer der Gründe der Stammesrivalitäten war der Lebensmittelpunkt: Manche lebten im »al barr«, der Wüste im Inland, andere an den Küsten, wo sie mit Perlentauchen, Seefahrt oder Handel ihren Lebensunterhalt bestritten. Es habe »lange Rivalitäten und sogar ausgesprochene Feindschaft« zu den Al-Thanis gegeben, die aus einem Gebiet im heutigen Saudi-Arabien zugezogen waren.[26]

Das Majlis-Prinzip

Deshalb setze die Führung des Landes auf eine »ausgesprochen kon-sensorientierte Politik«, versichert ein ranghoher Insider. Majlis – das ist der Ort im Haus, ein Innenhof, strikt getrennt für Frauen und Männer, in dem die Familien zusammenkommen. Hier versammelt sich die Großfamilie des Stammes, der Hausherr mit anderen wichtigen Familien, hier werden Feste gefeiert, Gäste empfangen. Oft werden dazu ganze gegarte Hammel auf einem reichhaltig zubereiteten Reis mit Rosinen, Nüssen, Gewürznelken, Kardamom und den Ingredienzen, die indische Gewürzgärten so hergeben, auf einem Teppich am Boden serviert. Im Schneidersitz um das Kabsa genannte Mahl postieren sich die Besucher, mit der Hand werden Lamm und Reis genommen. Eingeladen zu werden in den Majlis ist ein Vertrauensbeweis, eine Anerkennung, zumindest gegenüber Fremden, manchmal Verpflichtung gegenüber katarischen Freunden, Nachbarn, Verwandten und Stammesvertretern.

Im Regelfall jeden ersten Mittwoch im Monat trifft sich der Emir in einem Majlis mit Vertretern seines inzwischen auf geschätzt etwa 1.500 einzelne Familien angewachsenen Al-Thani-Stamms. Dort höre der Herrscher zu, was es für Probleme gebe, was gefragt, gelobt, gefordert werde, berichten Vertreter mehrerer Al-Thani-Linien.[27] Zur Familie der »Royals«, also den Al-Thanis, zu gehören, ist eine Herausforderung. Denn man habe gegenüber den anderen Einwohnern des Landes eine Vorbildfunktion. Der Emir trifft aber auch regelmäßig andere wichtige Stämme und Familien, meist an Sonntagen. Denn Katar ist eine Konsensgesellschaft. Und dabei seien nicht nur die Al-Kuwaris, Al-Attiyahs, Al-Emadis, Al-Mohannadis, die alle in Regierung und Shura sitzen, vertreten, sondern auch andere Familienstämme,[28] so berichten Gesprächspartner aus dem Inneren der katarischen Machtstrukturen.

Wie stark die Stammesbande und die Traditionen als Beduinen bis heute sind, zeigt, dass bei den Wahlen zum Shura in Wahlkreisen, in denen zum Beispiel in großer Zahl Familien des Stammes um den früheren Energieminister Al-Attiyah leben, auch ein Mitglied eben dieser Familie gewählt wurde. »Ich hänge ziemlich vom Shura ab, er hilft uns beim Führen des Landes«, sagte der Emir Tamim im September 2022 in einem großen Interview mit dem französischen Magazin »Le Point«. Damit widerspricht er Behauptungen von Politologen, dass der Konsultationsrat bloß eine Staffage sei. Tatsächlich ist der Shura das institutionalisierte Majlis-Prinzip: die Mitsprache der anderen Stämme im Reich der Al-Thanis. Am Ende entscheidet in Katar zwar der Emir, aber er tut dies in wichtigen Fragen nicht ohne Vorabkonsultationen bei den wichtigen Familien und dem Shura.

Es gibt natürlich einen großen Unterschied: Laut der in Doha ansässigen Beraterfirma Priya D'Souza sind die Al-Thanis nicht nur deutlich stärker in der Regierung präsent. Vertreter dieses Stammes hatten im Jahr 2017 Aufsichtsrats-Mandate in Unternehmen inne, die an der »Qatar Exchange« börsennotiert sind und deren Gesamtwert bei 156 Milliarden Dollar lag. Familienangehörige anderer Stämme saßen in Aufsichtsgremien entsprechender Firmen, die eine Marktkapitalisierung von nur 96 Milliarden Dollar hatten.

Regelmäßig kommt es zu Treffen mit Führern mehrerer Stämme. In den Golfstaaten werden diese Zusammenkünfte »mubaya« genannt. So soll etwa der »Vater-Emir« Scheich Hamad zur Übergabe der Macht an seinen Sohn Tamim ein solches Treffen abgehalten haben. Die dort versammelten Vertreter schworen dem neuen Herrscher die Treue (baya).

Dabei war Tamim anfangs gar nicht als Thronfolger ausgewählt worden, sondern sein ältester Bruder, Scheich Jassim, den Vater Hamad mit seiner zweiten von drei Frauen hat. Doch im August 2003, knapp zehn Jahre bevor der Wechsel an der Staatsspitze vollzogen wurde, dankte Jassim als Kronprinz ab – per Brief. »Ich wollte nie, und das hatte ich dir auch gesagt, zum Kronprinzen ernannt werden«, schrieb der junge Mann darin. Er habe 1996 die Berufung nur wegen »sensitiver Umstände« akzeptiert, notierte er, ohne sie zu nennen.[29]

Zur Berufung als neuer Kronprinz standen dann offenbar drei der elf Söhne zur Auswahl, berichtete der »Economist«: Zwei Halbbrüder Tamims schieden aus, denn »der eine spielte zu viel und der andere betete zu viel«. Mit Tamim kam Hamads 1980 geborener zweiter Sohn mit Scheicha Moza bint Nasser Al-Misned zum Zuge (siehe

Kapitel 6: Qatar Foundation, S. 171). Er war Emir Hamads bis dahin insgesamt schon vierter Sohn. Mit der Berufung ins Amt als Thronfolger in spe wurde er auch stellvertretender Kommandeur der katarischen Streitkräfte.

Tamim ist dafür bestens ausgebildet. Nach dem Besuch des von Edward IV. gegründeten Sherborne Internats im englischen Dorset schloss er 1998 die Royal Military Academy Sandhurst ab. Dort waren auch die Prinzen Harry und William ausgebildet worden, spätere Monarchen aus den Nachbarstaaten Bahrain, Saudi-Arabien, Oman und den VAE sowie Tamims Vater. Militärisch festigte Tamim die Beziehungen zu den USA, holte nach Verhängung der Blockade arabischer Nachbarstaaten gegen sein Land 2017 aber auch die türkische Armee nach Katar.

Bis zu seiner Berufung an die Staatsspitze widmete sich Scheich Tamim vor allem dem Ausbau Katars als Land des Sports. 2005 gründete er Qatar Sports Investments: eine Investmentfirma, die 2011 den Hauptstadtklub Paris Saint-Germain (PSG) kaufte und Millionen dort investierte. Mitentscheidend war wohl ein Mittagessen im Élysée-Palast, zu dem der damalige französische Präsident Nicolas Sarkozy mit Katars Emir Hamad und Kronprinz Tamim zusammenkam. Es kam vor allem wegen des Zeitpunkts ins Gerede: Denn das Mittagessen fand neun Tage vor der Entscheidung des Weltfußballverbandes FIFA 2010 für die Vergabe der WM 2022 an Katar statt. Der frühere Spitzenfußballer Michel Platini war auch zugegen. Er war damals Chef des europäischen Fußballverbandes UEFA. Sarkozy ist glühender PSG-Fan. Seit der Übernahme des Vereins durch den katarischen Fonds ist PSG zum Serienmeister und in die Spitze europäischer Klubs aufgerückt.

Der begeisterte Tennisspieler und Reiter Tamim, der als Chef des Nationalen Olympischen Komitees 2002 auch ins Internationale Olympische Komitee (IOC) gewählt wurde, wurde Leiter des Organisationskomitees für die 15. Asien-Spiele – eine Art Olympiade für den bevölkerungsreichsten Kontinent der Erde. Sie fanden 2006 in Doha statt. 2030 sollen die Spiele erneut in der katarischen Hauptstadt ausgetragen werden. Es folgten diverse Weltmeisterschaften und regionale Wettbewerbe. Tamim steht als Pate hinter dem Aufbau der

Aspire Zone, einer Hochleistungssportakademie, mit der der Wüstenstaat in einigen Bereichen den Anschluss an die sportliche Weltspitze zu erreichen versucht (siehe Kapitel 3: Aspire Academy, S. 99).

»Katar hat sich entwickelt von einem Staat, den einige kaum auf der Karte fanden, zu einem Major Player in Politik, Wirtschaft, Medien, Kultur und Sport global.« So steht es groß geschrieben an der Wand am Ende der Ausstellung in Katars Nationalmuseum in Doha als gut platziertes Zitat des Herrschers. Schon zu Lebzeiten wird dem Emir und seinem Vater so ein Denkmal gesetzt. Der um sie betriebene Personenkult, durchaus keineswegs unüblich in allen Golfstaaten, hat nach der Anfang 2021 durchgestandenen, fast dreieinhalbjährigen Blockade durch die Nachbarstaaten noch zugenommen. Er soll offensichtlich dazu dienen, zu beweisen, dass das Volk zu seinem »Leader« steht.

Innenpolitisch setzte Tamim dabei nach seiner Machtübernahme vor allem auf zwei Dinge: Professionalisierung und Verschlankung der Staatsorgane sowie Verbreiterung der Machtbasis durch Einbeziehung auch von Vertretern anderer Stämme als der Herrscherfamilie. So tauschte er gleich 2013 auf dem in Katar bedeutenden Posten des Außenministers den engen Vertrauten seines Vaters, Hamad bin Jassim Al-Thani, durch den früheren Kampfjetpiloten Khalid bin Mohammad Al-Attiyah aus. Seit Tamims Amtsantritt habe die Regierung den Kataris offenbar signalisieren wollen, dass sie deren Anliegen mehr Aufmerksamkeit schenke, ist der Golf-Politikexperte Andrew Hammond überzeugt.[30] Zudem hat Tamim stärker als zuvor auf das »Leistungsprinzip« gesetzt und Doppelstrukturen zurechtgestutzt wie das National Food Security Programme durch Eingliederung in das Landwirtschaftsministerium. Auch im von seiner Mutter, Scheicha Musa, faktisch gelenkten Kultur- und Bildungsbereich wurden Organisationen zusammengelegt.

Sein enger Familienkreis spielt für Emir Tamim ohnehin weiter eine zentrale Rolle. Der Vater von bisher sechs Töchtern und sieben Söhnen mit drei Ehefrauen hat einen jüngeren Halbbruder, den 1988 geborenen Abdullah bin Hamad Al-Thani, zu seinem Stellvertreter gemacht. In der Rolle des Vize-Emirs ist Abdullah Aufsichtsratschef des wichtigsten Konzerns des Landes, Qatar Energy, das mit seiner Öl- und Gasförderung Katars Reichtum sichert. Emir Tamim selbst ist Vorsitzender des Supreme Council for Economic Affairs and Investment, dem Gremium, das die Strategie für Katars Investitionen im In- und Ausland bestimmt. Es segnet auch das Budget für die Qatar Investment Authority (QIA) ab, mit deren Beteiligungen in dreistelliger Milliardenhöhe sich Katar Sicherheit und Einfluss durch strategische Verflechtung einkauft. CEO von QIA ist mit Mansoor Bin Ebrahim Al-Mahmoud zwar ein Vertreter eines anderen Stammes, doch hat er lange für Qatar Museums gearbeitet – das Steckenpferd von Emir Tamims Mutter. Und ihm zur Seite stehen als Aufsichtsratschef und -vize zwei Vertreter der Al-Thanis: der zum Außenminister ernannte Chairman Mohammed bin Abdulrahman Al-Thani und ein jüngerer Bruder Tamims, der 1988 geborene Mohammed, als stellvertretender Chefaufseher von QIA.

Tamim hat so zwar anderen Stämmen durchaus mehr Mitsprachemöglichkeiten eingeräumt. Doch die Kontrolle über die meisten Geldströme liegt bei den Al-Thanis.

So werden Reichtum und Macht wirklich verteilt

Geht es nach der neuesten verfügbaren Liste der reichsten Monarchen der Welt, rangiert Katars Emir auf Rang 9. Scheich Tamim kommt laut dem Wirtschaftsmagazin »Business Insider« auf ein privates Vermögen von 1,2 Milliarden Dollar. Sein Vorgänger, der »Vater-Emir« Hamad, demnach auf 2,4 Milliarden.[31] Damit liegen sie weit hinter den Monarchen aus Thailand (30 Milliarden Dollar), Brunei (20 Milliarden Dollar), aber auch den Regenten in der Region wie Saudi-Arabiens König Salman (18 Milliarden Dollar) oder Dubais Herrscher Muhammad bin Rashid Al-Maktoum mit 4 Milliarden Dollar. Sogar Luxemburgs Großherzog Henri und Liechtensteins Fürst Hans Adam II. liegen in dieser Rangliste mit 4 beziehungsweise 3,5 Milliarden Dollar Vermögen vor dem Monarchen von Doha. Nur Prinz Albert von Monaco mit einer Milliarde Dollar Privatvermögen, Großbritanniens verstorbene Königin Elizabeth II. (520 Millionen) und ihr Sohn, König Charles III., (400 Millionen) kommen demnach direkt dahinter.[32]

Doch ob diese Zahlen stimmen oder eher der Welt aus 1001 Nacht entstammen, lässt sich ebenso wenig überprüfen wie das Ranking der reichsten royalen Familien von »The Richest«.[33]

Demzufolge hat die insgesamt auf gut 12.000 Mitglieder geschätzte Großfamilie der Al-Thanis ein Vermögen von 335 Milliarden Dollar. Sie wäre damit die drittreichste Herrscherfamilie der Welt. Überflügelt würde sie demzufolge nur von den Al-Sabahs, der seit 1752 Kuwait beherrschenden Familie, und natürlich der »unbestreitbar mit Abstand reichsten Königsfamilie der Welt«, den saudi-arabischen Al-Sauds, die dort zusammen auf 1,4 Billionen Dollar Vermögen kommen sollen.

Ins Portemonnaie lassen sich die Al-Thanis nicht schauen. Ebenso wenig ist aus dem katarischen Staatshaushalt oder aus Geschäftsberichten katarischer Staatsunternehmen wie Qatar Energy oder dem Staatsfonds Qatar Investment Authority (QIA) – so sie denn überhaupt entsprechendes Zahlenwerk vorlegen – herauszulesen, wie viel der gewaltigen Gasexporterlöse in die Schatulle des Herrscherhauses gelangt. Oder ob es einen festen Posten im Etat für den Emir und sein Umfeld gibt. Und auch die Salärs der katarischen Staatsbediensteten – darunter in Spitzenpositionen zumeist Angehörige wichtiger Familien wie den Al-Thanis, den Al-Attiyahs oder der Al-Kuwairis – sind nicht transparent. Eine offizielle Beamtenbesoldungstabelle wie in Deutschland war nicht erhältlich. Doch beharrliches Nachfragen fördert wenigstens einige Zahlen zutage: Mindestens 19.000 Rial (umgerechnet 5.200 Dollar) Gehalt bekomme ein Katari, ist von einem ranghohen Regierungsvertreter zu erfahren.[34] In den benachbarten Vereinigten Arabischen Emiraten liegt dieser Wert bei 10.000 Dirham (umgerechnet 2.720 Dollar).

58,5 Milliarden Rial (umgerechnet 16 Milliarden Dollar) sind im Staatshaushalt 2022 für Gehälter von Staatsbediensteten vorgesehen. Experten in Doha gehen zudem von einem Einstiegsgehalt im öffentlichen Dienst von Katar von mindestens 25.000 Rial aus.[35] Hinzu kämen hohe Tantiemen für alle Ämter und jeden Posten in allen Komitees und Regierungskommissionen: Und von denen »gibt es viele und dafür unendliche Zulagen«, sagten übereinstimmend viele langjährige Katar-Kenner. Entsprechend gut bezahlt würde nicht nur in Aufsichtsräten der Staatsunternehmen wie Qatar Energy (der weltgrößte LNG-Produzent und -Vermarkter), Qatar Airways (die zum größten Langstrecken-Anbieter aufgestiegene Fluggesellschaft) oder bei der Qatar National Bank (QNB, der mehrheitlich staatlichen größten Geschäftsbank im Mittleren Osten und Nordafrika), sondern auch in den zahlreichen Supreme Councils und Committees für Wirtschaft und Investment, Familie, Gesundheit und und und.

Strom, Wasser, medizinische Versorgung und Festnetz-Telefone sind kostenlos für katarische Staatsbürger, andere Einwohner zahlen auch nur einen Bruchteil sonst üblicher Tarife. Schulbesuch und Studium sind für Kataris ebenfalls frei, für Privatschulen und private Universitäten gibt es Coupons zur Kostenübernahme von der Regierung für die Landeskinder, teilweise sogar für Studienbesuche im Ausland. Heiraten Kataris, bekommen sie ein kostenloses Grundstück und einen drei Millionen Rial großen zinslosen Kredit zum Hausbau. Den erlässt der Emir nach einigen Jahren meistens großzügig.

»Wir haben ein sehr starkes Sozialsystem«, betont Machaille Al Naimi, die bei der staatlichen Qatar Foundation als Präsidentin für »Community Development« tätig ist. Das Soziale spiele dabei auf zwei Ebenen eine Rolle: Zum einen »sind wir eine sehr starke Stammesgesellschaft, niemand wird in Not zurückgelassen«, und zum anderen gebe es ein staatliches Register mit Stellenangeboten für Staatsbürger. »Wir sind so wenige Kataris mit so großen Möglichkeiten«, begründet Al Naimi, warum sie ihren Job als Anwältin in der Privatwirtschaft an den Nagel gehängt und bei der von der Mutter des Emirs geleiteten Stiftung angeheuert habe: »Ich will meinem Land etwas zurückgeben, das ist mein Anteil am Nation Building.«[36]

Das Paradies in der Wüste speist sich größtenteils aus seinen Öl- und Gaseinnahmen: 154 Milliarden Rial (umgerechnet 42,3 Milliarden Dollar) davon fließen in den Staatshaushalt 2022, das sind 78,6 Prozent der Staatseinnahmen. Und das bei einem Ölpreis, auf dessen Basis das Budget berechnet ist: von 55 Dollar je Barrel (159 Liter) Rohöl. Doch in der Realität dürfte er 2022 bei fast dem Doppelten liegen, schon 2021 lag der Ölpreise im Mittel bei 71 Dollar. Somit wäre das eingeplante Haushaltsdefizit von umgerechnet 2,3 Milliarden Dollar locker in einen Budgetüberschuss zu verwandeln. Denn

Sparsamer Staat oder nicht?

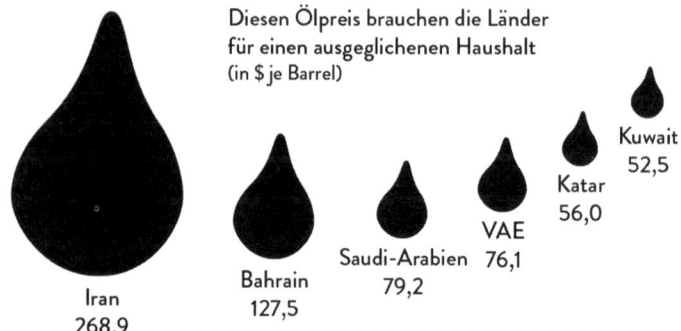

Diesen Ölpreis brauchen die Länder
für einen ausgeglichenen Haushalt
(in $ je Barrel)

Kuwait
52,5

Katar
56,0

VAE
76,1

Saudi-Arabien
79,2

Bahrain
127,5

Iran
268,9

Quelle: IWF

der Preis für Erdgas – Katars Hauptexportprodukt – hängt an dem für Öl. 2020, als die Preise für Öl und Gas wegen der Corona-Pandemie im Keller waren, erlöste das Land 34 Milliarden Dollar durch Gasausfuhren und 7,25 Milliarden Dollar durch Ölexporte.[37] Ein Jahr später und nach einer ersten Erholung für die globale Wirtschaft kam Katar allein durch seine Ölexporte auf 17 Milliarden Dollar Einnahmen,[38] Zahlen für die Einnahmen aus der Ausfuhr von verflüssigtem (LNG) und dem per Pipeline in die VAE exportierten 106,8 beziehungsweise 21,1 Milliarden Kubikmeter Erdgas wurden bislang nicht veröffentlicht.

Die im Haushalt 2022 geplanten Staatsausgaben für Großprojekte (umgerechnet 20,3 Milliarden Dollar) und die Gesamtausgaben aus dem Budget insgesamt in Höhe von 56,1 Milliarden Dollar[39] sind also leicht zu stemmen. Katar lebt dabei im regionalen Vergleich nicht über seine Verhältnisse: 56,03 Dollar müsste das Land pro Fass Erdöl einnehmen, um einen ausgeglichenen Haushalt 2022 zu erzielen. In Saudi-Arabien müssten es schon 76,13 und in Iran gar 268,85 Dollar je Barrel sein.[40]

Die Zahlen für das erste Halbjahr 2022 jedenfalls bestätigen die Prognose zu erwartender kräftiger Haushaltsüberschüsse: Die Öl- und Gaseinnahmen stiegen gegenüber den ersten sechs Monaten

2021 um 67 Prozent auf umgerechnet 32,3 Milliarden Dollar, die Gesamteinnahmen hatten im ersten Halbjahr mit 41,4 Milliarden Dollar schon fast das Niveau des Gesamtjahres 2021 erreicht.

Haushaltsüberschüsse sollten zunächst vor allem zur Reduzierung der Staatsverschuldung eingesetzt werden, heißt es aus der Spitze des katarischen Finanzministeriums. Das Ziel sei, die Staatsschulden zunächst von über 65 Prozent auf unter 58 Prozent, gemessen am Bruttoinlandsprodukt (BIP), zu drücken. Und dann mehr Geld an den Staatsfonds Qatar Investment Authority (QIA) zu geben. Beim Erreichen von 35 Prozent Staatsschulden, sollen noch mehr Überschüsse aus dem Budget verstärkt in den Staatsfonds QIA fließen. Die QIA tätigt Investitionen weltweit, um Katar unabhängig von Ölpreis- und Konjunkturschwankungen zu machen und durch Dividenden und andere Erträge künftigen Generationen Einnahmen in der Zeit nach der Öl- und Gas-Ära zu sichern. Bisher schon fließt »ein gewisser Prozentsatz« automatisch zu QIA, verrät Finanzminister Ali bin Ahmed Al-Kuwari. Wie viel genau, lässt sich der Ressortchef nicht entlocken. Und das ist auch den Haushaltsplänen der Regierung nicht exakt zu entnehmen.

Denn die Hauptphase der gewaltigen staatlichen Infrastrukturinvestitionen ist parallel zur Fußball-WM abgeschlossen. Mehr als 200 Milliarden Dollar sind in den Ausbau von Straßen, Brücken, dem Hamad Port, dem Hamad International Airport, in den Aufbau neuer Städte wie Lusail oder eines neuen Stadtteils in Doha wie Msheireb und die grundlegende Sanierung und den Wiederaufbau des alten Basars im Herzen der Hauptstadt, des Souq Waqif, geflossen. In die neu gebaute U-Bahn mit 76 Kilometer Netz und drei Linien wurden 36 Milliarden Dollar gesteckt, inbegriffen die Kosten für Verlängerungen durch oberirdische Tram-Linien, die ebenfalls fahrerlos betrieben werden.

Hinzu kamen die Milliarden privater katarischer Investoren, die teilweise zusammen mit dem Staat oder allein in Großprojekte einstiegen. Leisten kann Katar sich die immer neuen Investitionen, da sich in den Herrscherjahren des Emirs Hamad von 1995 bis 2013 das Bruttoinlandsprodukt vervierundzwanzigfacht hat.

Die Bruttowertschöpfung im Kohlenwasserstoffsektor stieg von 11 Milliarden auf 403 Milliarden Rial. Und die Einnahmen des staatlichen Energieriesen Qatar Energy sprudeln weiter wie die Öl- und Gasquellen des Emirats, das gerade mit 29 Milliarden Dollar seine Gasförderung massiv ausbaut (siehe Kapitel 6: Qatar Energy, S. 179).

Zugleich aber mussten manche Pläne zurechtgestutzt werden: Es wurden bisher nur 37 statt der geplanten 60 Metro-Stationen errichtet und nur 76 Kilometer statt 150 Kilometer Schienennetz gebaut. Und die WM wird nun nur in acht statt zwölf Stadien stattfinden. 6,15 Milliarden Dollar sollen die WM-Bauten gekostet haben, sagt Hassan Al-Thawadi, der Generalsekretär des für die Fußballweltmeisterschaft zuständigen Vorbereitungskomitees (Supreme Committee for Delivery & Legacy). Ausländische Experten rechnen mit doppelt so hohen Ausgaben.

Die Weltbank hat im Juni 2022 aufgrund steigender Einnahmen aus Energieexporten Katars für das laufende Jahr ein Wirtschaftswachstum von 4,9 Prozent sowie in den folgenden beiden Jahren von 4,5 Prozent beziehungsweise 4,4 Prozent prognostiziert. Das liegt deutlich über den Wachstumserwartungen für die Nachbarn Kuwait, Bahrain und die VAE für 2023/24.[41] Während die Corona-Pandemie alle Rohstoffproduzenten hart traf, war Katar zudem zuvor durch die im Juni 2017 verhängte und bis Januar 2021 andauernde Blockade seitens der Nachbarstaaten ökonomisch in Mitleidenschaft gezogen worden. Aber das Land »hat diese politische und wirtschaftliche Krise erstaunlich gut überstanden und dabei seine Widerstandsfähigkeit und eine steile Lernkurve bewiesen«, urteilt die Bertelsmann Stiftung in ihrem globalen Bertelsmann Transformationsindex.[42] Es sei Katar gelungen, die Wirtschaft zu diversifizieren und ein höheres Maß an Selbstversorgung zu erreichen. Im Bereich von Molkereiprodukten ist das Land inzwischen sogar Exporteur (siehe Kapitel 6: Katars fliegende Kühe, S. 191). Allerdings macht sich dies im Haushalt nicht bemerkbar. Denn Katar hat – im Gegensatz zu Saudi-Arabien und den VAE – noch immer keine Mehrwertsteuer eingeführt und Einkommensteuern gibt es nicht.

Zwar hätten auch die Vorbereitungen zur Fußball-WM die Diversifizierung der Wirtschaft vorangetrieben. Aber: »Insgesamt wird die Abhängigkeit Katars von Kohlenwasserstoffen in diesem Jahrzehnt wahrscheinlich noch zunehmen, wenn die Anlagen im North Dome ihre Produktion aufnehmen«, schreiben die Experten der Weltbank zu den laufenden Milliardeninvestitionen in den Ausbau der katarischen Gasförderung und -verflüssigung.

Großer Ärger mit dem großen Bruder Saudi-Arabien: die Blockade

Aber nicht nur Katars Gasvorkommen werden in der Welt dringender denn je gebraucht, seit Russland im Februar 2022 die Ukraine überfallen hat. Westliche Sanktionen gegen russische Öllieferungen und Moskaus Drehen am Gashahn haben die Suche nach alternativen Lieferanten drängender denn je gemacht. Und so war Bundeskanzler Olaf Scholz (SPD) Ende September 2022 in Riad, Abu Dhabi und Doha, um Energiepartnerschaften zu vereinbaren. Katar soll dazu erstmals direkt verflüssigtes Erdgas nach Deutschland liefern, das nach jahrelangen erfolglosen Verhandlungen mit dem Emirat nun LNG-Terminals baut.

Im Juli 2022 war US-Präsident Joe Biden im saudischen Jeddah, wo er den König und den Kronprinzen des Landes traf. Auch er war in Sachen Energie unterwegs: Das Königreich solle so viel auf die Weltmärkte pumpen wie möglich. Knappheit und hohe Preise befeuern die Inflation. Biden trieb zudem die Sorge um, dass hohe Benzinpreise die Chancen der regierenden US-Demokraten bei den Midterm-Wahlen verschlechtern, in denen Teile des US-Kongresses neu gewählt werden. Vor allem Saudi-Arabien ist in der Lage, schnell große Mengen Rohöl zusätzlich zu fördern. Denn Produktionskapazitäten von Saudi Aramco, des mit Abstand weltgrößten Ölförderers, wurden im Rahmen des OPEC+-Abkommens mit Russland zur Wiederbelebung des Ölpreises nach dem tiefen Fall in der Corona-Krise heruntergedrosselt.

Auch die Vereinigten Arabischen Emirate (VAE) und der Irak verfügen noch über unausgelastete Produktionskapazitäten. Iran und Venezuela zwar auch, aber sie unterliegen harten Sanktionen. Katar hingegen ist beim Ölexportkartell OPEC nicht mehr dabei: Zwei Jahre nach der 2017 verhängten Blockade trat das Land aus dem Bündnis aus. Es wollte sich von Saudi-Arabien nicht mehr bevormunden

Wirtschaftskraft im regionalen Vergleich

Prognose für 2022, in Klammern in Kaufkraftparitäten/PPP

	Bruttoinlandsprodukt (BIP)	BIP pro Kopf
Bahrain	44,17 Mrd. $ (87,15)	29.100 $ (57,420)
Katar	225,72 Mrd. $ (301,23)	84.510 $ (112.790)
Kuwait	186,61 Mrd. $ (245,18)	28.760 $ (50.920)
Oman	110,13 Mrd. $ (165,95)	23.420 $ (35.290)
Saudi-Arabien	1,04 Bill. $ (2,0)	28.760 $ (55.370)
VAE	501,35 Mrd. $ (779,23)	50.350 $ (78.260)
Zum Vergleich		
Deutschland	4,26 Bill. $ (5,27 Bill. $)	51.100 $ (73.270)
Polen	699,56 Mrd. $ (1,58 Bill. $)	18.510 $ (41.680)

Quelle: IWF

lassen (siehe Kapitel 6: Qatar Energy, S. 179). Und der Austritt erfolgte als politisches Ausrufezeichen inmitten der Blockade.

Am 5. Juni 2017 verhängten die Nachbarländer Saudi-Arabien, die VAE und Bahrain sowie Ägypten ein Embargo gegen Katar. Sie warfen Doha vor, Terrororganisationen zu unterstützen und sich in die inneren Angelegenheiten ihrer Länder einzumischen. Deshalb forderten sie die Abschaltung des Satellitenkanals Al Jazeera, der ihrer Meinung nach die Führungen in den Nachbarstaaten ungebührlich kritisiere und islamistische Propaganda verbreite. Durch den Satellitensender Al Jazeera bekamen vor allem Araber von Marokko bis in den Jemen die Machenschaften von Kleptokraten live in die Wohnzimmer geflimmert. Hunderttausenden wurden die Augen geöffnet und sie gingen auf die Straßen von Tunis, Kairo, Manama, Damaskus, Tripolis, Sanaa und andernorts, protestierten gegen Misswirtschaft, Korruption und Nepotismus. Wie Dominosteine fielen die Regime, und in Saudi-Arabien wurde die Brandmauer hochgezogen für den Fall der Fälle: Die Gehälter im Staatsdienst wurden deutlich erhöht und soziale Wohltaten wie Wohngeld ausgiebiger verteilt. Katar hat medial und damit in seiner Reputation von den Aufständen des Arabischen Frühlings mehr als jedes arabische Land profitiert.[43]

Besonders echauffiert haben sich die Blockadestaaten über Katars Unterstützung für die Moslembruderschaft. Einerseits wurde über ihre Aktionen zum Sturz des ägyptischen Dauerdiktators Hosni Mubarak auf Al Jazeera ausgiebig berichtet. Andererseits wurde das Nil-Land nach dem Sieg Mohammed Mursis, eines Politikers der Moslembrüder, im Juni 2012 von Katar auch noch mit Milliarden unterstützt, während nach dem Militärputsch im Juli 2013 vor allem die VAE, aber auch Saudi-Arabien, das bevölkerungsreichste Land finanzierten. Beide Staaten halten die Moslembruderschaft für eine islamistische Terrororganisation, die in den Golfstaaten weltliche Monarchen durch islamische Gelehrte ersetzen wollten. Katar indes hält die Moslembruderschaft für eine Art politischen Islam analog zu christdemokratischen Parteien in der europäischen Politik.

Neben dem Ende der Unterstützung für die Moslembrüder und ähnlicher Verbände verlangten die Blockadestaaten ein Schließen aller katarischen Vertretungen in Iran und ein Ende der Beziehungen zur Türkei.

Die Blockade löste in den ersten Tagen Schockwellen aus. Die 87 Kilometer lange Landgrenze zu den Saudis wurde geschlossen, zwischenzeitlich wurde in Riad sogar über den Bau eines mehr als 400 Millionen Dollar teuren Kanals entlang der Demarkationslinie beraten – um Katar zu einer Insel zu machen. Auch Luft- und Seewege in die Nachbarstaaten wurden dichtgemacht. Kataris mussten binnen Tagen aus den an den Sanktionen beteiligten Ländern ausreisen. Egal, ob sie dort noch studierten oder Ehemänner, Frauen oder Kinder hatten, mit denen sie dort lebten. Erstmals lud das katarische Regierungspresseamt sogar aktiv ins Menschenrechtszentrum des Landes ein. Früher wurden Besuche im Human Rights Committee, einem grauen Hochhaus hinter dem alten Basarviertel, argwöhnisch betrachtet. Da sich Journalisten hier nach Bürgerrechtsverletzungen im Land oder nach der Diskriminierung ausländischer Arbeitskräfte und deren Protesten erkundigten. Nun trugen sich hier täglich Hunderte Menschen in Listen ein, um Hilfe zu beantragen. Doha wollte, dass die Welt es sieht.

Unter den Wartenden war auch eine junge Frau namens Sarah. Sie hatte Angst, ihre Tochter zu verlieren. Die Siebenjährige, die wegen ihres saudischen Vaters nach arabischem Recht nur die saudi-arabische Staatsbürgerschaft besitze, sollte auf Druck Riads Katar verlassen. Die voll verschleierte Frau, die ihren vollständigen Namen nicht nennen wollte, hatte Angst als sie im siebten Stock des Human-Rights-Gebäudes die zur Verfolgung des Falls nötigen Formulare ausfüllte. »Saudi-Arabien, Bahrain und die VAE zwingen ihre Staatsbürger aus Katar dorthin zurückzukommen. Doch meine Tochter und mein Mann waren noch nie dort«, klagte sie. »Wenn sie nicht nach Saudi-Arabien reist, soll meiner Tochter der Pass aberkannt werden. Aber wie soll sie dann hier ohne Dokumente jemals zur Schule gehen können?«, fragte sie. Einem Saudi sei sogar verboten worden, seinen sterbenden Vater in einer Klinik in Doha zu besuchen. Stattdessen musste er sofort in die Heimat zurückkehren, berichtete Saad Al-Abdulla vom Menschenrechtszentrum. Einige Kataris hätten ihre Krankenhausaufenthalte in Nachbarstaaten zwangsweise beenden müssen. Denn innerhalb von 14 Tagen nach Verhängung der Sanktionen gegen Katar hätten alle geschätzt 13.000 Kataris aus den Blockadestaaten ausreisen müssen. »So etwas hat es noch nie gegeben«, schimpfte Al-Abdulla. »Sie bestrafen Menschen, die mit der Krise nichts zu tun haben, völlig unschuldige Menschen.«

Auch wirtschaftliche Tragödien hat die Golf-Krise bereits von Beginn an für zahlreiche Menschen hervorgebracht: »Ich musste Saudi-Arabien verlassen und kann nun meine 300 Kamele und 5.000 Schafe nicht mehr versorgen. Sie haben mich aus dem Land gejagt«, erzählte ein Mittfünfziger, der gut 30 Jahre im Nachbarland gelebt hat und aus Angst vor Repressionen seinen Namen nicht nennen will. Einige seiner Rennkamele kosteten mehrere Millionen Dollar, doch auch die für den Fleischverkauf gezüchteten Tiere seien etliches wert. Nach Katar könne er sie nicht holen: Kamele seien sensible Tiere und sehr an ihre angestammte Umgebung gewöhnt. Kamele, die ein Freund nach Katar gebracht hatte, seien beim Versuch, in ihre saudischen Weidegründe zurückzuschwimmen, gestorben.

Auch an anderen Orten wurde die Krise schnell greifbar. In den ersten Tagen waren Regale in den riesigen Supermärkten der französischen Kette Carrefour oder die LuLu-Märkte, die indischstämmige Gründer zuerst in Dubai und dann in anderen Golfstaaten aufgebaut hatten, oft schon vor dem Abend leer. Säckeweise Reis schleppten Kataris und »Expats« aus den Läden, ebenso deutlich mehr Milchkartons, Seifenspender oder Nudelpakete. Die Hamsterkäufe dauerten nur wenige Tage. Dann kam – wie einst bei der Berlin-Blockade – Hilfe von außen. Nur flogen die »Rosinenbomber« hier nicht, wie damals in Deutschland, aus den USA, sondern aus der Türkei und Iran ein. Von dort wurden massenhaft Gemüse, Molkereiprodukte und andere Lebensmittel geliefert. Ausgerechnet aus den Ländern, zu denen Katar nach dem Willen der Blockadestaaten seine Beziehungen abbrechen sollte.

»Es bestand ganz real die Gefahr, dass saudische Truppen einmarschieren«, erinnert sich ein ranghoher katarischer Vertreter, der die Verhängung der Blockade am 5. Juni 2017 nicht ahnte. Er sei nur eine halbe Stunde vor Ausrufung des Embargos mit seinem Firmenjet aus der saudischen Hauptstadt Riad abgehoben, sonst hätte er als Angehöriger der katarischen Herrscherfamilie das Land vielleicht lange nicht verlassen können.[44]

Dass es zu keinem Angriff auf Katar gekommen sei, verdanke das Land einer List: Gleich nach Verhängung des Zehn-Tage-Ultimatums habe sich die Führung in Doha an den türkischen Präsidenten Recep Tayyip Erdogan gewandt und auf den Freundschaftsvertrag beider Länder verwiesen. Ausgerechnet die Türkei, könnte man einwenden – nachdem Katar sich lange gegen den Einfluss des Osmanischen Reichs auf der Halbinsel gewehrt hatte. Erdogan schickte einen einzigen Militärflieger nach Doha, »und den haben wir bei der Landung ausgiebig und immer wieder aus unterschiedlichen Perspektiven gefilmt, auch die ersten türkischen Soldaten. Nach der Ausstrahlung und dem Anschein, dass es ein großes Kontingent sein muss, wussten sie, dass es ein Fehler war, uns nicht schon angegriffen zu haben. Denn nun würde es ein Konflikt auch mit einem NATO-Land werden«, erinnert sich der ranghohe Vertreter. »Die Jets waren schon in der Luft«, sagte indes Jahre später ein westlicher Manager eines Rüstungsunternehmens,[45] es habe die Sendeanstalt von Al Jazeera angegriffen werden sollen. Die USA hätten aber interveniert.

Gleich zu Beginn des Embargos soll vor allem die Führung der VAE darauf gesetzt haben, dass sich einflussreiche Stämme in Katar von den Al-Thanis absetzen und den jungen Emir stürzen. Das berichteten einige westliche Diplomaten in Doha.

Und neben der Blockade wurde auch ein heftiger Wirtschaftskrieg geführt: Zwei Jahre nach der Blockade reichte Katar Klage gegen die First Abu Dhabi Bank aus den VAE, die Samba Bank aus Saudi-Arabien und die Luxemburger Banque Havilland ein, zu deren größten Kunden Abu Dhabis damaliger Kronprinz gehörte. Sie hätten versucht, das Vertrauen in die Währung und die Anleihen Katars zu untergraben, heißt es in der Klageschrift. Allein in den Finanzsektor habe Katar 43 Milliarden Dollar pumpen müssen, nachdem gleich zu Beginn der Blockade 22 Milliarden Dollar aus katarischen Banken abgezogen worden seien und der Kurs der Landeswährung Qatari Rial massiv habe gestützt werden müssen. Das hat die Ratingagentur Standard & Poor's ein Jahr nach dem Ende des Embargos errechnet. Der Rial ist an den Dollar gekoppelt. Aber der feste Wechselkurs 3,64 QR für einen Greenback hält nur, wenn die wirtschaftlichen und fiskalischen Rahmendaten nicht völlig kollabieren.

Hinzu kamen deutlich höhere Importpreise für Lebensmittel und erhöhte Investitionen in den Ausbau der (Hafen-)Infrastruktur, um weiter an die nicht nur für die WM-Stadien dringend benötigten Baumaterialien zu kommen. Auch die staatliche Fluggesellschaft Qatar Airways erlitt enorme Verluste: »Die Blockade kostete uns über anderthalb Milliarden Dollar an zusätzlichen Betriebskosten, weil wir die blockierenden Länder umfliegen mussten. Und sie hatte noch weitere kommerzielle Auswirkungen für uns«, sagte Akbar Al Baker, der CEO der Airline.[46] Als großer Langstreckenanbieter mit Drehkreuz in Doha hätten wegen der längeren Flugzeiten für Maschinen von Qatar Airways Konkurrenten aus anderen Ländern der Region Vorteile ohne diese Umwege gehabt: »Die Leute sehen sich dann nach anderen Fluggesellschaften um, die ihnen die Möglichkeit bieten, schneller an ihr Ziel zu gelangen. Das hat eine enorme Wirkung gezeigt«, so Al Baker. Aber seine Airline habe diese Krise gestärkt überlebt und sei nun der weltgrößte Langstreckenanbieter (siehe Kapitel 6: Qatar Airways, S. 202).

Zum Wirtschaftskrieg gesellte sich eine Medienschlacht: Katar, Saudi-Arabien und die VAE gaben Hunderte Millionen Dollar für PR-Kampagnen und politisches Lobbying aus. Riad und Abu Dhabi führten »einen verdeckten Informationskrieg, um Katar zu dämonisieren und eine Änderung der US-Politik gegenüber Katar herbeizuführen. Sie beauftragten PR-Firmen, Lobbygruppen und bezahlte Think-tanks, um öffentliche Veranstaltungen gegen Katar abzuhalten«, sagt Marwan Kabalan, der Direktor für politische Analyse am Arab Centre for Research and Policy Studies. Eingespannt worden sei eine Tochtergesellschaft der SCL-Group, der Muttergesellschaft des Politikforschungsunternehmens Cambridge Analytica, für eine Medienkampagne gegen Katar. Cambridge Analytica wird ein großer Anteil am Sieg der Brexit-Befürworter bei der Abstimmung über Großbritanniens EU-Austritt zugeschrieben. Katar soll sogar seit Ausbruch der Krise 1,5 Milliarden Dollar für das Polieren seines Images durch PR-Maßnahmen ausgegeben haben – so viel wie die VAE und Saudi-Arabien für eine Schmutzkampagne.[47]

Einer der Tiefpunkte war ein Hackerangriff auf eine katarische Regierungs-Website, auf der dann falsche Zitate des Emirs eingestellt wurden, in denen er Iran und die palästinensische Hamas lobpreiste. Diese gefälschten Aussagen wurden dann auf Social-Media-Kanälen ausgespielt als Beweis für die Notwendigkeit der Katar-Blockade. US-Geheimdienste schrieben diesen Hackerangriff den VAE zu, berichtete die »Washington Post«.[48]

Gebracht haben die Anwürfe nichts. Am 5. Januar 2021, genau 43 Monate nach Verhängung der Blockade, wurde sie auf einem Treffen der sechs arabischen Monarchien des Golfkooperationsrates (GCC) im saudischen Ort Al-Ula beendet.

Geblieben sind erhebliche Friktionen: Vor 2017 kam der Großteil der Molkereiprodukte in Katar aus der Ostprovinz Saudi-Arabiens, wo große Ländereien für den Export produzieren, und andere Lebensmittel vielfach aus den Emiraten. Diese Lieferketten sind zerrissen. Katar hat sich gerade bei Agrarprodukten viel unabhängiger von Importen gemacht. Und was geliefert wird, kommt nun vermehrt aus der Türkei oder dem Iran. Die Beziehungen zu diesen beiden Ländern, die Katar nach dem Willen der Blockadeländer abbrechen sollte, wurden also politisch und wirtschaftlich viel intensiver. Die Türkei unterhält seit der Blockade sogar eine kleine Militärbasis in Katar.

Und noch etwas hat Katar wegen der Blockade ausgebaut: den Hamad Port. Wurde Katar vor der Blockade aus dem bisher wichtigsten Hafen der Golfregion – Jebel Ali in Dubai – versorgt, so riss auch diese Lieferkette über Nacht. »Ich hatte alles über Jebel Ali kommen lassen, auch eine große Lagerhaltung dort und sogar eine kleine Produktion. Als die Blockade verhängt wurde, kam ich an nichts mehr ran. Ich werde nie wieder über Dubai arbeiten mit meiner Firma«, sagte der Besitzer eines katarischen Unternehmens unter der Bedingung, nicht namentlich zitiert zu werden. In Jebel Ali kamen die Containerriesen an im Linienverkehr, nach Doha und in andere Städte wurde die Fracht auf kleinere Feeder-Schiffe umgeladen. Aber seit der Blockade war Schluss mit dem Ansteuern von Doha von Dubai aus.

Mit der Eröffnung des deutlich vergrößerten und vertieften Hafens Hamad Port wird Katar von den großen Reedereien der Welt im Linien-Containerverkehr angelaufen. Zudem eröffnete das Land einige »Free Zones«, also vom katarischen Staat mit der nötigen Infrastruktur ausgestattete und zudem zoll- und steuerfreie Lager- und Produktionsflächen. Dies sind wichtige Standorte für die Weiterverarbeitung, Umverpackung oder die Produktion mit angelieferten Teilen. Eine der neuesten Ansiedelungen ist die französische Firma Gaussin Advance Mobility. Sie will in einer der Freihandelszonen mit dem katarischen Partner Al Attiya Motors and Trading Company Elektroautos entwickeln.

Auch politisch hat die Blockade das Gegenteil des von den Embargostaaten Geforderten bewirkt. »Unsere Geduld war irgendwann am Ende«, begründete der damalige saudische Außenminister Adel al-Jubeir das harte Vorgehen seines Landes, der VAE, Ägyptens und anderer arabischer Länder gegen »unseren Bruder Katar« gleich bei einem Berlin-Besuch im Juni 2017 vor politischen Analysten. Er sieht sich deutlich in der Rolle des »großen Bruders«, als al-Jubeir nach-schiebt: »Auch einem Bruder muss man mal sagen, wenn er etwas falsch macht.« Diese Überheblichkeit und die langjährigen territo-rialen Ansprüche gegen das kleine Nachbarland führten dazu, dass es nicht einmal im konservativsten und Saudi-Arabien stark zuge-neigten Teil der katarischen Gesellschaft die Bereitschaft gibt, ihren Herrscher zugunsten der vermeintlich unverbrüchlichen Freund-schaft mit den arabischen Brüdern zu opfern.

Im Gegenteil: Der junge Emir, damals 37 Jahre alt und in seinem vierten Amtsjahr, wurde zur Ikone des Widerstands. Sein Konterfei prangte schnell an den Fassaden der Wolkenkratzer, als Schutzhülle auf Handys oder auf Autos. Aufkleber mit dem Gesicht des Herr-schers als Pop-Art Schattenriss erinnerten in ihrer Machart an das ikonische Che-Guevara-Porträt. »Ich hätte niemals gedacht, dass das Bild so populär werden würde«, erinnert sich Ahmed bin Majed Almaadheed. Der junge Künstler hatte das stylische Porträt gemalt, »weil ich wütend wurde, als ich all die Lügen über meinen Emir hör-te, die zu Beginn der Blockade verbreitet wurden«. Unter das Bild mit dem Kopf, das dann tausendfach gedruckt wurde, schrieb er: »Tamim Al Majd« – »glorreicher Tamim – unser Emir für immer«. Seit Ausbruch der Katar-Krise wurde dieser Personenkult auf die Spitze getrieben.

»Nicht nur die Kataris stellten sich hinter ihn«, sagt ein lange in Katar lebender Manager. Auch ausländische Arbeiter hätten Katar nicht verlassen wollen und so Solidarität mit dem Land demons-triert. Noch heute würde niemand saudische Milch kaufen. Und als ein emiratisches Unternehmen Anfang 2022 per Anzeigen in Zeitun-gen Arbeitskräfte gesucht habe, seien kaum Bewerbungen eingegan-gen. »Die Saudis sahen Katar schon immer als Teil ihres Territoriums an«, sagt ein hochrangiger Manager in einem der Towers der Skyline von Doha. »Sie wollten zeigen, wer die wahre Macht hat«, bestätigt ein westlicher Vertreter in Doha.

»Unsere Souveränität ist die rote Linie!« – mit diesen klaren Wor-ten lässt sich Emir Tamim in Dohas Nationalmuseum zeigen. Und er kann die Blockade als gelungene Feuerprobe verbuchen. Mit einem Milliardeneinsatz hat das Land die Krise überlebt. Und es hat in den

Embargo-Jahren ein großes Reformprogramm aufgelegt: Seither dürfen ausländische Firmen 100-prozentige Tochterunternehmen in Katar gründen. Der Zwang zum Joint Venture mit einer lokalen Firma ist aufgehoben. Das Arbeitsrecht für ausländische Arbeitskräfte wurde weitgehend reformiert, das sogenannte Kafala-System abgeschafft. Das sah vor, dass ausländische Arbeiter einen »Sponsor« brauchen, also nur für die eine katarische Firma arbeiten dürfen, die sie ins Land geholt hat (siehe Kapitel 4: Gastgeber, Gastarbeiter, Sklaventreiber, S. 120).

Und nicht zuletzt fühlte sich Tamim 2021 so sicher im Sattel, dass er Anfang Oktober 2021 erstmals in der Geschichte Katars seine Landsleute den Konsultationsrat, den Shura, wählen ließ.

»Die Entwicklung einer nationalen Identität in Katar nach der Blockade hat zwar dazu geführt, dass die Bürger nicht mehr apathisch und unpolitisch sind, sondern sich für die Zukunft des Landes engagieren. Doch hat dies nicht zu Forderungen nach einer stärkeren Beteiligung der Bürger an der Politik und einer aktiven Zivilgesellschaft geführt.« So urteilt der Bertelmann Transition Index,[49] der Wirtschaft, Demokratie, Verwaltung und andere Kriterien global vergleicht. In ihm kommt Katar in fast allen Kategorien besser weg als der große Nachbar Saudi-Arabien. Doch auch für Katar bleibe viel zu tun. Vor allem aber bilanzieren die Experten die Blockade so: Der Konflikt zwischen den GCC-Staaten könne jederzeit wieder ausbrechen, wenn es nicht zu wirklicher Kooperation und Konsensbildung im Golfkooperationsrat komme.

Die Metternichs des Mittleren Ostens ODER: Spielball der Großmächte

Von den Türken (dem Osmanischen Reich) hatte sich Katar 1916 endgültig abgewandt, von den Briten seit der Unabhängigkeit 1971 – und damit von einer Jahrhunderte währenden Fremdherrschaft. Um als kleines Land, eingekeilt zwischen dem schiitischen Iran mit mehr als 84 Millionen Einwohnern im Norden und der sunnitischen Vormacht Saudi-Arabien im Südwesten, zu existieren, benötigt Katar Allianzen. Das hat die Staatsführung spätestens seit der Blockade

Einwohnerzahl
in Mio.

Bahrein	Katar	Kuwait	Oman	Saudi-Arabien	VAE
1,5	2,7	4,3	4,8	36,2	9,9

Quelle: GLMM, Stand: 30.11.2021; IWF Prognose 2022; UN, CIA Fact Book

durch seine Nachbarn erkannt. Während der versuchten Isolierung knüpfte Katar wieder Bande zur Türkei. Beide Länder verbindet das Verständnis eines »politischen« Islams, also einer Staatsführung mit islamischen Prinzipien, ohne – wie im Iran oder in Afghanistan unter den Taliban – zu einem Gottesstaat zu werden, in dem alles der Religion untergeordnet wird.

Katar war lange in der Außenpolitik ein Vasall Saudi-Arabiens, wie auch die anderen Staaten des 1981 gegründeten Golfkooperationsrates (GCC). Allein die schiere Größe machte das Königreich zum Vorherrscher. Saudi-Arabien ist siebenmal so groß wie das nächstgrößte Mitglied, der Oman. Und dieser verfügt wiederum über mehr Territorium als die vier weiteren Mitglieder zusammen, Bahrain, Katar, Kuwait und die Vereinigten Arabischen Emirate (VAE). Die Saudis spielten dabei immer wieder ihre Macht aus: Während des Zweiten Golfkrieges gestalteten sie die Grenzziehung so, dass Katar und die VAE keine gemeinsame Grenze mehr hatten. Riad verhinderte den Bau einer langen Brücke zwischen beiden Ländern. Auch eine Gaspipeline von Katar in die Emirate versuchte der große Nachbar zu vereiteln. Erfolglos: Die Röhre wurde gebaut, und sogar während der Blockade schickte Katar weiter Erdgas in die VAE. Immer wieder kam es in der Region zum Streit über Seegrenzen wegen der damit verbundenen Eigentumsansprüche an Öl- und Gasfeldern unter dem Meeresboden. Auch hier trafen Saudi-Arabien und Katar aufeinander.[50]

Innerhalb der GCC gelang es Saudi-Arabien indes nicht, eine vereinbarte gemeinsame Währung und mehr gemeinsame Institutionen durchzusetzen. Der GCC ist bis heute ein eher zahnloser Tiger.

Nach dem unblutigen Putsch 1995, bei dem Hamad bin Khalifa Al-Thani seinen im Ausland weilenden Vater Khalifa absetzte und sich selbst zum Emir machte, kam es zur Wende auch in der katarischen Außenpolitik. Emir Hamad, der nach seiner Militärausbildung auf der britischen Royal Military Academy Sandhurst in den katarischen Streitkräften zum Generalmajor und Verteidigungsminister aufgestiegen war, war tief enttäuscht von Saudi-Arabien. Er hatte im sogenannten Zweiten Golfkrieg bei Saddam Husseins Einmarsch in Kuwait als Kommandeur eines katarischen Panzerbataillons den Saudis geholfen, deren Industriestadt Khafji nach dem Angriff durch den Irak zurückzuerobern. Aber statt ihm, dem neuen Machthaber in Doha, Dankbarkeit für die Militärhilfe entgegenzubringen, unterstützte Riad den letztlich gescheiterten Konter-Putsch gegen Katars neuen Herrscher.

Hamad handelte entschlossen und wandte sich den USA zu. 1996 ließ er für eine Milliarde Dollar die Air Base Al-Udeid westlich von Doha bauen. Die Luftwaffenbasis hat die längste Landebahn in einem arabischen Golfstaat und kann somit auch große Transportflugzeuge aufnehmen. Geschützt wird der Stützpunkt durch von Katar bezahlte amerikanische Raketenabwehrsysteme. Auch F-15-Kampfjets aus den USA starten und landen hier.

Geschickt nutzte Emir Hamad die antiamerikanische Stimmung in Saudi-Arabien, wo radikale Gelehrte die US-Truppenpräsenz während der »Operation Desert Storm« gegen den Irak als »Entweihung heiligen Bodens« brandmarkten. Washington war damals, Anfang der 1990er-Jahre, sehr erpicht darauf, aus Saudi-Arabien weg- und an einen sicheren Standort zu kommen. Zu dem wurde Katar.

1998 wurde Al-Udeid Sitz des Hauptquartiers der USA im Mittleren Osten, des U. S. Central Command (CENTCOM). Von hier aus werden Operationen in 18 Ländern im Mittleren Osten bis hin nach Afghanistan gesteuert. 2003 wurde auch das U. S. Combat Air Operations Center for the Middle East von Saudi-Arabien nach Katar verlegt. 10.000 US-Soldaten sollen in Al-Udeid stationiert sein. Die US-Flotte liegt zwar im benachbarten Bahrain, aber seit dem weitgehenden amerikanischen Rückzug aus Saudi-Arabien laufen vor allem in Katar die Kommandofäden für diese vulnerable Weltregion zusammen.[51] Daneben sind in Al-Udeid auch Einheiten der britischen Royal Air Force und australische Luftwaffeneinheiten untergebracht – und seit der Katar-Blockade ist Al-Udeid auch eine türkische Militärbasis.

Katars Streitkräfte selbst verfügen über 12.000 Männer und einige Frauen, darunter auch Jet-Pilotinnen. Der Großteil dient im Heer. Laut dem Fachmagazin »Jane's Defence« kann Katar auf 94 Leopard-2-Panzer sowie auf Panzerhaubitzen 2000 und Gepard-Flugabwehrpanzer aus deutscher Produktion zurückgreifen. Die Flugabwehrpanzer sollen angeblich auch zum Schutz der WM-Stadien vor möglichen Drohnenangriffen während der Fußballspiele dienen.

Der wichtigste Waffenlieferant für Katar sind jedoch die USA. Im Juli 2014 unterzeichnete Katar mit den USA ein Rüstungsabkommen über den Kauf von Apache-Kampfhubschraubern, Luftabwehrsystemen und anderen Waffen für elf Milliarden Dollar. Vier Monate zuvor hatten Saudi-Arabien, die VAE und Bahrain ihre Botschafter aus Doha abberufen – wegen der angeblichen katarischen Unterstützung für islamistische Terroristen. Katar antwortete mit Aufrüstung und einer größeren Nähe zu den USA. Die Beziehungen zwischen beiden Ländern beruhen auf gegenseitigen Interessen: Die USA haben in Katar eine geostrategisch wichtige Militärbasis zur Verfügung und einen wichtigen Absatzmarkt für Waffensysteme. Und Katar genießt den Schutz Washingtons, um mögliche Gebietsansprüche der Nachbarn abwehren zu können.

Aber Katar gerät durch das enge Verhältnis zu den USA auch in einen Konflikt mit einem wichtigen Nachbarn: Iran. Katar unterhält seit der Blockade 2017 bis 2021 das beste Verhältnis aller arabischen

Golfstaaten zur Vormacht der Schiiten. Iran lieferte sofort Lebensmittel nach Katar, als Saudi-Arabien und die VAE die traditionelle Versorgung Katars mit Gemüse und Molkereiprodukten einstellten. Qatar Airways flog seit Schließung des Luftraums der Blockadestaaten nach Norden – in den iranischen Luftraum, um seinen Flugbetrieb weiter aufrechtzuerhalten.

Aber aus Al-Udeid startete im Januar 2020 auch die amerikanische Drohne vom Typ MQ9-Reaper. Von ihr abgeschossene Hellfire-R9X-Ninja-Raketen töteten den iranischen Kommandeur Qassem Soleimani. Der Chef der im Ausland operierenden Al-Quds-Brigaden der iranischen Revolutionsgarden wurde durch den vom damaligen US-Präsidenten Donald Trump angeordneten Schlag in der Nähe des Flughafens der irakischen Hauptstadt Bagdad gezielt getötet. Teherans Al-Quds-Brigaden sichern durch ihre Operationen in Syrien, im Libanon, im Jemen, dem Irak und andernorts den wachsenden Machtanspruch Irans in der arabischen Welt. Als die Rolle Katars bei Soleimanis Tod bekannt wurde, flog der katarische Außenminister Scheich Mohammed bin Abdulrahman Al-Thani zu Gesprächen mit dem damaligen iranischen Präsidenten Hassan Rouhani und seinem Außenminister Mohammad Javad Zarif nach Teheran. Katar musste die Lebensader nach Norden absichern, sonst hätten die Blockadestaaten Erfolg gehabt.

Katar zwingt das immer wieder in eine Schaukelpolitik zwischen Teheran, Washington sowie Riad und seinen Verbündeten.

»Scheckbuchdiplomatie«: Katar will außenpolitischer Mittler sein und eckt an

Manche haben noch immer angstverzerrte Gesichter, bei anderen ist die Anspannung schon etwas der Freude gewichen, und bei sehr vielen fließen Tränen. Eng an eng sitzen die Passagiere auf dem Boden völlig überladener C-17-Maschinen. Sie wollen vor allem eines: weg aus Afghanistan, in Sicherheit. Nach dem Fall Kabuls am 15. August 2021 flogen die Amerikaner und andere insgesamt gut 60.000 Afghanen aus. Verzweifelte Mütter reichten amerikanischen Soldaten ihre Babys über den Zaun, um zumindest dem Nachwuchs ein Leben in Freiheit zu ermöglichen. Dutzende Afghanen hofften, fliehen zu können, indem sie versuchten, sich an startenden Militärfrachtern festzuhalten. Menschliche Tragödien spielten sich im und um den Kabuler Flughafen ab. Es war ein Rennen gegen die Zeit, die Taliban gaben dem Westen nur wenige Tage. Eine Minute vor Mitternacht des 30. August hob die letzte US-Maschine mit Evakuierten aus der afghanischen Hauptstadt ab.

Die meisten kommen erst einmal nach Katar. Kabul–Doha war die am meisten genutzte Route für diejenigen, die sich vor der Wiederkehr der Steinzeitkrieger in Sicherheit bringen wollten. Dabei war Doha lange beschuldigt worden, mit den Taliban zu paktieren. Während viele Taliban auf den Terror-Sanktionslisten diverser Staaten standen, liefen sie frei durch Nobelhotels in der katarischen Hauptstadt, wohnten dort in Villen, die sogar teilweise von Katar bezahlt waren – so lauteten die Vorwürfe. Der damalige US-Präsident Donald Trump forderte deshalb auch 2017 die Schließung des Verbindungsbüros der Taliban in Katar. Sein Außenminister Mike Pompeo traf indes dort später Vertreter der afghanischen Milizen.

Es war vor allem auch im westlichen Interesse, dass die Taliban Anfang der 2010er-Jahre eine Vertretung zunächst im Sheraton Hotel in Doha hatten. Nur so waren Gespräche möglich, die 2016 in den »Doha Dialogue« mündeten, in Verhandlungen der verschiedenen afghanischen Lager. Im Februar 2020 vermittelte Katar schließlich ein Friedensabkommen zwischen den USA und den Taliban. Das »Agreement for Bringing Peace to Afghanistan« wurde vom US-Afghanistanbeauftragten Zalmay Khalilzad und dem Taliban-Unterhändler Abdul Ghani Baradar im Beisein Pompeos unterzeichnet. In dem Abkommen sagten die Taliban zu, alle Verbindungen zur Terrororganisation Al-Qaida zu kappen und Friedensverhandlungen mit der afghanischen Regierung aufzunehmen. Im Gegenzug würden die USA binnen 14 Monaten ihre Truppen aus Afghanistan abziehen. Das hatte Trumps Nachfolger Joe Biden umgesetzt. Eine der Folgen war das chaotische Ausfliegen von Zivilisten in Militärmaschinen. Bei der Unterzeichnungszeremonie war Katar nur noch mit zwei in weiße Thawbs oder Dishdashas, die typischen blütenweißen arabischen Gewänder, gekleideten Protokollbeamten des Außenministeriums vertreten. Davor jedoch waren die Kataris wichtige Mittler im Hintergrund, die dieses Abkommen erst ermöglicht hatten.

»Ich will ausdrücklich die konstruktive Rolle Katars würdigen, das einen ganz entscheidenden Beitrag sowohl zu den Gesprächen mit den Taliban als auch zu den Fragen der Evakuierung geleistet hat«, lobte die scheidende Bundeskanzlerin Angela Merkel nach dem Ausfliegen von Deutschen und Ortskräften aus Afghanistan. Auch Biden bedankte sich ausdrücklich bei Katar für den Afghanistaneinsatz. Im Januar 2022 empfing er Emir Tamin bin Hamad Al-Thani als erstes arabisches Staatsoberhaupt und erkannte dessen Land als »Major Non-Nato Ally« an, den Status des engsten Verbündeten jenseits der transatlantischen Verteidigungsallianz.

Katar hat heute als eines von wenigen Ländern eine funktionierende Botschaft in Kabul. Und das Land vertritt vor Ort auch die Interessen der USA. Katar sucht Kontakt zu den Taliban, hat die neuen Machthaber aber noch immer nicht als legitime Regierung anerkannt, stellt dafür Forderungen wie das Recht der Mädchen auf Bildung und die Einhaltung der Menschenrechte.

Dass Katar heute auf der Landkarte der Diplomatie zu finden ist und gerne als Mittler bei schwierigen Missionen nachgefragt wird, ist vor allem Emir Hamad zu verdanken. Er hat sein Land aus der plumpen Gefolgschaft Saudi-Arabiens herausgelöst und stattdessen eine eigene aktive Außenpolitik gestartet. Katar ist es seit Hamads Machtübernahme gelungen, »viel mehr Einfluss zu erlangen, als es ihm irgendjemand zugetraut hatte«, räumt Jim Krane vom Baker Institute for Public Policy an der Rice University in Houston ein. Und: »Es hat die Erdgaseinnahmen in alle Arten von Soft Power umgewandelt.« Diese Soft Power speist sich aus der Etablierung von Al Jazeera, Investitionen des Staatsfonds QIA in Schlüsselunternehmen wichtiger Staaten und in erfolgreiche diplomatische Missionen. Hard Power kommt durch die militärische Zusammenarbeit mit den USA und andere westliche oder NATO-Staaten.

Katar sei der »Shooting Star der Weltpolitik des 21. Jahrhunderts« und ein »Global Player einer neuen Sorte«, lobt der Politik-Professor Maximilian Felsch.[52] In der zumeist angelsächsischen Literatur über das Land wird die immer wiederkehrende Formulierung des

»punching above its weight« – des Boxens oberhalb der eigenen Gewichtsklasse – bemüht. Katars Vizepremier und Außenminister Scheich Mohammed bin Abdulrahman Al-Thani hält diese Sicht für falsch. Vermittler zu sein, sei die natürliche Rolle seines Landes. »Die Führung unseres Landes ist überzeugt, dass unsere Rolle die des Vermittlers ist. So machen wir einen Unterschied als Land, nehmen eine echte Aufgabe wahr, füllen eine Lücke aus. Wir sehen die Chance und werden es so lange machen, wie wir die Chance sehen, Menschenleben zu retten«, sagte er im Gespräch im Mai 2022.

Sein Land habe dafür aber leider einen Preis zu zahlen. »Wir haben immer wieder zwischen Israel und Palästina vermittelt, und nun wirft man uns Terrorfinanzierung vor, weil wir die palästinensische Hamas unterstützen würden«, sagte Scheich Mohammed. Er beklagte, dass sich kaum jemand die Mühe mache, »zu ergründen, was wir wirklich tun in Palästina: Wir haben Tausende Menschenleben gerettet.«[53] Katar sagte nach schweren Zusammenstößen zwischen Palästinensern und israelischen Sicherheitskräften im Mai 2021, bei denen mindestens 248 Palästinenser und 13 Israelis getötet und mehrere Tausend Menschen verletzt wurden, 500 Millionen Dollar Wiederaufbauhilfen für den Gazastreifen zu. Zuvor bereits hatte Katar Hunderte Millionen Dollar humanitärer Hilfe im Gazastreifen bereitgestellt. Israel, Saudi-Arabien und andere werfen Katar vor, so die radikale Palästinenserorganisation Hamas zu stärken. Antrieb für Katars Vermittlerrolle sei aber auch, dass »wir uns als kleines Land Feindschaften zwischen großen Machtblöcken nicht leisten können«, sagte der katarische Außenminister über die Gefahr eines »Decoupling« genannten politischen, wirtschaftlichen und technologischen Auseinanderdriftens zwischen dem Westen und China. »Wir boxen nicht oberhalb unserer Gewichtsklasse. Wir verteidigen als kleines Land unser Grundinteresse: den Multilateralismus.« Sein Land habe dabei eine Erfolgsbilanz bei Mediation, Dialog und Diplomatie vorzuweisen.

»Wir wollen keine zwischen zwei Supermächten polarisierte Welt«, sagte auch Emir Tamim dazu im Interview mit dem französischen Magazin »Le Point« vom 15. September 2022. Das wäre für ein kleines Land wie Katar brandgefährlich. Vor allem, da sich sein Land als Verbündeter der USA und des Westens im Ganzen sehe, China aber der bisher größte LNG-Kunde sei. Deshalb sieht sich Katar in der Rolle des »Hakam«, des Mediators: »Unsere Außenpolitik zielt darauf, verschiedene Standpunkte zusammenzubringen, zerstrittenen Parteien zu helfen, zusammenzukommen. Wir sehen für uns die Rolle des Moderators, in unserer Region und darüber hinaus«, beschreibt der Emir die Diplomatie seines Landes. Das sei zugleich Katars Verpflichtung wie auch im katarischen Interesse. Deshalb habe man auch die afghanischen Taliban und Vertreter der US-Administration noch unter Barack Obama in Doha zusammengebracht. Jahrelang waren Vertreter der islamistischen Kämpfer dafür im Ritz Carlton Sharq Village Hotel einquartiert worden.

Die allerwichtigste Frage sei für ihn eine Zwei-Staaten-Lösung für Israelis und Palästinenser: »Solange diese Frage nicht gelöst ist, wird es leider in unserer Region keinen Frieden geben.« Auch ein erneuter »Arabischer Frühling« ist für Scheich Tamim denkbar, da die dahinter liegenden Probleme von Armut, hoher Arbeitslosigkeit und Beteiligung der Menschen nicht gelöst worden seien. »Die Menschen brauchen echte Hoffnung, nicht nur Worte«, meint der Emir. Katar finanziere deshalb Bildung für bisher schon 15 Millionen Kinder in der Region. In Tunesien zahle sein Land Programme für junge Menschen, ihr eigenes Business aufzubauen.

Aber Katar hat über seine Vermittlerrolle auch klare Standortbestimmungen: »Warum akzeptieren wir Führer, die ihr Volk massakrieren und Millionen Menschen als Flüchtlinge außer Landes treiben?«, fragt er in Richtung des syrischen Diktators Bashar al Assad. Damit verlässt Scheich Tamin, der von sich selbst sagt, die brennenden Ölquellen im 1991 vom Irak überfallenen Kuwait hätten ihn in der Kindheit tief geprägt, die zurückhaltende Rolle des Mittlers. Er hat aber weder in Syrien noch in Libyen bisher Erfolge vorweisen können.

Der wichtigste »Hakam« war dabei von Anfang an neben dem »Vater-Emir« einer seiner engen Freunde, Scheich Hamad bin Jassim, früher Außen- und heute Premierminister. Als »modern day Metternich« feierte die »New York Times« den »HBJ« genannten Regierungschef wegen seines diplomatischen Geschicks in Anlehnung an den Österreicher, der auf dem Wiener Kongress 1814/1815 die Neuordnung Europas nach dem Sturz Napoleons aushandelte.

Katars Diplomaten gelingt es seit gut zwei Jahrzehnten immer wieder, in festgefahrenen Konflikten zu vermitteln. So 2007 bei einem ersten Konflikt im Jemen zwischen den von Iran geförderten schiitischen Huthi-Rebellen und der sunnitischen Regierung, der allerdings nach dem Arabischen Frühling 2011 wieder ausbrach.

Als diplomatisch bahnbrechend gilt unter Außenpolitik-Experten der 2008 von Katar vermittelte Kompromiss von Doha, bei dem nach 16 Monaten Bürgerkrieg im Libanon Frieden geschlossen wurde zwischen dem Regierungslager und den Milizen der Hisbollah.

2011 gelang es Katar dann, eine seit 2003 andauernde bewaffnete Auseinandersetzung zwischen den verschiedenen Volksgruppen in Darfur und der sudanesischen Regierung zu beenden, bei der allein bis 2007 etwa 200.000 Menschen umgekommen waren. Zuerst zeigte sich Katar dabei bereit, für 70 Millionen Dollar seines Qatari Fund for Development Wohnanlagen für Flüchtlinge in Darfur zu bauen. Später sagte Hamad Bin Jassim Al Thani weitere 500 Millionen Dollar Wiederaufbauhilfen zu. Zuletzt wurde im August 2022 das Chad Doha Peace Agreement für den Tschad in der katarischen Hauptstadt unterzeichnet.

Katars »hyperaktive Außenpolitik eines scheinbaren Außenseiters«[54] wird von Kritikern gerne auch »Scheckbuchdiplomatie« genannt. Katar nutzt natürlich, dass es bei Friedensvermittlungen seine Bemühungen mit entsprechenden finanziellen Förderprogrammen unterfüttern kann. Gerade deutsche oder japanische Kritiker sollten indes nicht übersehen, dass auch diese beiden reichen Industriestaaten jahrzehntelang Millionenzahlungen allen Truppenentsendungen vorzogen; dass sie sich oftmals bei Wiederaufbauprogrammen engagierten, wenn die USA, Großbritannien oder Frankreich zuvor mit Militäreinsätzen in Konfliktregionen waren.

Besonders aktiv, mit Milliarden-Finanzspritzen, Waffenlieferungen an Rebellengruppen und dem Einsatz eigener Kampfjets gegen Diktator Gaddafi, setzte sich Katar während des Arabischen Frühlings ein – teilweise (siehe Libyen) bis heute. »Katar hat aber diese Revolutionen nicht herbeigerufen. Sie entstanden wegen des dort vorherrschenden Autoritarismus und dem Wunsch vieler der dortigen Führer, die Macht an ihre Söhne zu übertragen«, rechtfertigt

HBJ, der Vater der katarischen Außenpolitik, den Kurs seines Landes, Aufständische in Ländern wie Ägypten, Tunesien, Syrien oder Libyen zu unterstützen.

Katar hat sein außenpolitisches Profil aber auch durch das Ausrichten wichtiger internationaler Treffen gewonnen wie 2001 die Doha-Runde der Welthandelsorganisation WTO. Die Reformagenda bekam den Namen »Doha Development Agenda«. Auch eine der Weltklimakonferenzen (COP 18) wurde 2012 in Doha abgehalten, auf ihr wurde das Kyoto-Klimaabkommen bis 2020 verlängert. Und Katar hat immer wieder seinen Einfluss geltend gemacht, etwa 2014 auf Bitten des damaligen US-Außenministers John Kerry, um im Gazastreifen gekidnappte israelische Soldaten oder von den Taliban gefangen gehaltene amerikanischen GIs freizubekommen.

Insgesamt hat bei Katars politischem Aufstieg geholfen, dass einstige arabische Vormächte wie Ägypten und der Irak im Laufe der Jahrzehnte maßgeblich an Einfluss verloren haben. Fast bis zum Ende des Kalten Kriegs waren sie die wesentlichen Stimmen der arabischen Welt. Ihr militärischer (Irak) oder ökonomischer (Ägypten) Abstieg wurde begleitet von der zunehmenden Bedeutung von Ölexporteuren wie Saudi-Arabien und anderer Golfstaaten. In die entstandene Lücke drängte Katar geschickt hinein. Und die aktuelle Gas-Not in Europa dürfte Katar zusätzlich in die Hände spielen.

Katars »Scheckbuchdiplomatie« machte sich letztlich auch in eigener Sache bezahlt, während der Blockade. Dabei wurde sogar der Staatsfonds Qatar Investment Authority (QIA) zu einem alternativen Instrument der Krisendiplomatie. Der Staatsfonds investiert seit Jahren gezielt in Ländern, die als strategische Partner gesehen werden: die USA, Großbritannien, Frankreich, Deutschland und später auch Russland und China. 2015 eröffnete QIA ein Büro in New York. Katar stieg zum neuntgrößten Immobilieneigner in New York auf und kaufte 2018 – ein Jahr nach Beginn der Blockade – auch ein 6,5 Millionen Dollar teures Appartement im Trump World Tower.[55] Qatar Airways, die staatliche Fluggesellschaft des Golfstaats, hat sein New Yorker Büro im berühmten Trump Tower an der Fifth Avenue.

Der damalige US-Präsident hatte anfangs mit Tweets die Haltung Saudi-Arabiens und der VAE gegen Katar unterstützt. Trump hatte seine erste Auslandsreise denn auch nach Saudi-Arabien gemacht und damit dem umstrittenen Königreich erheblichen politischen Rückenwind beschert. Trumps Außenminister Rex Tillerson, der zuvor CEO des in Katar in der Gasförderung stark engagierten ExxonMobil-Konzerns war, stellte sich indes gegen den Präsidenten. Und so forderte Washington von den Blockadestaaten zügig eine diplomatische Beendigung der Krise.

Katars Rolle wird durch den Ausbau seiner Flüssiggasproduktion noch steigen. Energiepolitik wird immer mehr zur Geopolitik. Und Katar steht dabei an der Seite der USA und des Westens. Es gibt klare Zusagen, mit katarischem LNG russisches Erdgas zu ersetzen, während Saudi-Arabien, das mit dreistelligen Rüstungsaufträgen Trump auf seine Seite gezogen hatte, den neuen US-Präsidenten Joe Biden immer wieder brüskiert: Der Bitte des Weißen Hauses, die saudische Ölprouktion hochzufahren, um den Ölpreis aus den für die westliche Wirtschaft schwierigen Höhen zu holen, kommt Riad bisher nur schleppend nach. Die Zeitenwende in Europa durch Russlands Angriff auf die Ukraine wird auch deutliche Auswirkungen auf die Golfregion haben. Denn Saudi-Arabien ist dabei, seine Rolle als enger Partner des Westens zu verlieren. Immer wieder kommt es zu saudischen Avancen an Moskau. Katar, das im Rahmen des Gasexporteursforums GECF auch eng mit dem Gashändler Russland kooperiert, hat allerdings klar gemacht, dass es zum westlichen Bündnis steht: mit der US-Airbase bei Doha, mit einer Energiepartnerschaft mit Deutschland, mit klaren Zusagen für mehr Investments in Europa und den USA sowie mit seiner Diplomatie, die sich gut mit westlichen Bemühungen ergänzt.

Brisante Details: Religion und Terrorfinanzierung

Dohas wichtigste und größte Moschee ist nach Imam Muhammad ibn Abd Al-Wahhab benannt. Die Namensgebung provozierte den großen Nachbarn Saudi-Arabien so sehr, dass Riad offiziell die Umbenennung verlangte. 200 Nachfahren Al-Wahhabs forderten, den Namen des Predigers von der Großen Moschee Dohas zu entfernen, da Katar »nicht dem wahren salafistischen Weg« folge.

Pikant ist der Namensstreit um die 2011 vom damaligen Emir Hamad bin Khalifa eröffnete Moschee, da Saudi-Arabien und Katar die einzigen Länder sind, in denen Al-Wahhabs erzkonservative Auslegung des sunnitischen Islams Staatsreligion ist. 1902 war der damalige katarische Stammesführer Scheich Jassim zum Wahhabismus konvertiert, der von saudischen Predigern in die Region gebracht worden war. Der Wahhabismus setzte sich so auch in Katar durch. Allerdings wird er in Katar weit weniger streng gelebt als beim großen Nachbarn: Dort ist zum Beispiel Alkoholkonsum generell verboten. In Katar dürfen Menschen nicht-muslimischen Glaubens in ausgewählten Hotels Bier, Wein oder Cocktails trinken. In einem speziellen Geschäft dürfen Ausländer Alkohol flaschenweise einkaufen. Auch öffentliche Hinrichtungen wie in Saudi-Arabien führt Katar nicht durch. Während Riad den Bau von Kirchen generell untersagt, hat Doha nur das Missionieren verboten, aber neun christliche Gotteshäuser für unterschiedliche Konfessionen und Nationalitäten zugelassen.

Das islamische Recht, die Scharia, ist ebenfalls in beiden Ländern die Grundlage für die Justiz. In Katar wird die Scharia hauptsächlich im Familienrecht, etwa bei Streitfragen um Erbschaften und Ehen, angewandt. Im Wirtschaftsrecht hingegen kommt mehr und mehr angelsächsisches Rechtsverständnis zum Zuge. Parallel gibt es in beiden Ländern aber auch Scharia-konformes »Islamic Banking«, das zum Beispiel Zinsgeschäfte ausschließt.

Die Brüder im Geiste sind aber nicht nur über die praktische Auslegung der Lehren von Al-Wahhab, des radikalen Islamgelehrten des 18. Jahrhunderts, zerstritten. Was sie vor allem auf staatlicher Ebene entzweit, ist der Umgang damit, was »politischer Islam« genannt wird oder als islamistischer Terror gebrandmarkt wird.

Das war nicht immer so. Katar beteiligte sich noch 2011 an einer saudisch geführten Militäroperation im benachbarten Bahrain. Der Einsatz diente dazu, Proteste der schiitischen Bevölkerungsmehrheit gegen das sunnitische Königshaus niederzuschlagen. Und man zog anfangs auch noch an der Seite Riads gegen die schiitischen Huthi-Rebellen im Jemen in den Krieg. Der Bruch kam durch Katars Unterstützung islamischer Parteien wie der Moslembrüder in Ägypten und der Ennahda-Partei in Tunesien, die beide jeweils die ersten Wahlen nach den Revolten des Arabischen Frühlings 2011 gewannen. Katar hält diese Bewegungen für »politischen Islam« analog den christdemokratischen Parteien in Europa.

Saudi-Arabien und seine Verbündeten betrachten vor allem die Moslembrüder als Terroristen, die die Golf-Monarchen stürzen wollen. Die 1928 als Opposition zum ägyptischen König gegründete Bruderschaft lehnt ein dynastisches Herrschaftsprinzip als unislamisch ab – besonders in Saudi-Arabien, wo der Monarch zugleich als Hüter der heiligen Stätten Mekka und Medina fungiert. In den VAE hatte die Bruderschaft mit der inzwischen verbotenen al-Islah-Partei einen Ableger. In Saudi-Arabien waren die Moslembrüder vor allem mit den zahlreichen ägyptischen Gastarbeitern ins Land gekommen.

Katar indes hat nicht nur diese Parteien in Ägypten und Tunesien unterstützt, sondern auch führenden Vertretern der Moslembrüder in Doha eine Heimstatt geboten. Dazu gehören der im September 2022 verstorbene spirituelle Anführer Yusuf al-Qaradawi, der sogar die katarische Staatsbürgerschaft bekam, genauso wie Khaled Mashal, Chef der radikalislamischen Hamas aus dem palästinensischen Gazastreifen, die beide in ihrer Heimat zu langen Haftstrafen verurteilt worden waren, aber fliehen konnten.

Katar wird auch vorgeworfen, über seine Wohltätigkeitsorganisation Qatar Charity mehr als 8.000 Moscheen weltweit finanziert zu haben, darunter mehr als 100 in Europa mit einem Schwerpunkt in Frankreich. In diesen Moscheen würden radikalislamische Strömungen gepredigt, so die Kritik. Rund um sie herum entstünden auch durch die vermehrte Gründung von Islamschulen Parallelgesellschaften. Und auch der Ableger des Satellitenkanals Al Jazeera auf dem Balkan, der aus Sarajevo betrieben wird, diene dazu, radikalislamisches Gedankengut zu exportieren und Gesellschaften zu destabilisieren.

Katar weist dies zurück und nennt die Gründung moderner islamischer Zentren und baulich ansprechender Moscheen statt Hinterhof-Gebetsräumen den Versuch, modernen Islam sichtbarer zu machen und Ansprechpartner für die Politik zu schaffen. Der Vorwurf trifft nicht Katar allein: Auch Saudi-Arabien wird immer wieder angeprangert, radikalislamische Gemeinden in Europa zu fördern.

Vor allem während der Amtszeit von US-Präsident Donald Trump versuchten Katars arabische Gegner und Israel, Doha als Finanzier zahlreicher dschihadistischer Bewegungen im arabischen Raum darzustellen und zu isolieren. In einem Aufsatz der israelischen Herzliya-Universität ist von »Katars Image als staatlicher Terrorfinanzierer« die Rede.[56] Der Enthüllungsjournalist Glenn Greenwald, der mit dem Whistleblower Edward Snowden den globalen Abhörskandal um den amerikanischen Geheimdienst NSA publik machte, wies bereits 2014 nach, dass vor allem die VAE amerikanische PR-Agenturen für diese Kampagne bezahlten.

Unter Trumps Nachfolger Joe Biden änderte sich das. Er nannte Katar als ersten arabischen Golfstaat den »wichtigsten Nicht-Nato-Verbündeten der USA«. Katar hatte die Nato-Luftschläge gegen den libyschen Diktator Muammar al-Gaddafi mit seiner eigenen Luftwaffe unterstützt. Im Libyen nach Gaddafi finanziert Katar islamische Gruppen und unterstützt sie zusammen mit der Türkei. Die VAE und Ägypten hingegen halten am aufständischen General Chalifa Haftar fest – zusammen mit Russland. Und aus Afghanistan hatten die Amerikaner und andere westliche Staaten durch die aktive Vermittlung Katars gegenüber den islamistischen Steinzeitkriegern der Taliban ihre Landsleute und einige Ortskräfte ausfliegen können.

Aus westlichen diplomatischen Kreisen heißt es, Katar finanziere heute keine radikalislamischen Gruppen mehr.[57] Katars Emir betont seit jeher: »Wir finanzieren keine Extremisten.« Die Verbindung mit politischen islamischen Gruppen wie den Moslembrüdern biete die »Chance für Katar, Prestige in der arabischen Region zu erlangen, indem es sich mit einer populistischen und fortschrittlichen, aber dennoch konservativen politischen Strömung« einlasse. Zudem böte es Katar die Möglichkeit, »sich bei den westlichen Mächten als der wichtigste arabische Gesprächspartner zu etablieren, der den Finger am Puls der arabischen Straße, also der Masse der einfachen Bevölkerung in den mehrheitlich moslemischen Staaten, hat« mit »mäßigendem Einfluss in einer Region, in der islamistische Hardliner wie Al-Qaida und dschihadistische Gruppen erheblichen Einfluss haben. Die gemäßigten Islamisten, so das Argument haben eine populäre Basis, die säkulare, liberale Gruppen einfach nicht haben.«[58]

Innenpolitisch hat die Hinwendung zu den Moslembrüdern auch Vorteile. So treten Prediger der Bruderschaft bei Al Jazeera auf, während die nach Al-Wahhab benannte Große Moschee in Doha und das Hochhalten seiner religiösen Vorgaben auch dazu dienen, den religiös-konservativen Teil der katarischen Gesellschaft zu versöhnen mit den Liberalisierungen, die in Politik und Wirtschaft des Landes stattgefunden haben. Die Außenpolitik wird ohnehin auf die Unterstützung dieser politisch eher gemäßigt islamischen Kräfte ausgerichtet.

Das Leben der Frauen: Es geht nur schwarz verhüllt, nur Ausländerinnen leben freier

Schwarz verschleierte Frauen neben leger und farbenfroh gekleideten Geschlechtsgenossinnen – kein seltener Anblick in einer der Shoppingmalls in Doha. Katarische Frauen tragen außerhalb des Hauses ihrer Familie stets eine Abaya, zumeist in schwarz, und Kopftuch. Manche haben sogar noch eine Battoulah, die traditionell aus Ziegenleder oder sogar aus Gold gefertigte Maske auf, die auch noch Nase und Gesichtspartien verhüllt. Man müsse mit dem Begriff der Freiheit »vorsichtig sein«, meint Scheicha Al-Majassa bint Hamad Al-Thani, Schwester des Emirs und Chefin der milliardenschweren Museen und Kunstsammlungen Katars. Manche Frauen fühlten sich »geradezu befreit, weil sie sich nicht weiter darum kümmern müssen, was sie anziehen müssen und wie ihre Haare aussehen«. Sie frage sich auch, ob Frauen im Minirock wirklich frei seien. »Ich fühle mich jedenfalls nicht unterdrückt«, so die selbstbewusste Kunstmanagerin.[59]

Allerdings ist bemerkenswert, dass sich Scheicha Al-Majassa bei allen Veranstaltungen in Doha schicklich schwarz kleidet. Aber bei Terminen im Ausland, etwa bei der Verleihung des Preises der Fondazione Sandretto Re Rebaudengo, den sie 2015 in Turin erhielt, erscheint die katarische Adlige gern mit offenen Haaren und in edlen Kostümen – ohne Kopftuch und Abaya. In Dubai ist die Kleiderordnung für Frauen heute bereits liberaler als in Katar, in Abu Dhabi und Saudi-Arabien weiterhin noch strenger. Aber im großen Königreich wurden ohnehin erst 2018 Frauen das Autofahren und Stadionbesuche erlaubt. Westliche oder asiatische Frauen müssen in Katar kein Kopftuch tragen – wie etwa im benachbarten Iran.

Im öffentlichen Raum, etwa Metro oder Restaurant, gibt es »Family Areas«, in denen Frauen und Familien einen geschützten Ort haben, den fremde Männer nicht betreten dürfen. Aber anders als in Iran etwa gibt es keine reinen Frauenabteile in der U-Bahn. Und in zahlreichen Gebäuden, wie dem Arbeitsministerium in Doha, gibt es zwar einen »Female Lift«, aber Frauen fahren durchaus auch im »Male Lift« mit.

»In Katar sind die Frauenrechte deutlich stärker ausgeprägt als in anderen Golfstaaten«, bilanziert »International Affairs« in einem Vergleich über die sechs Länder des Golfkooperationsrates (GCC).[60] Bereits 1999 erhielten Frauen in Katar das Wahlrecht, im Nachbarland Saudi-Arabien war dies erst sechs Jahre später der Fall. 2003 wurde Scheicha Al Mahmoud die erste Ministerin in einem katarischen Kabinett: die Lehrerin und Schuldirektorin wurde Ressortchefin für Bildung. In der Regierung von 2022 sitzen drei Frauen neben 15 Männern: Die Ministerinnen für Gesundheit, für Bildung sowie für Soziales und Familie. Zum Vergleich: In den Vereinigten Arabischen Emiraten kam erst ein Jahr später als in Katar eine Frau in ein Ministerinnenamt, aber inzwischen sind dort drei Ressortchefinnen und sechs Staatsministerinnen vertreten. In Saudi-Arabien sitzt keine Frau am Kabinettstisch.

Es war eine Frau, die grundlegende Umbrüche in Katar durchsetzte: Scheicha Musa bint Nasser Al Missned, die Mutter des herrschenden Emirs, hat als Chairperson der Qatar Foundation zahlreiche Reformen im Land – vor allem in den für gesellschaftlichen Fortschritt so wichtigen Bereichen Bildung und Kultur – angeschoben. Sie nützten ganz stark jungen Frauen: Heute studieren in Katar deutlich mehr junge Frauen als junge Männer. Und in der Qatar Foundation sind 40 Prozent der Führungspositionen mit Frauen besetzt. In vielen westlichen Stiftungen ist der Frauenanteil in Führungspositionen deutlich niedriger, der Frauenanteil an Universitäten – in Katar: über 50 Prozent – auch (siehe Kapitel 6: Qatar Foundation, S. 171).

Scheicha Musa begründet den Antrieb für ihre Reformen so: »Man kann keine gesunde Gesellschaft aufbauen, ohne den Bürgerinnen und Bürgern ein Gefühl der Eigenverantwortung zu vermitteln.«

Dem stellt die Menschenrechtsorganisation Human Rights Watch (HRW) in einer Untersuchung über Katar entgegen, dass trotz einer wachsenden Zahl hochqualifizierter katarischer Frauen die Erwerbsbeteiligung von Frauen weiterhin nur halb so hoch sei wie die von Männern. Die vom Emir verfasste nationale »Vision 2030« gibt als eines der Ziele vor: »Frauen werden in allen Lebensbereichen eine bedeutende Rolle spielen, insbesondere durch die Beteiligung an wirtschaftlichen und politischen Entscheidungsprozessen.« Der Anteil berufstätiger Frauen in Katar ist laut der Weltbank von 45 Prozent im Jahr 2001 auf 57 Prozent 2021 gestiegen.

Aber weiterhin gilt die Scharia in Katar, der zufolge Männer drei Frauen haben können. In der Praxis hat sich zwar weitgehend durchgesetzt, dass Frauen allein reisen dürfen, studieren oder arbeiten gehen können. Doch das ist noch immer nicht in allen Familien der Fall, wie Frauenrechtlerinnen beklagen: Dort sei das Vormundschaftsrecht weiterhin Realität, dass ein männlicher Verwandter, ob Vater, Ehemann, Bruder, für die Frau entscheide. Katarische Frauen beklagten gegenüber Menschenrechtlerinnen von Human Rights Watch, dass sie aufgrund von Vormundschaftsbestimmungen »wie Kinder« behandelt würden. Unverheiratete Frauen unter 25 Jahren dürfen ohne die Erlaubnis ihres männlichen »Guardian« nicht ins Ausland reisen. Erst seit 2020 brauchen Frauen keine Erlaubnis eines männlichen Vormunds mehr, um einen Führerschein zu machen. Auch Iranerinnen oder Araberinnen, deren Visum von ihrem Ehemann oder Vater abhängt, sind in Katar weitgehend den gleichen Regeln unterworfen wie die einheimischen Frauen.

Rothna Begum, leitende Frauenrechtsforscherin bei HRW, glaubt, dass sich die Situation durch internationalen Druck und eine veränderte Haltung innerhalb Katars ändern werde: »Ich bin optimistisch, weil die Frauen ihre Stimme erhoben haben. Die Frauen haben es satt, die jüngeren Frauen sind sehr frustriert, und dies ist ein modernes Land, in dem die Frauen in vielen Fällen sehr gut ausgebildet sind. Mit der bevorstehenden Fußballweltmeisterschaft werden die

Rechte der Frauen in den Mittelpunkt rücken, und die Öffentlichkeit wird ihnen helfen.«[61]

Schon jetzt, so die HRW-Untersuchung, »haben Frauen in Katar Barrieren überwunden und bedeutende Fortschritte erzielt, u.a. im Bildungswesen, wo es inzwischen mehr weibliche als männliche Hochschulabsolventen gibt, und als Ärztinnen, Anwältinnen und Unternehmerinnen in einem der pro Kopf reichsten Staaten der Welt.« Aber bis heute »müssen sich Frauen noch immer mit staatlichen Regeln zur männlichen Vormundschaft herumschlagen, die sie darin einschränken, ein erfülltes, produktives und unabhängiges Leben zu führen«, so Begum. Eine Sprecherin der katarischen Regierung sagte dazu: »Die Gleichstellung der Geschlechter und die Stärkung der Rolle der Frau sind von zentraler Bedeutung für den Erfolg und die Vision von Katar. Katar ist ein entschiedener Verfechter der Rechte der Frauen im In- und Ausland.«

Doch erst 2012 traten erstmals Frauen aus Katar und Saudi-Arabien bei den Olympischen Spielen an. Beim Hereintragen der olympischen Fackel war auch Nada Zeiran dabei. Sie sei »in Anbetracht ihres Beitrags zum Frauensport in Katar als olympische Fackelträgerin ausgewählt« worden, schreibt sie auf ihrer Website, wo sie sich als »Sport-Ikone der arabischen Welt« vorstellt. Die 1980 in Beirut geborene Tochter eines palästinensischen Vaters und einer türkischen Mutter kam im Alter von vier Jahren mit ihrer Familie nach Doha. Dort wurde sie nicht nur Oberschwester in Aspetar, der Sportklinik, die als eine der führenden der Welt gilt. Sie wurde auch Bogenschützin und die erste Rallye-Fahrerin der Region. »Für die neue Generation in Katar habe ich die Tür geöffnet«, sagt sie selbstbewusst. »Jetzt wird akzeptiert, dass Frauen genauso Sport machen wie Männer.«

Seit 2008 gab es im WM-Austragungsland Katar auch ein Frauen-Fußball-Nationalteam, das 2010 sein erstes Länderspiel hatte (17:0-Niederlage gegen Bahrain). Doch im FIFA-Ranking ist Katars Frauenteam nicht mehr vertreten – es hatte das letzte Turnier 2014 gespielt. Bis dahin wurde das Team von der früheren deutschen Spielerin und Trainerin Monika Staab betreut. Und bei einer Deutschlandtour bekamen vier ihrer 20 Spielerinnen von ihren männlichen »Vormündern« keine Reiseerlaubnis.[62] Das katarische Frauenteam wurde vor der Fußball-WM im eigenen Land aus dem nationalen Fußballverband herausgelöst und dem deutlich schlechter finanzierten Qatar Women's Sport Committee unterstellt. Dort sind Filmen und männliche Zuschauer untersagt, Frauen können ohne Abaya ohnehin fast nur in den ausländischen Universitäten in Dohas Education City studieren und alle Sportarten ausüben.

Die Scharia, vor allem die vorgeschriebene Kleiderordnung, bringt auch erhebliche gesundheitliche Folgen mit sich: So leidet ein besonders hoher Anteil von Frauen am Golf an Vitamin-D-Mangel. Ausgerechnet in den sonnenüberfluteten Golfstaaten bekommen sehr viele Frauen wegen der schwarzen Abayas, die sie bis auf das Gesicht bedecken, viel zu wenig vom »Sonnenlichtvitamin«. In der Folge treten gehäuft Rachitis und Osteomalazie auf, die das Knochengewebe schwächen. Schwere Fälle von Rachitis können bei Kindern zu Wachstumsverzögerungen und Skelettdeformationen führen. Jüngste Studien zeigen, dass ein Vitamin-D-Mangel auch mit verschiedenen Krebsarten, einigen koronaren Herzkrankheiten und Diabetes Typ 1 und 2 in Verbindung gebracht wird. Es besteht auch ein Zusammenhang mit Krankheiten wie Multipler Sklerose, rheumatoider Arthritis, Bluthochdruck und Alzheimer-Krankheit. Darüber hinaus hat die Forschung einen Zusammenhang zwischen Vitamin-D-Mangel und einigen psychischen Problemen, einschließlich Depressionen, festgestellt.[63]

Die Praxis, dass Kataris fast ausschließlich untereinander heiraten, hat zudem zu einem erheblichen Problem mit Erbkrankheiten geführt. Paare, die in Katar, Kuwait oder Saudi-Arabien heiraten möchten, müssen sich deshalb zuvor auf Mutationen testen lassen. Werden riskante Werte festgestellt, werden Ehen untersagt oder von der Regierung In-vitro-Fertilisation mit nicht betroffenen Embryonen bezahlt. Je näher die Blutsverwandtschaft ist, umso größer ist auch der Anteil gemeinsamer Gene. Dies kann das Risiko für Erbkrankheiten erhöhen, die durch gemeinsame Vorfahren weitergegeben wurden.

Das Thema Frauenrechte ist ganz sicher eines, bei dem Katar noch besonders viel aufzuholen hat. Das UN-Frauenkomitee schreibt dem Land in seinem »The Women Count Data Hub« ins Stammbuch: »In

Katar muss noch einiges getan werden, um die Gleichstellung der Geschlechter zu erreichen. Im Februar 2021 waren nur 9,8 Prozent der Sitze im Parlament von Frauen besetzt. Außerdem verbringen Frauen und Mädchen ab 15 Jahren 8,2 Prozent ihrer Zeit mit unbezahlter Pflege- und Hausarbeit, Männer dagegen nur 2,2 Prozent.«[64] Und im Global Gender Gap Report des World Economic Forums von Juli 2022 rangiert Katar auf Platz 137 von 146, den letzten Rang belegt Afghanistan.[65] Damit wird Katar dem in der eigenen »Vision 2030« formulierten Anspruch nach einer »bedeutenden Rolle« für Frauen in Entscheidungsprozessen keineswegs gerecht. Hier sind noch große Reformschritte dringend nötig.

Zwischen Gas und Erneuerbaren: Umweltsünden sollen abgestellt werden

»Katar hat ein enormes Potenzial für erneuerbare Energien und zur Produktion von Wasserstoff«, lobte Bundeskanzler Olaf Scholz seinen Gast, Emir Tamim, bei dessen Staatsbesuch in Berlin im Mai 2022. Tatsächlich hat Katar das Kapital und seit Verabschiedung der »Vision 2030« auch den Willen, sich stark bei Erneuerbaren zu engagieren.

Die Fußball-WM im eigenen Land sei die erste CO_2-neutrale Weltmeisterschaft, hat Katar immer wieder behauptet. Zu belegen ist dies kaum. Denn Katar ist bisher vor allem in einer Disziplin Weltmeister: beim Erdüberlastungstag. An diesem Tag hat ein Land seine natürlich nachwachsenden Rohstoffe für das Jahr bereits aufgebraucht. Diesen Tag erreichte Katar als erstes Land der Welt 2022 bereits am 10. Februar, die VAE und die USA am 13. März und Deutschland am 4. Mai.[66]

Dass Katar dabei besonders schlecht abschneidet, hat viele Gründe. Das Land hat keine Flüsse und kaum Grundwasser. Alles Trinkwasser muss also energieintensiv, und bisher zumeist mit fossilen Brennstoffen, in Meerwasserentsalzungsanlagen gewonnen werden. Und je mehr eigene Landwirtschaft das Land betreibt, in dem ohnehin nur 2,5 Prozent der Fläche ackerbar sind, desto mehr entsalztes Wasser wird verbraucht.

Hinzu kommt die energieintensive Produktion von Erdgas und Erdöl. Vor allem die gigantischen Kühlanlagen, mit deren Hilfe Erdgas auf −163 Grad heruntergekühlt und zu LNG verflüssigt wird, fressen gewaltige Mengen Strom. Außerdem hat Katar im Zuge der Industrialisierung Aluminiumhütten, Stahlwerke und Chemiewerke aufgebaut. Ihre Energie dafür kommt aus Kraftwerken, die Strom bisher zu 99,2 Prozent aus Erdgas produzieren, das in Katar gefördert wird. Erdgas kommt auch als Energieträger zum Kühlen der Wohnungen, Bürotürme, Shoppingmalls, der U-Bahn, des Flughafens, der Stadien zum Einsatz. Vor allem im Sommer, wenn die Temperatur auf weit über 40 Grad steigt, schnellt der Strombedarf bei Qatar Cool, dem zentralen Kühlsystem im Wolkenkratzerviertel West Bay, und in den Kraftwerken in die Höhe.

Auch eine im globalen Wettbewerb führende Fluggesellschaft wie Qatar Airways und das Drehkreuz Doha Hamad International Airport mit seinen Millionen Transitpassagieren verbrauchen natürlich enorme Mengen an Elektrizität, Kerosin und Diesel. Daneben leistet sich das Land auch extravagante Luxusspielereien, die zusätzlich viel Strom verbrauchen. Die Temperatur in Doha beträgt 41,2 Grad an diesem Sommertag. Doch in der Villagio-Mall, einer Einkaufsmeile mit venezianischen Kanälen, auf denen katarische Familien in Gondeln herumgefahren werden, befindet sich eine Eislaufbahn. Unter dem mit Schäfchenwolken und hellblauem Himmel bemalten kreisrunden Gewölbe spielen drei Jungen Eishockey. Einige Mädchen ziehen auf Schlittschuhen ihre Runden.

Auch bei der Wahl ihrer Autos, das zeigt ein Blick auf die Straßen des Landes, spielt der Kraftstoffverbrauch kaum eine Rolle. SUVs und hubraumgroße Wagen dominieren. Superbenzin kostete im August 2022 pro Liter 2,10 Rial, umgerechnet 0,58 Dollar. Elektromobilität spielt (noch) keine Rolle.

Hinzu kommt, dass Kataris für Strom und Wasser nichts zahlen. Industrieunternehmen müssen umgerechnet 0,036 Dollar pro Kilowattstunde zahlen, in Büros, Geschäften und anderen kommerziell genutzten Flächen sind es sechs US-Cents, in gemieteten oder eigenen Wohnungen müssen in Katar lebende Ausländer ab einem Stromverbrauch von mehr als 15.000 kw/h 0,07 Dollar zahlen.[67]

In der Konsequenz war Katar – nach Palau – 2020 das Land mit dem höchsten Ausstoß von Kohlendioxid pro Kopf. 35,6 Tonnen, das ist mehr als zweieineinhalbmal so viel, wie ein US-Amerikaner durchschnittlich pro Jahr an CO_2 verbraucht (13,7 Tonnen pro Kopf), und mehr als viereinhalbmal so viel wie ein Deutscher (7,7 Tonnen pro Kopf).

Seit 1990 ist der CO_2-Ausstoß in Katar um 485 Prozent gestiegen, die Emissionen aller Treibhausgase wuchsen seither sogar um 557 Prozent. Katar stößt etwa 0,41 Tonnen CO_2 aus, um 1.000 Dollar seines Bruttoinlandsprodukts zu produzieren. Zum Vergleich: In den ebenfalls in großen Mengen Energierohstoffe fördernden Ländern wie Russland und den USA sind dies 0,43 beziehungsweise 0,23 Tonnen, in Deutschland waren es 2020 demgegenüber 0,15 Tonnen pro 1.000 Dollar Bruttoinlandsprodukt.[68]

Das zentrale Problem neben der Verbrauchsseite, auf der der Strombedarf auch in den nächsten Jahren allein schon wegen der annähernden Verdoppelung der LNG-Kapazitäten bis 2027 steil ansteigen wird, ist das mangelnde Angebot an erneuerbaren Energien (siehe Kapitel 6: Qatar Energy, S. 179). Obwohl Doha bereits 2012 die damals 18. Weltklimakonferenz beherbergt hatte, hat Katar seine ambitioniert vorgetragenen Ziele im Bereich des Klimaschutzes bisher nur sehr verhalten angepackt. Laut der »Vision 2030« soll der Anteil Erneuerbarer am Energiemix bis zum Jahr 2030 20 Prozent betragen. Bisher sind es 0,4 Prozent. Anfang 2020 verkündete die Qatar Electricity and Water Corporation (Kahramaa) den Bau einer ersten, 800 Megawatt Strom produzierenden Solaranlage Siraj-1.[69]

Die von Kahramaa und Qatar Energy zusammen mit japanischen Unternehmen und Total Solar, der Photovoltaik-Tochter des französischen Energiekonzerns Total Energies, zu errichtende Anlage sieht Solarpanels auf zehn Quadratkilometern Fläche vor. Sie kostet 467 Millionen Dollar und wurde vereinbart zum seinerzeit zweitniedrigsten Strompreis der Welt. Noch vor der Fußball-WM sollte der Solarpark ans katarische Stromnetz angeschlossen werden.

Siraj-1 ist groß, aber in der Region wird schon größer gedacht und größer gebaut. Bereits 2019 stand mit Noor Abu Dhabi die mit 1.177 MW größte Photovoltaik-Anlage der Welt im Nachbarland. In

Dubai wird bis 2030 ein Solarpark fertiggestellt, der dann 5.000 Megawatt Strom produzieren soll.[70] Allein 13,6 Milliarden Dollar kostet Dubais Mega-Solarpark.

163 Milliarden Dollar wollen die VAE bis 2050 investieren, um bis dahin auf einen Anteil erneuerbarer Energien von 50 Prozent an der Energieerzeugung zu kommen. Das Glitzer-und-Entertainment-Emirat Dubai hat sich bis dahin als Ziel sogar die 75-Prozent-Marke gesetzt.

Die Bundesregierung möchte vom Boom grüner Energie in der Region profitieren. Sie hat dafür Energiepartnerschaften mit Katar und den Vereinigten Arabischen Emiraten geschlossen, um von dort »grünen« Wasserstoff zu importieren. Grüner Wasserstoff wird durch die Elektrolyse von Wasser hergestellt. Dafür wird Strom aus erneuerbaren Energiequellen verwendet. Grüner Wasserstoff ist deshalb CO_2-frei. Die Sonnendauer und -intensität in der Region ist mehr als ausreichend, um auch bei grünem Wasserstoff weltweit vorne mitzuspielen. Doch dazu werden noch Millionen Solarpanels in die Wüsten der Emirate und Katars gestellt werden müssen. Die deutsche Wirtschaft hofft derweil auf Großaufträge aus der Region etwa bei der Lieferung von Elektrolyseuren, die für die Wasserstoffproduktion unerlässlich sind. Es geht also um eine Technologie- und Energiepartnerschaft. Der politische Wille ist vorhanden, doch der Weg in eine gemeinsame »grüne« Zukunft ist noch weit.

KAPITEL 3
Der große Neid –
der Kampf um den Sport

»Geld in der Fremde ist Heimat.«

Harun er Raschids Erlebnis mit dem jungen Mann,
Tausendundeine Nacht

In Katars Fußballwelt war es in den vergangenen Jahren fast wie in Deutschland: Es gewann oft dieselbe Mannschaft. In der vorigen Saison sicherte sich Al-Sadd, das Bayern München Katars, den 16. Meistertitel in der katarischen Liga (Qatar Stars League). Pokalsieger wurde der Verein auch schon 18 Mal. Al-Sadd wird seit Kurzem gecoacht vom spanischen Fußballlehrer Juan Manuel »Juanma« Lillo. Er soll nach einem Fehlstart in die neue Saison, der ersten Niederlage beim Auftaktspiel nach 49 Spielen in Folge ohne Niederlage, die Erfolgsgeschichte fortschreiben und weitere Trophäen gewinnen. Lillo war zuvor Co-Trainer von Pep Guardiola bei Manchester City.

Guardiola war 2003 bis 2005 beim katarischen Hauptstadtklub Al Ahli Spieler-Trainer. Danach begann für den spanischen Nationalspieler eine international überaus erfolgreiche Trainerkarriere beim FC Barcelona, Bayern München und Manchester City.

Guardiola und Lillo sind keineswegs die Einzigen, die es in ihrem Sportler- oder Trainerleben nach Katar zog: Die Stars League hat zum Auslaufen ihrer Karrieren manche Spitzenspieler wie Xavi, Raúl, Mario Basler, Stefan Effenberg, Romario, die Brüder de Boer und andere angeheuert. Die Liga mit nur zwölf Teams ist weniger intensiv, und dennoch wird gut bezahlt.

»Katar hat eine lebendige Fußball- und Sportgeschichte«, sagt der 1984 in Doha geborene Matthias Krug, der heute für Katars Supreme Committee arbeitet, also das Organisationskomitee für die Fußball-WM 2022 in Katar (siehe Kapitel 4: Eine ganz besondere Familie,

S. 150). Tatsächlich wird auf der Halbinsel seit 1948 Fußball gespielt. Denn die damals aus England gekommenen Ingenieure und Experten der Anglo-Iranian Oil Company (einer Vorgängerin des späteren Ölkonzerns BP) brachten den Ballsport aus ihrer Heimat mit.

In den 1950er-Jahren wurde der erste Fußballklub des Landes gegründet: Al Najah, der Vorläufer von Al Ahli, für den später Pep Guardiola auflief. Zehn Jahre später entstand die Qatar Football Association, die 1963 von der FIFA aufgenommen wurde. In jenem Jahr startete Katars Ligabetrieb wie auch die Bundesliga. Al-Sadd wurde 1969 als Studentenverein gegründet. Das erste katarische Länderspiel – das Duell gegen Erzfeind Bahrain, das mit einer Niederlage endete – fand 1970 statt, ein Jahr vor der Unabhängigkeit des Staates Katar selbst. »Al koora«, der Ball, spielt in Katar also seit Langem eine wichtige Rolle.

Aufstieg in die internationale Super-Liga: Katar bekommt die Fußball-WM 2022

Die WM soll Fußball in Katar noch stärker pushen. Als Katar am 2. Dezember 2010 auf der Sitzung des Exekutivkomitees der FIFA als Austragungsland für die Weltmeisterschaft 2022 ausgewählt wurde, war automatisch der Startplatz für die WM gesichert. Der Gastgeber darf mitspielen. So feiert die Fußballnationalmannschaft von Katar Premiere bei einer WM. Bislang reichte es lediglich zum Sieg bei der Asienmeisterschaft 2019 und für zwei Teilnahmen bei den Olympischen Spielen.

Mit etwas gequältem Lächeln zog am besagten Dezemberabend 2010 der damalige FIFA-Präsident Sepp Blatter im Hauptquartier des Verbandes in Zürich vor laufenden Kameras den postkartengroßen Zettel mit der Aufschrift »QATAR« aus einem versiegelten Umschlag.

Während sich Katars Delegation um Emir Hamad bin Khalifa Al-Thani und seiner Ehefrau Scheicha Musa bint Nasser Al-Missned in den Armen lag, schauten sich die allermeisten anderen im Saal Sitzenden überrascht. Wer die Bilder heute nochmal bei Youtube sieht, erkennt Schockstarre in vielen Gesichtern.

Katar hatte in der vierten Runde der Abstimmung unter den 25 Mitgliedern des Exekutivkomitees 14 Stimmen, also drei mehr als die USA bekommen und somit das Austragungsrecht für die WM 2022 erhalten.

Die Vorwürfe des Stimmenkaufs und der Bestechung gegen Katar führten zu einem Erdbeben in der FIFA. Ermittler rückten später wegen massiver Korruptionsbeschuldigungen in die FIFA-Zentrale ein. Ex-FIFA-Boss Sepp Blatter kommentierte dies lakonisch nur so: »Das FBI hat sich nur deshalb so für Fußball interessiert, weil die USA die WM nicht bekommen haben.«[71]

Vor allem der 2011 wegen Verstoßes gegen den Ethikcode der FIFA lebenslang gesperrte katarische Funktionär Mohamed bin Hammam soll Millionen an Offizielle gezahlt haben. Er wurde bekannt für seinen Ausspruch: »Wer sich mir in den Weg stellt, dem schlage ich Kopf, Hände und Beine ab.« Er leitete als Präsident bis 1987 den katarischen Fußballklub Al-Rayyan, der unter seiner Führung viermal die nationale Meisterschaft gewann. Von 1992 an war er Chef von Katars Fußballverband, und stand von 2002 an dem asiatischen Fußballverband AFC vor. In dieser Rolle war er auch Mitglied des FIFA-Exekutivkomitees, das über die WM-Vergaben entscheidet. Bin Hammam galt als Rivale Sepp Blatters für den Posten des FIFA-Chefs, musste dann aber wegen der Korruptionsvorwürfe gehen.

Drei Jahre nach Bin Hammams Abgang veröffentlichte die »Sunday Times« ein großes Dossier über das ganze Ausmaß der Korruption.[72] Ein früheres Mitglied des Exekutivkomitees bekannte sich dann der Bestechlichkeit im Zuge der Stimmenabgabe zugunsten Russlands für schuldig. Und Ermittlungen von US-Behörden ergaben noch 2020, dass weitere drei Stimmen für Katar gekauft worden sein sollen.

Die FIFA hatte dies in eigenen Untersuchungen immer bestritten. Korruption bei der Vergabe der Fußball-WM 2018 oder 2022 hat es dem Urteil der FIFA-Ethikkommission zufolge nicht gegeben. Angeblich sollen keine Gelder geflossen sein, die mit der Bewerbung Russlands oder Katars zusammenhängen. Bin Hammams Zahlungen an Fußballfunktionäre »stehen nicht im Zusammenhang mit der Abstimmung zur Fußball-WM am 2. Dezember 2010«, so das Urteil.

Gut jedes zweite Mitglied des Exekutivkomitees 2010 wurde jedoch danach abgesetzt, oder es wurden Ermittlungen aufgenommen. Im Zuge des Skandals musste der französische Superstar Michel Platini, damals Chef des europäischen Verbandes UEFA, seinen Rücktritt erklären. Gerüchte hatten die Runde gemacht, Platini sei neun Tage vor der WM-Entscheidung 2010 bei einem Mittagessen im Élysée-Palast, dem Sitz des französischen Präsidenten in Paris, zur Stimmabgabe für Katar gebracht worden. Der damalige Hausherr Nicholas Sarkozy soll im Beisein Platinis mit dem damaligen Emir von Katar, seinem Sohn sowie der damaligen Klubführung von Paris Saint-Germain einen regelrechten Tauschhandel abgeschlossen haben. Platinis Stimme für Katar inklusive?

Platini sagte, er habe sich schon vor dem Essen entschieden, räumte aber ein, dass Sarkozy deutlich gemacht habe, dass er eine Abstimmung für Katar befürworte. Sarkozy sagte, er habe keinen solchen Einfluss gehabt. Aber die Geschäfte, die danach zustande kamen, waren sehr nach dem Geschmack von Frankreichs Präsident: Qatar Airways kaufte 50 Flugzeuge von Airbus, die Regierung in Doha orderte Dassault-Rafale-Kampfjets und der Staatsfonds Qatar Sports Investments (QSI) kaufte 2011 Paris Saint-Germain. Mit Milliardeninvestitionen bauten die Araber Sarkozys Lieblingsverein zu einem Superklub mit Weltklassespielern aus. Und der katarische Fernsehsender beIN Sports zahlte hohe Summen für die Berichterstattung über die französische Ligue 1.

Katar weist weiterhin alle Bestechungsvorwürfe zurück. Und in Doha heißt es bei Sportfunktionären, Katar habe wegen seiner überzeugenden Bewerbung gewonnen.

Als einziges Bewerberland habe Katar eine Frau auf dem FIFA-Kongress reden lassen, unterstreicht Matthias Krug. Er war damals Sportjournalist und hat von 2013 an für das katarische Organisationskomitee gearbeitet. »Wann ist die Zeit, dass dieses Event in den Mittleren Osten kommt?«, rief die Frau des Emirs den versammelten Funktionären zu in den absolut angespannt stillen Raum. Und die mit einem Hosenanzug in der Landesfarbe purpur und mit einem gleichfarbigen modischen Hut statt einem Kopftuch gekleidete

Scheicha Musa bint Nasser Al-Missned (siehe Kapitel 6: Qatar Foundation, S. 171) schob gleich hinterher: »Diese Zeit ist jetzt.«

Zudem bietet das kleine Land einige Vorteile: Es sind keine langen Flugreisen nötig, um die einzelnen Spielstätten zu erreichen. Fans könnten so mehrere Spiele an einem Tag besuchen. Die acht Stadien stehen dicht beieinander. Maximal 75 Kilometer liegen zwischen dem auch für mindestens zwei Spiele der deutschen Nationalmannschaft vorgesehenen Al-Bayt-Stadion in der Stadt Al-Khor und dem arabischen Dhau-Schiffsrümpfen nachempfunden Al-Janoub-Stadion im Küstenort Al-Wakrahs. Zudem sind die Stadien großteils so konstruiert, dass sie nach der WM wieder abgebaut werden können. 170.000 Stadionsitze und ganze Ränge sollen dann an arme Nationen verschenkt werden. Es entstehen so keine »weiße Elefanten«. Also keine nach dem Event nicht mehr genutzten Einrichtungen, die etwa nach der Olympiade von Athen den griechischen Staat finanziell so stark belasteten, dass das Euro-Land in eine Finanzkrise rutschte.

Das kleinste Land, das jemals eine Fußballweltmeisterschaft zugesprochen bekam, hat vieles anders gemacht. Es öffnet im Sinne von FIFA-Strategen neue Märkte für das Produkt Fußball und seine Vermarktung. Mit der WM wolle Katar »die bisherige weitgehend Unsichtbarkeit des Landes überwinden, die nationale Sicherheit stärken, die wirtschaftliche Diversifizierung und Modernisierung vorantreiben und staatliche Macht aufbauen«, meint Danyel Reiche.[73] Der Fan von Hannover 96 lehrt als Professor Vergleichende Politikwissenschaft an der American University of Beirut und leitet am Center for International and Regional Studies der Georgetown University Qatar ein Forschungsprojekt zu den Auswirkungen der Fußball-WM 2022 in Katar.

Aber Katar ist dafür nicht nur bereit, viel Geld in die Hand zu nehmen, es hole auch viel für sich durch die WM heraus: Den direkten Beitrag der WM zur Wirtschaft Katars beziffert Hassan Al-Thawadi, Generalsekretär des WM-Organisationskomitees, auf 20 Milliarden Dollar, also gut 10 Prozent des für 2022 erwarteten Bruttoinlandsprodukts. 6,15 Milliarden Dollar will Katar laut Al-Thawadi für die WM-Stadien ausgegeben haben, ausländische Experten rechnen mit fast dem Doppelten. Alle Infrastrukturkosten in Katar im Zusammenhang mit der WM zusammengenommen beziffern sich auf 220 bis 222 Milliarden Dollar. Die gewaltige Zahl für Katar schließt jedoch Ausgaben ein wie 36 Milliarden Dollar für eine Metro und weitere Milliarden für den neuen Flughafen Hamad International, den Hamad Port, neue Straßen, die neue Stadt Lusail, die künstliche Insel »The Pearl« und vieles andere, zumindest den staatlichen Kostenanteil daran.

Dies seien Dinge, die nach der »Vision 2030«, dem Entwicklungsplan des Emirs für Katar, ohnehin gebaut worden wären und nicht extra für die WM, betont Al-Thawadi in exzellentem Englisch. Sein Jura-Studium hat er in Sheffield abgeschlossen, er war lange Wirtschaftsanwalt. Der Chef des Supreme Committee for Delivery & Legacy genannten Organisationskomitees empfängt im 37. Stock des Al Bidda Towers in Dohas Wolkenkratzerstadtteil West Bay. Von dort hat Al-Thawadi einen fantastischen Blick auf das Meer und die Skyline des alten Teils der Hauptstadt – sowie zwei der insgesamt acht WM-Stadien. 17 Millionen Interessenten habe es für die 3,5 Millionen WM-Tickets gegeben. »Das größte Interesse kam von deutschen Fans«, sagt er.[74] Al-Thawadi sieht sein Land gut vorbereitet für das Großereignis, alle nötigen Einrichtungen für die WM seien ein Jahr vor Anpfiff fertig gewesen. Der Arab Cup sei ein erfolgreicher Testlauf für die Stadien gewesen. »Wegen der Corona-Pandemie konnten wir keine drei Stresstests durchführen«, so Al-Thawadi. Den im Dezember 2021 ausgespielten Wettbewerb gewann Algerien vor Tunesien. Katar sicherte sich im Elfmeterschießen gegen Ägypten den dritten Platz und hatte zuvor Bahrain und die VAE geschlagen.

Auf den Tribünen immer dabei war Gianni Infantino. Er ist seit 2016 der mächtigste Mann der FIFA. Der Präsident hängt seit Kurzem noch enger an Katar. Im Oktober 2021 ist er sogar zusammen mit seiner Familie nach Doha gezogen. Die einen behaupten, weil die Einkommensteuer bei null Prozent liege. Andere, weil er so dem WM-Organisationskomitee genauer auf die Finger schauen könnte.

Denn entgegen dem von Al-Thawadi verbreiteten Optimismus laufen viele Dinge in der Vorbereitung »nicht so doll«, sagte ein Geschäftsmann, der seit dem Beginn des WM-Stättenbaus in Katar tätig ist. Auch Tilman Engel, Gründer von Sport Business Consulting (SBC) International und sehr oft in Katar unterwegs, sah kurz vor

Beginn noch viele ungeklärte Fragen: Statt, wie zuvor geplant, Fan-Meilen an drei Orten anzubieten, sollte es plötzlich nur eine werden. Das auch nicht mehr an der zentralen Uferpromenade Corniche mit täglich 80.000 Fans, sondern am schlecht erreichbaren Golfplatz mit nur noch 5.000 Fußballbegeisterten. An der Corniche wurde stattdessen ein »Familienfest« geplant – ohne Bierausschank. Der WM-Ausrichter habe wenig verstanden, dass »einfache« Fußballfans nicht von Stadion zu Stadion pilgerten, sondern vielmehr Entertainment außerhalb des Spielplans wollten.

Bemerkenswert war auch die Entscheidung, dass der deutsche Fanklub der Nationalmannschaft zum ersten Mal bei einer WM kein Fan-Camp im Austragungsland eröffnet. Man zieht in das fast 400 Kilometer entfernte Dubai. Von dort sollen bis zu 300 Mitglieder des Fan-Klubs zu den Deutschlandspielen nach Katar einfliegen. »Die Umsetzung eines Fan-Camps im WM-Austragungsland Katar war organisatorisch nicht möglich«, teilte der Fan-Klub mit. Neben den USA und Großbritannien war vor allem in Deutschland die Kritik an mangelnden Menschenrechten und der Behandlung der Gastarbeiter in Katar am lautesten. Warum dann Dubai die bessere Wahl sein soll, erschließt sich allerdings nicht so recht. In Dubai gibt es weder Mindestlohn, noch wurde das umstrittene Kafala-System für ausländische Arbeitskräfte abgeschafft (siehe Kapitel 4: Gastgeber, Gastarbeiter, Sklavenarbeiter, S. 120).

Rivalen der Rennbahn: Wie arabische Staaten um Großereignisse rangeln

Doha wird inzwischen als Dubai 2.0 bezeichnet. Es gibt kaum noch etwas, das sich beide Glitzermetropolen nicht voneinander abschauen und dann geflissentlich kopieren. Hatte Dubai eine Ski-Piste in der Mall of the Emirates, so wurde in der Villagio Shoppingmall in Doha ein Eislaufzentrum samt Eishockeyfeld gebaut – oder die Szenerie Venedigs samt Kanal, auf dem Gondoliere schwarz verhüllte Frauen mit ihren Kindern fahren. Schüttete Dubai eine palmenförmige künstliche Insel auf, so setzte sich Doha »The Pearl« vor die Küste, eine künstlich geschaffene Insel voller Luxusappartements.

Dohas Riesenrad folgte auf das in Dubai, stellte aber eine Kopie des ganzen Rummelplatzes Winterwonderland aus dem Londoner Hyde Park dazu. In den Qatar ExxonMobil Open hat Doha seit 1993 das am höchsten dotierte Turnier der ATP-250-Tourserie.

Erster Sieger beim Turnierauftakt in Doha wurde 1993 Boris Becker. »Gegen Becker zu spielen, war wahnsinnig hart«, erinnert sich Nasser Al-Khelaifi, erster katarischer Tennisprofi, heute Präsident des Fußballklubs Paris Saint-Germain (siehe Kapitel 6: Nasser Al-Khelaifi, S. 195). Dubai konterte auch hier mit dem Herrenturnier in der höheren ATP-500-Klasse.

Bei Paris Saint-Germain ist Katar seit 2011 engagiert. Die Nachbarn aus den VAE hatten 2008 Manchester City gekauft.

»Sport und Politik sind am Golf noch mehr vermengt als in anderen Weltregionen«, meint Ian Smith von der Sportberatungsfirma Sports Integrity Matters. Katars Bewerbung um die Fußball-WM und die Versuche der VAE, Olympische Spiele an den Golf zu holen, hätten »wenig mit Sport zu tun, sondern sehr viel mit Imagebildung für den Staat«, so Smith: »Sport ist ein großartiges Vehikel für internationale Anerkennung – er ist etwas, das nach außen nicht wie Politik aussieht, wo Politik aber so dominant ist.«[75]

»Sportswashing« – so lautet der Fachbegriff für das Aufpolieren des Images eines Landes oder Investors durch prestigeträchtige Sportveranstaltungen, eine Mischung aus Sports und Whitewashing. Das »nationale Boostern« durch Sport-Mega-Events am Golf hat laut Natalie Koch, Professorin für Geografie an der amerikanischen Syracuse University, aber einen erstrebenswerten Nebeneffekt: »Sie wollen positive Assoziationen mit ihrem Land wecken und dazu beitragen, den Ruf der Golfregion – und des Nahen Ostens im Allgemeinen – als rückständige Region, die nicht Teil der modernen, globalisierten Welt ist, zu verändern.«[76]

Die Kritik am »Sportswashing« komme dabei von westlichen Journalisten, die nicht der »Black-Box-Welt aus Insiderdeals« entstammten und nicht dem Elitenetzwerk aus arabischen Royals und westlichen Klub- und Medieneignern sowie internationalen Sportfunktionären angehörten. Dabei zielen die Golfstaaten keineswegs nur auf Europa, die USA, den »Westen«, sondern auf die wachsenden Märkte in Asien, Afrika, Lateinamerika, wo Menschenrechte einen anderen Stellenwert einnehmen und sich die Wirtschafts- und Politikeliten durchaus mit Reichtum und Prunk schmücken.

Tatsächlich wird vielleicht übersehen, dass Sport im Mittleren Osten auch ein zunehmend wichtiger Wirtschaftsfaktor ist: Dort würden die Umsätze in den nächsten drei bis fünf Jahren jährlich um 8,7 Prozent wachsen, während sie weltweit von bisher acht auf nur noch drei Prozent pro Jahr sinken dürften, hat die Untersuchung »PwC's Middle East Sports Survey« der Unternehmensberatung PwC 2021 ergeben. Das größte Wachstum wird dabei für E-Sports erwartet, für Fußball und Basketball. Beim E-Sport ist Saudi-Arabien unter den Top-20 global und setzte 2020 rund 716 Millionen Dollar um, die Vereinigten Arabischen Emirate immerhin 313 Millionen – mehr als das bevölkerungsreichste arabische Land Ägypten mit 287 Millionen Dollar.

Die Region sei inzwischen zu einer großen Quelle für Einnahmen im Sport geworden. Aber es sei auch etwas Kindisches im Überbietungswettbewerb am Golf, sagt Simon Chadwick, Professor of Sport and Geopolitical Economy an der SKEMA Business School in Paris: »Das ist ein sehr starker Wettbewerb und familienähnlicher Streit zwischen diesen Nationen, wer mehr ausgibt, am meisten kauft, das Beste macht.« Das führe dazu, dass, wenn Katar eine Milliarde ausgebe, Saudi-Arabien zwei Milliarden springen lasse.

Überhaupt Saudi-Arabien: »The sky is the limit«, sagte Prinz Abdulaziz bin Turki al-Faisal, Chairman der saudischen Sportbehörde, zu den Milliarden-Investments.[77] Der saudische Kronprinz Mohammed bin Salman, der nur MbS genannt wird, habe ihm gesagt: Du tust das für dein Land, geh raus, hole so viel wie geht, und dabei hast du kein Limit. Die Investments in Sport, den Aufbau einer Unterhaltungsindustrie und dem damit verbundenen Tourismus seien Teil der »Vision 2030« von MbS. Und dabei solle das Beste nach Saudi-Arabien geholt werden. Ohne Rücksicht auf die Kosten.

MbS hatte 25 Milliarden Dollar bei einem Treffen seines Vaters, König Salman, mit FIFA-Präsident Gianni Infantino 2017 geboten. Eine WM für Fußballklubs aus 24 Ländern solle alle vier Jahre ausgespielt werden, drei Milliarden Dollar sollten dabei jedes Mal fließen, so der saudische Vorschlag. So hätte die FIFA der Champions League der UEFA die Vorherrschaft streitig machen können. Ein weiterer Vorschlag: Die Fußball-WM in Katar auf 48 statt 32 Mannschaften aufzublähen, sodass das Turnier dann nur zusammen mit Nachbarstaaten wie VAE und Saudi-Arabien hätte ausgetragen werden können. Katar hätte als Alleinausrichter kapitulieren müssen. Bei der FIFA kamen diese beiden Vorschläge trotz des zu erwartenden warmen Geldregens nicht durch.

Doch inzwischen geht die Rivalität auf allen Feldern weiter: Im saudischen Jeddah wird seit 2019 die italienische Supercoppa ausgespielt, das Spiel des Meisters gegen den Pokalsieger aus Italien. Katar hatte den Cup bereits zweimal ausgerichtet. Auch der Supercopa de España wird seit 2020 in Jeddah ausgetragen und bringt dem Sieger 11 Millionen Dollar ein – mehr als bei den früheren Finals in Spanien. Spaniens Fußballverband soll für die drei Jahre, in denen der Supercup nach Saudi-Arabien vergeben wurde, laut »Financial Times« 35 bis 40 Millionen Dollar bekommen.

Doch inzwischen geht es längst nicht mehr nur um Fußball. Jüngstes Beispiel für die immer härtere Konkurrenz ist der Pferdesport: Seit 2020 ist The Saudi Cup das mit 20 Millionen Dollar Preisgeld am besten dotierte Pferderennen der Welt. Zuvor war das der Dubai World Cup, der seit 1996 jährlich ausgetragen wird und wo es 12 Millionen Dollar zu holen gibt.

Noch krasser sind die Summen, mit denen Saudi-Arabien die USA auf dem Golfplatz aussticht: Bei der neu aufgelegten saudischen LIV-Tour, einer Tour aus acht Golfturnieren, werden für die Top-Spieler bis zu 200 Millionen Dollar Honorar bezahlt. Die amerikanische PGA-Tour-Konkurrenz, die auch bedeutende Summen gezahlt hat und Golfer mit zu den bestbezahlten Sportlern der Welt machte, ist so verärgert, dass sie Teilnehmer der Saudi-Serie für die eigene Tour gesperrt hat. Manche Stars klagen dagegen. »Geld fließt unbegrenzt, und es wird strategisch clever eingesetzt. Wenn auch skrupellos«, kommentierte die »Süddeutsche Zeitung«.

Zu Rivalen der Rennstrecke wurden die Golfstaaten auch im Motorsport: Als erstes Land in der Region wurde Bahrain 2004 Teil der Formel-1-Rennserie. Abu Dhabi, wichtigstes Emirat und Hauptstadt der VAE, baute für 40 Milliarden Dollar die Yas-Insel aus. Dort finden seit 2009 Formel-1-Rennen statt. Am 21. November 2021 startete dann erstmals der Große Preis von Katar bei der neuen Stadt Lusail. Für Lusail wurde ein Zehn-Jahres-Vertrag der Formel 1 von 2023 an abgeschlossen.

Auch im saudischen Jeddah werden Formel-1-Rennen ausgetragen. Das Großereignis sorgte im März 2022 weniger durch sportliche Leistungen für Schlagzeilen als durch brennende Öltanks und Rauchschwaden. Jemenitische Huthi-Rebellen hatten eine Anlage des Ölkonzerns und Formel-1-Sponsors Saudi Aramco beschossen, die wenige Kilometer von der Rennstrecke entfernt lag. Das Rennen fand dennoch statt, nachdem die Huthis den Verzicht weiterer Attacken erklärt hatten.

Saudi-Arabien sicherte sich neben der Formel 1 auch die Formel E, das Rennen für Elektroautos. Der Ölkonzern Saudi Aramco ist auch »Global Partner«, also Großsponsor, der Formel 1 und seine Petrochemietochter Sabic ebenso Sponsor der Formel E wie die saudische Fluggesellschaft Saudia. Und seit 2020 findet im Königreich die weltberühmte Dakar-Rallye statt (vor der Verlegung aus Sicherheitsgründen aus Afrika weg hieß sie noch Paris–Dakar). 2022 siegte in Jeddah ausgerechnet der katarische Rallye-Fahrer und Sportschütze Nasser Al-Attiyah.

Viel Geld wird ferner in den Radsport investiert. So hat der slowenische Radprofi Tadej Pogačar mit seinem Team UAE Team Emirates 2020 und 2021 die Tour de France gewonnen. Das 2017 gegründete Team UAE, in dem auch die beiden deutschen Profis Pascal Ackermann und Felix Groß fahren, wirbt auf seinen Trikots während der Rennen gleich mit einer ganzen Reihe emiratischer Unternehmen: der staatlichen Fluggesellschaft Emirates, dem Staats-Ölkonzern ADNOC, dem Mobilfunker Etisalat und der First Abu Dhabi Bank. An den Start bei der Tour de France ging auch das Team Bahrain Victorious, das vom Königreich mitfinanziert wird.

Aspire Academy – Beleg der großen Aspiration

Sportliche Großereignisse wie die Handball-WM 2015, die Leichtathletik-Weltmeisterschaft 2019 oder asiatische Fußballturniere auszutragen, war Teil der nationalen »Vision 2030« des Emirs von Katar. Er wollte unter anderem durch die Gastgeberrolle bei sportlichen Weltereignissen Katar zu einer globalen Sport-Kapitale machen. Doch die Durchführung von Spielen allein reichte nicht mehr. Es sollten auch Titel her. Dazu wurde 2014 die Aspire Zone eröffnet, mit dem Aspire Dome, der weltgrößten überdachten Sportstätte. Hier hat auch die Fußballnationalmannschaft einen Platz und ideale Trainingsbedingungen. Vor der Wüsten-Weltmeisterschaft ist der Stolz auf dieses Team noch einmal gestiegen, seit es 2019 erstmals den AFC Asian Cup, also die Asienmeisterschaft, gewonnen hat. Inmitten der Blockade gegen Katar ausgerechnet beim damals verhassten Nachbarn Vereinigte Arabische Emirate, der im Halbfinale mit 4:0 in Abu Dhabi abgefertigt wurde. Im Finale siegten die Kataris dann mit 3:1 gegen den vierfachen Rekordmeister Japan.

Bester Spieler mit neun Treffern und also mit deutlichem Abstand Torschützenkönig wurde der 1996 im Sudan geborene und als Kind nach Katar gekommene Almoez Ali Zainalabedeen Mohamed Abdulla. Der Kapitän des Qatar-Stars-League-Klubs Al-Duhail SC ist ein Vorzeigebeispiel für Katars Sportpolitik: Der Junge, der schon mit sieben Jahren Fußball spielte, wurde von 2006 bis 2013 an der Aspire Academy ausgebildet – »so wie 70 Prozent der aktuellen Nationalmannschaft«, wie Ali Salem Afifa, Aspires Vize-Generaldirektor, bei einem Besuch in der Trainingsanlage stolz berichtet. Stürmer Almoez Ali wechselte in der Saison 2014/15 zur Königlichen Allgemeinen Sportvereinigung Eupen. Die Aspire Zone Foundation hatte 2012 den Klub im deutschsprachigen Teil Belgiens gekauft,[78] der 2015/16 dann in die erste Liga aufstieg. Bei KAS Eupen sollen Kicker aus der Aspire Academy in einen europäischen Liga-Betrieb gebracht werden und so ihre Leistungen verbessern.

52 Trainer aus aller Welt hat die Aspire Academy in ihren futuristischen Wüsten-Stahlbau geholt für aktuell fast 300 Athleten.

Generaldirektor von Katars Sportakademie ist Ivan Bravo, der früher bei Real Madrid arbeitete. Strategie-Direktor bei Aspire ist seit

2012 der frühere Manager von Red Bull Salzburg, Markus Egger. Mit Julius Büscher kommt der Torwarttrainer für Aspire und Katars Nationalmannschaft aus Engelskirchen bei Köln. Auch andere deutsche Sportexperten haben bei Aspire Aufbauarbeit geleistet.

Zwölf Fußballfelder sowie Squash-Plätze, Laufbahnen, verschiedene Sporthallen, Laboratorien, Krafträume, eine Schule, ein Wohnheim, ein Schwimmzentrum, ein Ladies Club für Sportlerinnen, ein Fußball-Indoor-Stadion und das Khalifa International Stadion bilden die Aspire Zone. In diesem Stadion wird Deutschland gegen Japan bei der WM spielen und hier soll auch das Spiel um Platz 3 ausgetragen werden. Aspetar ist dort ebenfalls untergebracht, ein weltweit renommiertes Reha-Zentrum, wohin sich laut Insidern Weltstars wie Ronaldo über das Wochenende einfliegen ließen. Jetzt kämen regelmäßig Top-Spieler wie Lionel Messi oder Ex-Weltstars wie Iker Casillas in die Akademie, »um zu unseren Jungs zu sprechen, das treibt sie an«, meint Afifa.[79] Ronaldinhos goldene Nike-Stollenschuhe stehen in der Ehrenvitrine im Aspire Dome, das mit Motivationslosungen wie »no excuses, just results« behängt ist.

Bestens gepflegt sind die Fußballfelder draußen, trotz der Hitze. Nebenan steht »The Torch«, ein 352 Meter hoher, fackelgleicher Turm mit Edelhotel und drehendem Gourmettempel in der Spitze. In der »Fackel« steigen die Profis von Bayern München, Paris Saint-Germain und anderen Teams während ihrer winterlichen Trainingscamps in Doha ab.

Neben Fußball stehen Squash, Schwimmen, Tischtennis und Fechten hoch im Kurs – sowie Leichtathletik. Ein überdimensioniertes Foto von Mutaz Essa Barshim hängt im Aspire Dome. Der 1991 in Doha Geborene wurde hier trainiert und holte bei den Olympischen Spielen 2021 in Tokio die erste Goldmedaille überhaupt für Katar. Der Hochspringer hatte zuvor drei Weltmeistertitel gewonnen sowie in Rio und London olympisches Silber.

Zum Erzielen von Erfolgen wird oft nachgeholfen

Katar belegt im Ranking des Internationalen Olympischen Komitees Platz 95 und damit den höchsten Rang unter den Staaten der Region. Die VAE sind mit einer Goldmedaille auf Platz 111, das deutlich größere Saudi-Arabien ohne olympisches Gold liegt auf dem 120. Platz. Sportliche Erfolge stehen im Kampf um Geltung und »Nation Branding« hoch im Kurs, neben dem Austragen prestigeträchtiger Wettbewerbe.

Bei den Erfolgen helfen bisweilen auch Sportler, die man nicht sofort in Katar verorten würde. Fares Ibrahim Saed Hassouna El-Bakh, der bei Olympia in Tokio das zweite katarische Gold holte, wurde 1998 in Ägypten geboren. Sein Vater Ibrahim Hassouna vertrat das Land am Nil bei drei aufeinanderfolgenden Olympischen Spielen von 1984 bis 1992 und trainiert jetzt den Filius: Der als Meso Hassouna bekannte Gewichtheber, Junioren-Weltrekordhalter im Reißen und Stoßen, trat für Katar in Rio de Janeiro an, wo er 7. wurde, und in Tokio in der Klasse bis 96 Kilo.

Auch um Torschützenkönig Almoez Ali rankt sich ein handfester Skandal: Nachdem er beim 4:0-Sieg gegen Gastgeber Vereinigte Arabische Emirate seinem Team mit seinem Tor zum 2:0 den Weg ins Finale der Asienmeisterschaft 2019 geebnet hatte, legten die VAE Einspruch gegen die Wertung der Partie ein. Almoez Ali soll nicht spielberechtigt gewesen sein. Laut den FIFA-Regeln müsse ein Spieler selbst oder ein Elternteil oder ein Großelternteil im Land der Nationalmannschaft geboren sein. Oder der Spieler muss nach Vollendung des 18. Lebensjahres mindestens fünf Jahre durchgehend in dem Land gewohnt haben. Die VAE bestritten, dass eines der Kriterien für den Stürmer zuträfe. Almoez Ali versichert hingegen, seine Mutter sei in Katar geboren. Und auch bei anderen Sportarten in Nachbarländern wird das Mittel »Einbürgerung« benutzt. Bahrain bürgerte 2005 die äthiopische 1500-Meter-Läuferin Maryam Yusuf Jamal ein, die vor Annahme ihres arabischen Namens noch Zenebech Tola hieß. Sie konnte später beim Olympiasieg 2012 triumphieren. Der Marokkaner Rashid Hamzi holte als eingebürgerter Sportler für Bahrain 2005 gleich zwei WM-Siege über 800 und 1.500 Meter. Sein Olympiasieg 2008 in Peking wurde ihm wegen Dopings später aberkannt. Die in den USA geborene, dann mit einem saudischen Pass ausgestattete Reiterin Dalma Rushdi Malhas holte für Saudi-Arabien Olympia-Bronze.

Auch Deutschland und andere Nationen haben immer wieder Sportlerinnen und Athleten eingebürgert. Katar betreibt das jedoch extensiver: Als Katar 2015 die Handball-WM ausrichtete, wurden zuvor zwölf gealterte Stars vor allem vom Balkan geholt und eingebürgert, die erstmals Katars Einzug ins Finale schafften und auf dem Weg dahin Deutschland ausschalteten. Vor den Olympischen Spielen in Rio de Janeiro 2016 wurden 23 Athleten aus 17 Nationen Kataris, sie stellten den Großteil des 39-köpfigen Olympia-Teams.

Katar hat seit dem Zuschlag für die WM 2022 vor zwölf Jahren auch einiges zumindest für den Fußball getan: Aspire hat eine Sportakademie im Senegal aufgebaut, um afrikanische Talente aufzuspüren und auszubilden. Und mit »Generation Amazing« will das Vorbereitungskomitee der Weltmeisterschaft (Supreme Committee) inzwischen 750.000 Kinder und Jugendliche zum Fußballspielen gebracht haben. In 35 Ländern – von Guatemala über den Irak und Uganda bis Nepal und die Philippinen – wurden Fußballplätze gebaut und Trainer beschäftigt. Parallel dazu fördert die Qatar Foundation international Inklusion im Sport.

Beim sportlichen Engagement geht es nicht nur um Erfolge auf dem Spielfeld. Katar hätte sich um die WM 2022 auch aus Gründen der nationalen Sicherheit bemüht, erklärt Sanam Vakil, Vize-Direktorin des Nahost-Nordafrika-Programms des Politikinstituts Chatham House: »Ich sehe es als ein Streben nach Relevanz, um in der Welt größer zu werden, was die Sicherheit des Staates Katar in der Region schützt«, sagte sie dem »Guardian«.[80] Allerdings verfolge das teure Sportengagement auch eine wichtige Binnenwirkung, so Vakil: »Die Fußball-WM in Katar steht für den Ehrgeiz des Landes, Macht zu demonstrieren und den eigenen Bürgern das Gefühl zu geben, auf der Weltbühne relevant zu sein.«

Fußballgroßmächte: »Katar« gegen »Abu Dhabi« – das Ringen um Europas beste Klubs

So viel Geld wurde noch nie für einen Fußballspieler bezahlt: Etwa 300 Millionen Euro Handgeld bekam Kylian Mbappé, als er im Mai 2022 bei Paris Saint-Germain (PSG) verlängerte. Es war eine Bleibeprämie, die einen Weggang des französischen Nationalspielers zu Real Madrid verhinderte. Katar ließ sich den Star also eine Rekordsumme kosten. Denn Qatar Sports Investment (QSI), eine Tochter des Staatsfonds QIA, hatte 2011 den französischen Hauptstadtklub von US-Investoren erworben. 130 Millionen Euro sollen dafür bezahlt worden sein. Was dann folgte, ließ die Kaufsumme fast schon lächerlich wirken.

QSI-Chef und PSG-Präsident Nasser Al-Khelaifi holte Star um Star: 160 Millionen Euro hatte PSG schon 2018 gezahlt für Mbappés Wechsel vom AS Monaco an die Seine. Für 222 Millionen wurde 2017 der Brasilianer Neymar von Barcelona verpflichtet. 2021 kam dann auch noch Lionel Messi aus Barcelona ins Prinzenparkstadion.

Andere Großinvestoren stehen den Kataris in nichts nach. Manchester City wurde 2008 von der Abu Dhabi United Group um Scheich Mansour bin Zayed Al-Nahyan erworben. Der Klub wurde in den vergangenen fünf Spielzeiten viermal englischer Meister. Jedoch ist Manchester City wie auch PSG der ganz große Erfolg auf internationaler Bühne, der Champions-League-Titel, bislang verwehrt geblieben. Ein Grund, um kräftig weiterzuinvestieren.

Zuletzt holte City den norwegischen Mittelstürmer Erling Braut Haaland zum Juli 2022 für 60 Millionen Euro von Borussia Dortmund. Dieser Transfer erregte auch Wochen später noch Norwegens Fans: Bei einem Spiel von Haalands Jugendklub Bryne FK rollten gegnerische Fans ein Spruchband aus und sorgten damit für viel Aufsehen. »Braut spielt für dreckiges Blutgeld« stand darauf geschrieben. Damit kritisierten die Fußballfans den Geldgeber von Manchester City. Erleng Ytre-Arne Vagane, Fansprecher des SK Brann, sagte dem norwegischen Rundfunk: »Haaland hätte sich jeden Klub in dieser Welt aussuchen können. Er musste sich nicht für den Klub entscheiden, der in Sachen ›Sportswashing‹ am schlimmsten ist.«

Der Kauf von Manchester City wurde von Scheich Mansour als Privatinvestment dargestellt. Doch nicht nur, dass er ranghohes Mitglied der Herrscherfamilie Abu Dhabis ist und seit 2009 Vizepremier der VAE. Er ernannte auch noch Khaldoon Al-Mubarak, den Chef des Staatsfonds Mubadala, zum neuen Boss des Fußballklubs in der Heimatstadt der ersten Industriellen Revolution.

Manchester City ist zudem nicht der einzige Klub im Portfolio der Abu Dhabi United Group. Zusammen mit anderen internationalen Firmen besitzt sie ein kompliziertes Geflecht von Fußballklubs in den USA, Australien, Indien, Japan, Spanien, Uruguay, Belgien, Frankreich, Italien. Und natürlich in Großbritannien. Dort, wo bisher US-Investoren und russische Oligarchen um bekannte Klubs rangelten, mischt immer mehr auch Geld aus den Wüstenstaaten mit.

Es ist gerade viel im Wandel: Den FC Chelsea musste der auf westlichen Sanktionslisten stehende russische Öl- und Metallunternehmer Roman Abramowitsch 2022 verkaufen. Der Londoner Verein ging für 3,1 Milliarden Dollar an ein Konsortium um den Besitzer der US-Holdingfirma Eldridge, Todd Boehly, und die amerikanische Clearlake Capital Group.[81]

Der AC Mailand wurde 2022 von der amerikanischen RedBird Capital für geschätzte 1,3 Milliarden Dollar übernommen. RedBird ist bereits im Sport aktiv über die Fenway Sports Group, die wiederum unter anderem den FC Liverpool besitzt. Auch die Mehrheit am FC Toulouse aus der französischen Ligue 1 gehört den Amerikanern.

Neu auf dem Platz ist nun die größte Volkswirtschaft am Golf. »Saudi-Arabien war lange neidisch auf das Engagement seiner Erzrivalen Katar bei PSG und der VAE bei Manchester City«, schreibt die US-Sportexpertin Natalie Koch.[82] Hoch hinaus will der saudische Public Investment Funds (PIF) durch seinen 300 Millionen Pfund teuren Einstieg beim (bislang mittelmäßigen) Premier-League-Klub Newcastle United. Die Premier-League hatte den Kauf erst genehmigt nach der Zusage, dass der Staat Saudi-Arabien keine Kontrolle über den Klub haben wird. Politik spielt dennoch mit hinein: An dem Tag, an dem im Oktober 2021 die Übernahme von Newcastle genehmigt wurde, kündigte Großbritannien Konsultationen für ein geplantes Handelsabkommen mit Saudi-Arabien, Katar, den VAE und den anderen Ländern des Golfkooperationsrates an. Und PIF-Chef Yasir Al-Rumayyan, frisch zum Non-Executive Chairman of Newcastle United bestellt, sagte: »Wir bedanken uns bei den Newcastle-Fans für ihre unglaublich loyale Unterstützung über die Jahre hinweg und freuen uns auf die Zusammenarbeit mit ihnen.«

85 Prozent der englischen Fußballfans befürworten aber eine unabhängige Aufsichtsbehörde, die befugt ist, den Besitz von Fußballklubs auf der Insel durch Staatsfonds oder Personen mit Verbindungen zu ausländischen Regierungen zu verbieten. Das ergab eine Umfrage der Zeitung »The Mail on Sunday« unter 10.500 Anhängern von Premier-League-Vereinen. Vor allem Saudi-Arabien wurde immer wieder als möglicher Investor abgelehnt – wegen der Inhaftierung und Folter von Frauenrechtlerinnen und der Ermordung des oppositionellen Journalisten Jamal Kashoggi.

Die Beweggründe für Investitionen von Staatsfonds in europäische Fußballvereine »sind vergleichbar mit denen von Trophäenimmobilien, die traditionell von Fonds und Milliardären aus dem Nahen Osten bevorzugt werden. Sie stellen strategisches Kapital für ausländische Investoren dar, die ihr öffentliches Image im Westen verbessern wollen, was es ihnen ermöglicht, ›Soft Power‹ auszuüben und Einflussnetzwerke in Wirtschaft und Politik aufzubauen«, schreibt das »Sovereign Wealth Fund Institute«.[83]

Dass das Engagement der neuen Macher aus dem Morgenland kritisch gesehen wird, hat vermutlich auch mit dem zu tun, was der Chef der saudischen Sportbehörde, Prinz Abdulaziz bin Turki al-Faisal, so beschreibt: »Wir Saudis werden doch immer so angesehen, dass wir auf einem Sack Geld hocken und es nach links und rechts ausgeben.« Aber das stimme nicht. Vielmehr »wissen wir, was das Beste für uns ist und was wir wollen«.

Von wegen Fair Play – Big Business

Aber die Ablehnung dürfte vor allem auch von den Skandalen herrühren, die den neuen Eignern angelastet werden und die im Widerspruch zur eigenen Wahrnehmung stehen. PSG-Boss Nasser Al-Khelaifi ficht das nicht an. Über seine Mission beim Pariser Verein sagt er: »Man hat unserem Projekt misstraut, aber jetzt sind wir einer der großen Klubs.« Katars Engagement habe dazu geführt, dass »die Marke PSG jetzt weltbekannt ist«.

Man-City-Chef Khaldoon Al Mubarak, der einen Ausschluss aus den Fußball-Wettbewerben wegen Verstoßes gegen die »Financial Fair Play«-Regeln gerichtlich abwenden konnte, sieht die Kritik an den exzessiven Ausgaben seines Klubs als Neid: »Es gibt Leute, die uns nicht mögen.« Sein Klub und die Mannschaft von Manchester City habe seit der Übernahme »die Art und Weise, wie der Fußball in den letzten 12 Jahren gespielt und betrieben wurde, grundlegend verändert (disruption)«. »Und wenn man diesen Umbruch schafft, gibt es Leute, die damit nicht einverstanden sind«, sagt Al Mubarak. Bescheiden ist anders.

Vor allem gegen Manchester City und Paris Saint-Germain werden immer wieder Vorwürfe erhoben, die Finanzregeln zu brechen, denen zufolge die Ausgaben vor allem für Spielertransfers und Gehälter die Einnahmen aus Ticketverkäufen, Sponsoring, Merchandising, TV-Rechten und Werbung nicht dauerhaft übersteigen dürfen. Die im Juni 2022 erfolgte Neuregelung durch den europäischen Fußballverband UEFA legt fest, dass externe Geldgeber künftig eine Differenz zwischen den Einnahmen und Ausgaben in einer Höhe von bis zu 60 Millionen Euro über einen Zeitraum von drei Jahren ausgleichen dürfen.

Die Enthüllungsplattform »Football Leaks« wollte »den Fans offenbaren, zu welchem ›hochkorrupten System‹ sich der Spitzenfußball entwickelt hat«. Football Leaks veröffentlichte Belege, wonach bei vielen Spitzenvereinen von »Financial Fair Play« keine Rede sein kann und getrickst wird, um die Regeln einzuhalten. Die spanische Fußball-Liga hat im Juni 2022 beim europäischen Dachverband UEFA offiziell eine Beschwerde gegen den französischen Meister Paris Saint-Germain eingereicht wegen Verstoßes gegen das Financial Fair Play. Zwei Monate zuvor sei bereits ein ähnliches Verfahren gegen Manchester City eingeleitet worden, hatte »La Liga« mitgeteilt. Die spanische Liga beklagt, dass PSG und das von Abu Dhabi finanzierte Manchester City »kontinuierlich gegen geltende Regeln des finanziellen Fair Play verstoßen«, zitierte die Nachrichtenagentur dpa aus dem Schreiben.

Man sei der Ansicht, dass solche Praktiken »das Ökosystem und die Nachhaltigkeit des Fußballs verändern, allen europäischen Klubs und Ligen schaden und nur dazu dienen, den Markt künstlich aufzublähen, wobei das Geld nicht im Fußball selbst generiert wird«. Bisherige Sanktionen der UEFA gegen beide »Staatsklubs« seien später »durch bizarre Urteile« des Internationalen Sportgerichtshofes aufgehoben« worden, beklagt die spanische Liga. Man habe deshalb auch Anwaltskanzleien in Frankreich und der Schweiz mit dem Ziel beauftragt, so schnell wie möglich rechtliche Schritte bei den zuständigen Stellen in Frankreich und der Europäischen Union einzuleiten.

Pikant dabei ist, dass ausgerechnet die spanische Liga mit den hoch verschuldeten Top-Klubs Real Madrid und Barcelona die Vorwürfe erhebt. Ihr Finanzgebaren war immer wieder Gegenstand der »Football Leaks«. PSG-Chef Nasser Al-Khelaifi, der auch dem staatlichen Qatar Sport Investment Fonds vorsteht und der Minister ohne Geschäftsbereich in der katarischen Regierung ist, versichert, »die Regeln des Financial Fair Play vom ersten Tag an befolgt zu haben. Und wir werden dies bis zum Ende tun.« Die geleakten Dokumente von 2018 deuten indes darauf hin, dass PSG, zu dessen Sponsoren die katarische Tourismusbehörde Visit Qatar (bis 2019), der katarische Mobilfunkanbieter Ooredoo, die katarische Bank QNB, die staatliche Fluggesellschaft Qatar Airways, das in Katar ansässige Sportmedizinische Krankenhaus Aspetar und der katarische Sportsender beIN Sports gehören, den Wert von Sponsorenverträgen aufgebläht hatte. Entsprechend deutlich überzogene Sponsorengelder blähten auch die Einnahmen des Vereins gezielt auf. Und entsprechend mehr kann der Klub in Spielertransfers investieren.

Aus den »Football Leaks«-Papieren geht auch hervor, dass Manchester City – das seit 2007 etwa eine Milliarde Euro in Spielerkäufe gesteckt haben soll – in ähnlicher Weise die Verträge mit Sponsoren künstlich in die Höhe getrieben haben soll. Die UEFA schloss daraufhin den Verein im Februar 2020 von einer Champions-League-Teilnahme aus.

Dem Klub gelang es indes, noch im selben Jahr die Sperre aufheben zu lassen. In der Entscheidung heißt es dabei, dass »die meisten der angeblichen Verstöße entweder nicht erwiesen oder verjährt waren«.

Sponsoren von Man City sind die staatliche Fluglinie Etihad Airways aus Abu Dhabi, die neben dem Schriftzug auf den Trikots auch die Namensrechte für das Stadion bezahlt. Neben internationalen Sponsoren finanzieren auch die staatliche Tourismusbehörde Visit Abu Dhabi, das Luxushotel Emirates Palace, die Ökostadt Masdar aus dem Emirat, der emiratische Mobilfunker e& (bisher bekannter als Etisalat) und der Immobilienkonzern Aldar aus Abu Dhabi den Klub.

Nicht abseits steht auch das Glitzer-Emirat Dubai, das zwar bisher keinen Top-Klub besitzt, aber durch seine staatliche Airline Emirates zu den großen Sponsoren im Fußball zählt: So spielt Arsenal London im Emirates-Stadion und lässt den Schriftzug der Fluggesellschaft auf den Trikots tragen. Mit 160 Millionen Euro hat Emirates den Stadionbau unterstützt und sich dafür 15 Jahre lang die Namensrechte sowie sieben Jahre lang die Trikotwerbung gesichert. Mit dem Emirates-Schriftzug auf der Brust laufen auch die Spieler von Real Madrid, Benfica Lissabon, Olympique Lyon, dem AC Mailand und Olympiakos Piräus auf. Außerdem gehen so auch die Radrennfahrer des Spitzenteams UAE Emirates an den Start. Beim Hamburger SV ist Emirates wegen anhaltender sportlicher Flaute an der Elbe nach Jahren als Sponsor ausgestiegen.

Rivale Qatar Airways, der geschäftlich den bisherigen Platzhirsch aus Dubai ausgedribbelt hat (siehe Kapitel 6: Qatar Airways, S. 202), ist Sponsor der FIFA bei den Weltmeisterschaften der Herren und Frauen sowie der FIFA-eWorld-Meisterschaft, des weltweit größten eSports-Turniers. Zudem trägt PSG den Qatar-Airways-Schriftzug auf den Trikots und ebenso Bayern München, was dort zuletzt immer wieder zu heftigen Fan-Protesten geführt hat.

Wie eng Politik und Fußball mittlerweile verknüpft sind, zeigt, dass ausgerechnet Man-City- und Mubadala-Chef Khaldoon al-Mubarak in Downing Street No. 10, dem britischen Regierungssitz, einen Vertrag des Staatsfonds mit dem Vereinigten Königreich unterzeichnete: über eine 10-Milliarden-Pfund-Investition aus den Vereinigten Arabischen Emiraten in Großbritannien.[84]

Dabei geht es auch den neuen Herren im Fußball selbst um das Big Business. Und dafür gibt es sogar eine eigene Liga mit Tabelle: die »Deloitte Football Money League.«[85]

In ihr rangiert 2022 Manchester City mit Einnahmen von 644,9 Millionen Euro auf Platz 1. Gefolgt von Real Madrid (640,7 Millionen Euro), Bayern München (611,4), Barcelona (582,1), Manchester United (558) und erst auf Rang 6 Paris Saint-Germain mit 556,2 Millionen Euro. Ein Jahr nach der Übernahme durch die katarische QSI rangierte der Seine-Klub aber nur auf Platz 41. Sieht man sich die »ewige« Geldrangliste an – jene seit 2004 von der Unternehmensberatung Deloitte erstellte Tabelle, dann steht ganz oben Real Madrid vor Barça, gefolgt von Manchester United, Bayern München und PSG. Man City käme da gerade auf Platz 9 nach den Liga-Rivalen Chelsea, Arsenal und Liverpool.

Wie lukrativ Vereinskäufe sein können, zeigt der Blick in die »Forbes«-Liste der »most valuable football clubs«, in der das US-Wirtschaftsmagazin »Forbes« den Wert der Top-Vereine errechnet. Man City kommt dort auf 4,25 Milliarden Dollar und Rang 6, wurde allerdings 2008 von Abu Dhabi auch nur mit 185 Millionen Dollar bezahlt. PSG steht einen Platz tiefer mit 3,2 Milliarden Dollar Vereinswert. Krösus ist dort wieder Real Madrid mit 5,1 Milliarden Dollar vor Barcelona.[86]

Doch es geht um immer mehr Geld. Und so wollten die ohnehin schon reichsten Klubs um Real, Barça, Man United, City, Arsenal, Juventus Turin und Inter Mailand eine European Super League (ESL) anstelle der Champions League aufbauen. Es sollte eine Liga aus 20 Mannschaften aufgebaut werden, mit 15 dauerhaften Mitgliedern und fünf weiteren Mannschaften als Qualifikanten für jeweils eine Saison. Die US-Investmentbank JP Morgan kündigte an, 3,5 Milliarden Euro für die neue ESL bereitzustellen. Die Ankündigung der neuen Spielklasse im April 2021 entfachte einen Sturm der Entrüstung bei Fans, aber auch zahlreichen Spielern. Keine 48 Stunden nach Verkündung der Liga zogen sich die meisten beteiligten Vereine zurück. PSG-Chef Al-Khelaifi nimmt dabei für sich in Anspruch, die neue Geld-Liga mit verhindert zu haben, indem er eine Teilnahme des Pariser Klubs verweigert hätte. Im Zuge der Rebellion in der Vereinswelt rückte er auf zum neuen Vorsitzenden der European Club Association, der Interessenvertretung von über 230 europäischen Fußballvereinen.

Doch das Projekt großes Geld ist keineswegs abgeblasen. Im Oktober 2021 wurde eine neue Idee lanciert, angeführt von Real Madrid, dem FC Barcelona und Juventus Turin, für eine europäische Liga mit zwei Spielklassen zu je 20 Vereinen, die in Konkurrenz zur Champions- und Europa League stehen und noch mehr TV- und Sponsoren-Gelder verteilen soll. Man darf gespannt sein, wie sich Katar und die anderen Golfstaaten verhalten.

Was schon jetzt klar ist: Katar und die Nachbarn sind aus der globalen Sportindustrie nicht mehr wegzudenken. Sie haben die vergangenen Jahre genutzt, um sich bedeutende Marktpositionen bei der Ausrichtung von Sportereignissen, bei der Vermarktung etwa durch TV-Rechte sowie bei Investitionen in Vereine zu sichern. Und sie haben dabei die Maßstäbe verschoben.

Schlacht um den Bildschirm: Im Skandal um den Sender beIN Sports gerät die Bundesliga zwischen die Fronten

Um das ganz große Geld im Sport geht es vor allem bei der Vermarktung von Fernsehübertragungsrechten und TV-Werbung. Dass neben dem Ausbau von Doha zu einer Welt-Sportmetropole mehr gehört als nur das Ausrichten immer neuer Turniere und Weltmeisterschaften, hat die katarische Führung schon Anfang der 2000er-Jahre erkannt. Deshalb hat sie nicht nur den weltweit ausstrahlenden Satellitenkanal Al Jazeera aufgebaut, sondern mehrere Sportkanäle ins Leben gerufen. Richtig Fahrt nahm das Geschäft mit Übertragungsrechten und Pay-TV im Sport erst auf, nachdem Katar 2010 die Austragung der Fußball-WM 2022 zugesprochen bekam und 2012 der französische Erstliga-Klub Paris Saint-Germain von Qatar Sports Investments (QSI) übernommen worden war. QSI ist die Sport-Sparte des Staatsfonds Qatar Investment Authority (QIA). Da begann zunächst in Paris der Aufbau von beIN Sports, es folgte die Ausstrahlung der Sportkanäle in Asien und Nordamerika. In wenigen Jahren hatte sich die beIN Media Group zu einem der größten Anbieter von Sportkanälen weltweit etabliert.

2016 kam es dann zum Doppelschlag: Digiturk, der größte Pay-TV-Anbieter der Türkei, wurde übernommen. Und Miramax, eines der größten Hollywood-Filmstudios mitsamt dem riesigen Filmarchiv. Hinzu kamen Kooperationen mit Warner Bros., einem anderen der großen Kino- und TV-Produzenten in Hollywood, der britischen BBC und dem US-Fernseh- und Spielfilm-Produzenten Turner. Die 2014 als beIN Media Group in London aufgebaute katarische Fernsehgruppe wurde zu einem der weltweit führenden Pay-TV-Anbieter für Sport und Unterhaltung mit 97 Kanälen in neun Sprachen, 43 Ländern, mehr als 7.500 Stunden Programm pro Monat und zeitweise TV-Rechten im Wert von über 15 Milliarden Dollar.

Jäh gestoppt wurde die Expansion im Juni 2017: Katars Nachbarn Saudi-Arabien, die Vereinigten Arabischen Emirate, Bahrain sowie Ägypten und einige andere Länder verhängten die schon erwähnte Blockade. Nicht nur Land-, See- und Luftraumgrenzen wurden gesperrt. Auch die Ausstrahlung des wegen seiner politischen Berichterstattung in den Blockadestaaten verhassten katarischen TV-Senders Al Jazeera wurde gestört. Und wenige Tage später wurde in Riad der Plan ausgeheckt, Katar auch die kommerziellen Grundlagen zu nehmen in einem Bereich, in dem das kleine Land die Nachbarn längst überflügelt hatte: Aus beIN wurde beoutQ. Verbreitet über saudische Arabsat-Satelliten, wie westliche Rechteinhaber nachwiesen, wurde das gestohlene Programm dreist mit einem neuen, Katar verächtlich machenden Logo ausgestrahlt. Von Riad aus wurden auch Set-Top-Boxen für Abos von beoutQ vertrieben – die Preise ausschließlich in saudischen Rial.

Das Q stand eindeutig für Qatar. Denn unter dem Logo beoutQ konnten vor allem in Saudi-Arabien, aber bald darauf auch in anderen Ländern, ausschließlich die Programme des Senders beIN aus Katar empfangen werden – gestreamt via Satelliten aus Riad. War Katar im 18. und 19. Jahrhundert berüchtigt für Piratennester, so breitete sich im großen saudischen Königreich jetzt ein »Netflix der Piraterie« aus, wie es das Magazin »Leaders in Sport« formulierte.

Besonders heftig waren die Verluste für den katarischen Muttersender ein Jahr nach der Blockade: Saudi-Arabien, das mit Abstand größte und einwohnerreichste Land der arabischen Golfmonarchien, hatte sich für die Fußball-WM 2018 in Russland qualifiziert. Doch die exklusive Sendelizenz für die MENA-Region (Middle East und Nordafrika) nutzte illegal der Piratensender beoutQ. Auch die Frauen-Fußball-WM ein Jahr später, Spiele der amerikanischen National Football League, der Champions League, europäischer Fußball-Ligen, Tennisturniere, Formel-1-Rennen und anderes strahlte beoutQ jahrelang ohne jedwede Lizenz aus – unterbrochen von zumeist saudischen TV-Werbespots.

beIN zog vor Gerichte und Katar vor die Welthandelsorganisation (WTO), um diese Form von Produktpiraterie juristisch zu belangen. Die Regierung in Riad dementierte immer wieder die Urheberschaft von beoutQ. Doch wenige Tage nach Verhängung der Katar-Blockade jubelte Saoud Al Qahtani, enger Medienberater des saudischen Kronprinzen Mohammed bin Salman, bereits auf Twitter: »Alternativen kommen in Kürze, und sie werden kostenlos oder sehr billig sein.« Al Qahtani, laut dem österreichischen »Standard«[87] »des saudischen Kronprinzen Mann fürs Grobe«, steht in Verdacht, die Ermordung des saudischen oppositionellen Journalisten Jamal Kashoggi im Konsulat in Istanbul im Oktober 2018 orchestriert zu haben. Ansonsten war er für saudische Schmutz- und Imagekampagnen im Internet und vor allem auf Social-Media-Kanälen zuständig. Nur Wochen später twitterte der bestens vernetzte saudische Sportjournalist Abdulaziz Al Mrizeul: »Saudische Helden werden den beIn-Sportkanal komplett raubkopieren und den gesamten Inhalt über Satellit auf dem beoutQ-Kanal ausstrahlen.« Sogar ein Hashtag zur Vermarktung des neuen Piratensenders wurde erfunden: #Launching_beoutQ_Sport_Channels.

Im September 2019 protestierten die FIFA, der asiatische Fußballverband AFC, die UEFA, die Bundesliga, die spanische La Liga, die italienische Lega Serie A, die französische LFP und die englische Premier League gegen die illegale Ausstrahlung ihrer Spiele durch beoutQ. Vorausgegangen war eine Untersuchung des auf Domain Management, Brand Protection, Anti-Piraterie und Aufklärung von Betrug spezialisierten kalifornischen Unternehmens MarkMonitor. Die USA setzten Saudi-Arabien 2019 auf die Liste der Länder, die intellektuelle Eigentumsrechte zu wenig schützen.[88] Erst 2022 wurde das Königreich dort nicht mehr wegen mangelnden Schutzes geistigen Eigentums gelistet.[89] Im Juni 2020 stellte die Welthandelsorganisation WTO in einem Report fest, dass die Regierung Saudi-Arabiens geistige Eigentumsrechte von beIN verletzt habe, indem sie nichts gegen den Piratensender unternommen habe.

Doch die Klagen gehen auch nach dem Stopp der Blockade weiter: Schadensersatz in Höhe von 4 Milliarden US-Dollar verlangt das Management von beIN weiter vom Nachbarland,[90] geklagt werde in den USA und in London, am Sitz von beIN. Auch die volle Rückkehr auf den saudischen Markt, den größten am Golf, sei bis Mitte 2022 noch nicht gelungen. Als eine Art Retourkutsche wurde dort beIN mit einer Millionenstrafe wegen angeblicher Bildung eines Sport-TV-Monopols belegt. Der katarische Fernsehsender sieht schlimme Folgen für das Geschäftsmodell Pay-TV: Die lange aktiv geförderte Piraterie habe viele Menschen daran gewöhnt, alles kostenlos zu bekommen. beoutQ habe viele am Golf »gelehrt, Piratensender zu suchen und Raubkopien zu nutzen«, sagte ein Top-Manager von beIN Media Group. Bis heute sei der Marktanteil von IPTV-Piraterie – also illegal übertragener Sendungen – größer als der legaler Pay-TV-Kanäle. »Das Monster wurde gefüttert«. David Sugden, Executive Vice President bei beIN, sieht das starke Abwandern von Zuschauern in die Grauzone als Folge der Piraterie-Aktivitäten von beoutQ.

Darunter haben auch ganze Sportarten und Ligen zu leiden. Neben einem erheblichen Abbau von Jobs bei beIN nach dem Einbruch der Abo-Zahlen um etwa die Hälfte und dem Verkauf von 49 Prozent an der Filmproduktionsfirma Miramax an ViacomCBS hat der Sender Übertragungslizenzen mit der amerikanischen NFL, der Serie A, der Formel 1 und auch der Bundesliga nicht verlängert. 200 Millionen Euro für TV-Rechte hat Deutschlands Fußballoberklasse durch den Ausstieg verloren.[91] Andere Ligen mussten sich laut Insidern mit niedrigen Lizenzgebühren begnügen. Die englische Premier League bekommt 500 Millionen Dollar bis 2025 laut dem Magazin »Variety«.[92] Und der Streit zwischen Katar und Saudi-Arabien ist an der Fernsehfront noch nicht beendet.

Mächtiger als der Präsident: die Rolle des Fußballs in arabischen Ländern

Fußballstadien sind in vielen arabischen Ländern oftmals die einzigen verbliebenen Orte der Freiheit. Aber auch immer wieder die des Terrors. In autokratischen Regimen wie Ägypten oder Algerien waren es immer wieder Fußballfans, die Proteste gegen die Herrscher anzettelten. Zugleich haben die autokratischen Herrscher auch immer wieder versucht, den Fußball für sich zu instrumentalisieren.

Als im Februar 2011 ein mit Eisenstangen, Macheten und Stöcken bewaffneter Mob auf Kamelen und Pferden im Auftrag des ägyptischen Diktators Husni Mubarak Zehntausende Demonstranten auf Kairos zentralem Tahrir-Platz angriff, waren es vor allem Fußballfans, die die Demokratie-Demonstranten schützten. Sie rissen Angreifer von deren Kamelen und schossen mit Steinschleudern auf diese. Sie wandten Techniken an, die die »Al Ahly Ultras« schon oft trainiert hatten – bei den wiederkehrenden Auseinandersetzungen mit der Polizei an Spieltagen ihres Kairoer Klubs Al Ahly SC. »Wir haben keine Angst vor der Polizei. Knüppel und Tränengas sind für uns nichts Neues«, sagte der Sprecher der Ultras, Amr Fahmy, damals dem Fußballmagazin »11 Freunde«.

Seit Beginn der Proteste gegen den fast 20 Jahre lang herrschenden Mubarak im »Arabischen Frühling« waren die Al-Ahly-Anhänger, und vor allem ihr harter Kern, bei den Protesten dabei. Wie bei den Straßenschlachten nach Liga-Spielen, rissen sie Autos um, um damit den Platz vor heranfahrenden Polizeifahrzeugen zu schützen, und schoben Wache auf dem Tahrir, um Angriffe abzuwehren. Die Anhänger des Hauptstadtklubs entstammen zumeist den armen Schichten und wohnen in den slumartigen Vorstädten Kairos. Einmal in der Woche reißt sie die Freude über einen Sieg von Al Ahly aus der Alltagstristesse. Ägyptische Zeitungen berichteten immer wieder über eine zunehmende Zahl von Scheidungen, weil Frauen es ihren Männern nicht mehr durchgehen ließen, dass sie den Großteil ihres Lohns für Tickets, Fan-Trikots und Maskottchen ausgeben und das Geld dann im Haushaltsbudget fehlt.

Fußball ist in den meisten arabischen Ländern die einzige Möglichkeit, Emotionen freien Lauf zu lassen. Und wo es keinen politischen Wettbewerb gibt, wird der Wettbewerb in die Stadien verlagert. Es geht dann dort um mehr als Fußball. Als Anfang 2011 der »Arabische Frühling« losbrach, riefen auch die Fans von Al Ahly immer öfter regimekritische Schlachtenrufe. In der Anonymität der Masse konnten viele das ausdrücken, was der repressive Staatsapparat Einzelnen nicht durchgehen ließ.

Fußball – vor allem im Norden Afrikas und der Levante – half beim Ausbilden einer nationalen Identität. Der Rekordmeister Al Ahly SC[93] wurde 1907 von ägyptischen Gymnasiasten und dem Unabhängigkeitskämpfer Saad Zaghoul, damals Bildungsminister, gegründet. Dabei war Fußball anfänglich noch eine Randerscheinung bei Al Ahly, was »national« bedeutet. Im Mittelpunkt standen das Treffen und der Meinungsaustausch von Studenten, die Zaghoul als Hauptakteure des ägyptischen Unabhängigkeitskampfes ansah. Seine Verhaftung und Verbannung löste 1919 die erste ägyptische Revolution aus, die in Attentaten gegen britische Würdenträger und Einrichtungen eskalierte. Drei Jahre später mussten die Briten Ägyptens Wandel in ein Königreich zulassen.

Al Ahlys Ruf rührt auch daher, dass sich die Mannschaft anfangs weigerte, gegen Klubs der britischen Besatzer zu spielen.

Fußball wird in arabischen Ländern immer wieder eingesetzt, um den Mächtigen zu huldigen. So ließ sich der irakische Diktator Saddam Hussein bei Siegen immer ausgiebig feiern. Nationalspieler beschenkte er mit Immobilien, Autos und Geld, wenn sie gewannen. Verloren sie aber wichtige Matches, so ließ der ebenso fußballfanatische wie sadistische Saddam-Sohn Uday Spieler und Trainer mit Stromkabeln schlagen, ihnen öffentlich in Stadien alle Haare abrasieren oder sie bei über 50 Grad barfuß auf Betonplatten kicken.[94]

Nach der Absetzung des Diktators 2003 entdeckten US-Truppen zahlreiche Massengräber in Stadien. In Syrien wurden Stadien immer wieder als Internierungslager genutzt und in Afghanistan unter der ersten Taliban-Herrschaft für öffentliche Hinrichtungen.

Fußballspiele hatten immer wieder politisch schwerwiegende Folgen: So zog Ägypten nach tagelangen Krawallen zwischen ägyptischen und algerischen Fußballfans, bei den es zahlreiche Schwerverletzte und erheblichen Sachschaden gab, seinen Botschafter aus Algerien ab. Egypt-Air-Filialen in Algerien brannten. Ägyptens Nationalmannschaft hatte 2009 das entscheidende WM-Qualifikationsspiel 0:1 gegen Algerien verloren, Präsident Husni Mubarak kanalisierte den landesweiten Frust in eine Kampagne gegen Algier.

In Bahrain wurden während der Arabellion, bei der die schiitische Bevölkerungsmehrheit gegen das sunnitische Herrscherhaus aufbegehrte, Dutzende Profifußballer verhaftet und aus ihren Vereinen ausgeschlossen, weil man ihnen vorwarf, die Proteste zu unterstützen.

Allerdings wirkte Fußball auch immer wieder identitätsstiftend: Nach dem Sturz Saddams 2003 versank der Irak in einen blutigen Bürgerkrieg. Die vom Diktator unterdrückte schiitische Bevölkerungsmehrheit bekämpfte die von ihm protegierten Sunniten, und die nach Unabhängigkeit trachtenden Kurden im Norden des Landes gerieten immer wieder zwischen die Fronten. Viele Profifußballer waren geflohen, weil sie mitbekamen, dass Kollegen entführt, Familienangehörige gekidnappt und Lösegelder erpresst wurden. Der Physiotherapeut des Teams kam bei einem der teilweise fast täglichen Selbstmordattentate ums Leben, als auf dem Weg zum Flugzeug neben ihm ein Auto in die Luft gesprengt wurde. Ihr Geld verdienten die Kicker bei Klubs in Saudi-Arabien, Katar oder andernorts. Doch 2007, beim Asiencup, schaffte es die Mannschaft, wirklich zur Nationalmannschaft zu werden: Kurden, Schiiten, Sunniten – es spielte für einen kurzen Moment keine Rolle. Plötzlich wurden wieder irakische Flaggen gehisst.

Als das Team im Elfmeterschießen gegen Südkorea den Einzug ins Finale schaffte, feierten die Menschen dies ausgiebig auf den Straßen Bagdads. Ein Selbstmordattentäter schoss in die jubelnde Menge, tötete Dutzende Menschen. Die Nationalmannschaft diskutierte in Kuala Lumpur, ob sie das Turnier beenden sollte. Als in einem Fernsehbericht aus der Heimat die Mutter eines getöteten Fans die Spieler bat weiterzumachen – auch im Namen ihres toten Jungen. Im Finale besiegten die Iraker die saudische Mannschaft und holten ihren ersten Asiencup-Meisterschafts-Titel.

Terror im Stadion

Doch immer wieder kam es zu Gewalt und Terroranschlägen in Stadien. Deutschen Fans wird dabei vor allem der 13. November 2015 im Gedächtnis bleiben, als ein mit einer Sprengweste bekleideter Terrorist ins Stade de France in Paris wollte, um sich beim Spiel Frankreich gegen Deutschland in die Luft zu sprengen. Er flüchtete, nachdem Sicherheitskräfte seine Bombe entdeckt hatten, und riss einen Passanten mit in den Tod, als er den Sprengsatz auslöste. An vier weiteren Orten in Paris töteten islamistische Attentäter an jenem Abend 130 Menschen. Die Terrororganisation »Islamischer Staat« (Daesh) bekannte sich zu den Anschlägen und begründete sie damit, dass Paris die »Hauptstadt der Unzucht und des Lasters« sei.

Fußball wird von islamistischen Hasspredigern wie dem Anführer der Terrorgruppe Hizbul al-Islam, Scheich Mohamed Abdi Aros, mit den Worten, er sei Verschwendung von Geld und Zeit, die man besser beim Beten nutze, als unislamisch abgelehnt. Der Sport, bei dem »halbnackte irre Männer auf und ab springen«, sei ein »Erbe von primitiven Ungläubigen. Wir werden nie erlauben, dass Menschen so etwas anschauen.« Seine Terrorgruppe brachte 2010 in Mogadischu zwei Männer um und verletzte weitere schwer, die in einem Haus das Fußballspiel zwischen Argentinien und Nigeria im Fernsehen verfolgten. Der oft als schlimmster Terrorführer bezeichnete Osama bin Laden hatte der islamistischen algerischen Groupe Islamique Armé den Befehl erteilt, die Fußball-WM 1998 in Frankreich mit Terroranschlägen zu überziehen. Vereitelt wurde dies durch Polizeirazzien vor einem Anschlag auf das Pariser Hotel der US-Mannschaft.

Auch die Fußball-WM in Katar geriet ins Visier des »Islamischen Staats«: Auf einer nicht mehr zugänglichen islamistischen Website wurde nach Vergabe der WM ein Aufruf an den damaligen FIFA-Chef Sepp Blatter veröffentlicht, mit der Drohung: »Die WM wird niemals in Katar stattfinden, denn Katar wird dann Teil des islamischen Kalifats sein.« Die Sicherheitsvorkehrungen bei dem Turnier werden entsprechend hoch sein.

Daesh-Chef Abu Bakr Al-Baghdadi hatte nach der Eroberung großer Teile des Iraks und Syriens das Kalifat ausgerufen, in dem ein Terrorregime herrschte. Er ließ sich im Juni 2015 in der Großen Moschee im irakischen Mossul zum Kalifen ausrufen. Wer die Bilder im Internet anschaut, sieht, wie viele junge Männer in der überfüllten Moschee Trikots und T-Shirts von Fußballvereinen tragen.

Al-Baghdadi, der sich 2019 selbst in die Luft jagte, nachdem US-Spezialeinheiten ihn aufgespürt hatten, war vor seiner Zeit bei der Terrormiliz selbst begeisterter Fußballspieler. Und Osama bin Laden, der in seiner Jugend im heimischen saudischen Jeddah Fußball-turniere organisierte, spielte selbst als Mittelstürmer. Während andere Islamisten den Fußball kategorisch als »haram« – unislamisch – ablehnten, verwiesen die beiden Terrorführer darauf, dass der Prophet Mohammed körperliche Ertüchtigung begrüßt habe.[95] Und dass unter Fußballfans viele zu finden seien, die arbeitslos, frustriert und so als Kämpfer für den Dschihad zu motivieren seien.

Fußball ist nicht nur bei Islamisten das, was Karl Marx als »Opium für das Volk« bezeichnete: ein Mittel, um das Volk hinter der Führung zu versammeln. Dass die Gegner Katars so erbittert gegen die Weltmeisterschaft Front machten, liegt unter anderem darin begründet, dass das Land durch die Ausrichtung dieses Weltereignisses enorm an Prestige gewinnt.[96] Auch die Führung in Doha weiß, welchen Prestigegewinn eine erfolgreiche Fußball-WM im eigenen Land bedeutet.

Dennoch ist Fußball in Katar, anders als etwa in Marokko, Tunesien oder Ägypten, kein Volkssport. Die Mehrheit der katarischen Bevölkerung ist an Fußball kaum interessiert. Das hat verschiedene Gründe: Die Kataris begeistern sich eher für die traditionellen Sportarten wie Falkenjagd und Kamelrennen. Hinzu kommt nun die Formel 1, die man in Doha ausrichtet. Nur gut zehn Prozent der in Katar lebenden Menschen sind Einheimische, der Rest sind Gastarbeiter. Die kommen meist aus Ländern wie Indien, Pakistan, Bangladesch, Nepal und Sri Lanka, wo Fußball nicht die bedeutendste Sportart ist. Sie schwärmen für Cricket. Und so werden neben den neuen Arbeiterwohnanlagen inzwischen auch Cricketplätze gebaut. Fußball sieht man eher in den Stadien in der katarischen Fußball-Liga, im Fernseher, wenn Paris Saint-Germain aufläuft, oder am Freitagabend, wenn Gastarbeiter von den Philippinen und aus Afrika die Rasenflächen um das wie Würfel aufgeschichtete Museum für Islamische Kunst an Dohas Hafen für einen Freizeitkick nutzen.

Falkner in Doha – die Falkenjagd ist bis heute populär in Katar, es wird sehr viel Geld dafür ausgegeben.

KAPITEL 4
Gastgeber, Gastarbeiter, Sklaventreiber

»Eine Frau fragte ihre Nachbarin: Wie kommt es eigentlich, dass wir Frauen nur einen einzigen Mann heiraten dürfen, während die Männer vier von uns heiraten und noch dazu so viele Konkubinen und Freudenmädchen nehmen können, wie sie wollen? – Das kommt, weil alle Propheten, Heiligen, Kalifen und Kadis Männer waren.«

Tausendundeine Nacht

Fast jeden Abend kommen Ahmed, Mohammed und Abdullah in ihrer alten Heimat zusammen. Ihr Treffpunkt ist ein Majlis, eine typische arabische Versammlungshalle von Familien, eigentlich im eigenen Anwesen. Deshalb ist dieser Flachbau mit langer Fensterfront eine Ausnahme. Hier, inmitten von sechs- bis achtstöckigen Häusern im Schatten des alten Basarviertels, ist es die letzte einstöckige Oase. Und es sind die letzten Einheimischen, die hier noch allabendlich bei Tee und laufendem Fernseher in ihrer Art Klubraum mit dösender Katze vor dem Eingang zusammenkommen. Sie sitzen auf zwei goldbestickten weinroten Sofas. Bilder aus alten Tagen und Vereinswimpel zieren die Wände. Auf dem Tisch eine Schale mit Datteln und Pistazien. In den 1960er-Jahren seien sie hier aufgewachsen und seither Freunde. Auch ihre Studien – einen verschlug es nach Philadelphia, einen nach Washington fernab der Heimat, der dritte blieb in Katar – konnten sie nicht trennen. Die Rentner, die heute in ihren Sechzigern sind, blieben ein Leben lang in Verbindung.

Und jetzt treffen sie sich jeden Abend hier, wo sie und ihre Familien einst aufgewachsen sind. Bis in die 1980er-Jahre hatten die drei und ihre Familien hinter hohen Mauern ihre schlichten Anwesen, ein- oder zweistöckig. Dann wuchs Doha, der Basar wurde immer größer, ganze Stadtviertel wurden von Wohn- zu Büro- und Handelsvierteln. Die Häuser wuchsen empor, vor allem mehrstöckige Miethäuser für die damals schnell wachsende Schicht ausländischer Arbeitsmigranten.

Ahmed, Mohammed und Abdullah verließen mit ihren Familien den alten Stadtteil und zogen weiter raus. Auf ihren Grundstücken ließen sie mehrstöckige Häuser bauen und leben von den Einnahmen der Mietwohnungen. Nur den kleinen Platz für ihr »Vereinsheim« haben sie behalten. Jeden Abend verschließt einer der drei Männer um 21.30 Uhr die Tür zu ihrem Majlis. Diesmal ist es Ahmed, und alle drei gehen zu ihren Autos, um zu ihren Wohnanlagen in der Vorstadt zu fahren. Vorbei geht es an Fleischereien wie dem »Islamabad Butcher«, Gemüseläden, kleinen Supermärkten, der Aysha Laundry-Wäscherei und einem Fladenbäcker.

Männer mit typischen afghanischen Mützen oder pakistanischen Umhängen stehen an den Kreuzungen der engen, nur durch spartanische Funzeln beleuchteten Gassen, wo sich zwei Autos nur mit Vorsicht aneinander vorbeischlängeln können. Das Viertel liegt keine 500 Meter vom neuen Geschäftsquartier Mshereib mit seinen Kunstgalerien, Museen, Bürotürmen und eigener Tram-Linie entfernt. Und doch ist es eine andere Welt. Es erinnert weniger an das moderne Doha als an das pakistanische Lahore. Hier lebt die »Mittelschicht« der Gastarbeiter: Angestellte von Banken, Buchhalter, Leiter von Filialen von Fitnesscenterketten, Flugticketverkäufer aus Reisebüros. Menschen also, die sich eine eigene Wohnung suchen dürfen, im eigenen Auto oder mit der selbstfahrenden Metro zu ihren Arbeitsstätten kommen.

Den sozialen Status in Doha erkennt man daran, wer wie zur Arbeit fährt. Die meisten Kataris kommen im eigenen SUV in die Tiefgaragen der Bürotower oder zu den mit Sonnensegeln überspannten Parkplätzen um die Bürogebäude. Edel-»Expats«, also ausländische Manager, Richter, Filialleiter, Berater, Ingenieure, Ärztinnen, Abteilungsleiterinnen kommen ebenfalls im eigenen Pkw. Auch die Taxioder Lkw-Fahrer lenken ihre Fahrzeuge selbst – auf den Baustellen und durch die Straßen der Stadt oder wenn sie zum Schlafen in die Arbeiterwohnheime fahren, wo sie die Fahrzeuge abstellen oder an den Fahrer der nächsten Schicht übergeben.

Klempner, Kassiererinnen, Bauarbeiter oder Arbeitskräfte von Schnellrestaurants, auch sie Gastarbeiter, werden indes gefahren: in Bussen zumeist des indischen Herstellers Tata, mit offenen Fenstern und einfachen Metallventilatoren im Gang statt einer Klimaanlage, oder in weißen Minibussen. Diese bringen die Vertreter der Arbeiterklasse zu Baustellen, Schnellrestaurants oder Supermärkten und von dort – oft nach einer Zwölf-Stunden-Schicht – wieder zurück in die Wohnheime weit außerhalb der Stadt. Im Berufsverkehr der völlig verstopften Innenstadt und auf den Ausfallstraßen dauert der Transfer oft eine Stunde.

Nicht nur die Art der Fortbewegung trennt die Schichten voneinander. Sich selbst eine Wohnung mieten, darf nur die obere Schicht der über zwei Millionen Gastarbeiter. Westliche »Expats« und hoch bezahlte indische Bankmanager nehmen sich Wohnungen in den edlen Siedlungen der für 45 Milliarden Dollar neu gebauten Stadt Lusail, in den Appartement-Türmen auf der künstlich aufgeschütteten Insel »The Pearl« oder in sogenannten »Gated Communities«, also von der Außenwelt abgeriegelten Wohngebieten. Sie dürfen ihre Familien aus der Heimat mitbringen. Die Mittelschicht der importierten Dienstleistungsgesellschaft wohnt wenigstens in innenstadtnahen Stadtteilen wie Al Jadida, dem mehr an Pakistan erinnernden Viertel, in dem Ahmed, Mohammed und Abdullah die einzig verbliebenen drei Kataris inmitten von Gastarbeitern sind.

Die übergroße Mehrheit lebt in der »Industrial Area«, einer weit über 400.000 Einwohner zählenden Stadt. Die reihenweise geparkten Tanklaster, Betonmischer und Lastwagen lassen auf die Berufe der Menschen schließen, die in den heruntergekommenen Häusern am Rande der staubigen Parkplätze auf dem Wüstenboden mit knietiefen Schlaglöchern leben. Die meisten arbeiten auf dem Bau, in Putzkolonnen, als Landschaftspfleger, Bauern, Wachmänner, Hotelpersonal. An den wenigen Regentagen im Jahr verwandelt sich das Gebiet in eine Matschlandschaft. Lärm dröhnt aus Werkhallen herüber, wo auch nachts gearbeitet wird, oder aus den großen Lagerhallen, wo lautstark Waren verladen werden.

Zu zehnt hausen hier Arbeiter in einem Zimmer. Der Geruch von Speiseresten hängt in der Luft in den Zimmern, neben einem verklebten Gaskocher stapelt sich schmutziges Geschirr. Dreck und Schimmel kleben an den Wänden. Vier Mehrstockbetten stehen auf neun Quadratmetern, deren durchgelegene Matratzen rund um die Uhr genutzt werden, wenn sich zwei Arbeiter nach ihrem jeweiligen Schichtende die Schlafstätte teilen. Man kennt das aus Erzählungen aus westlichen Städten des 19. und frühen 20. Jahrhunderts, als Wohnraum in Industriemetropolen an Schlafgänger vermietet wurde. Sogenannte »Family Areas« – Stadtteile, in denen katarische Familien leben – sind für sie tabu.

Auch Baracken für Frauen gibt es – Zutritt für Männer streng verboten. Hier nächtigen Hotelangestellte, Kassiererinnen und andere weiblichen Arbeitskräfte. Qatar Airways bringt seine Stewardessen und Flugbegleiter in eigenen Anlagen in Flughafennähe unter.

Dass es inzwischen für einige Hunderttausend Arbeiter auch besser geht, ist auf halber Strecke aus Dohas Innenstadt in Richtung »Industrial City« zu sehen. Hier ist »Asian City« entstanden, eine neue Wohnanlage mit 55 Gebäuden und jeweils 312 Zimmern. 68.000 Arbeiter wohnen hier. Maximal vier Männer leben auf 24 Quadratmetern in einem Raum, der mit Vorhängen geteilt werden kann. Gegenüber den 9 Quadratmetern zu zehnt in »Industrial City« sind die Bedingungen deutlich besser. Staubige Baustellenschuhe sind in kleinen Regalen vor den Zimmern abgestellt. Der Fliesenboden ist blitzeblank. Zum Angebot gehören: ein großer Speisesaal, in dem Mahlzeiten ausgegeben werden; ein Raum zum Wäschewaschen mit kostenlosem Waschpulver und Waschmaschinen; ein Fitness-Saal mit Trimm-Dich-Rädern und Hanteln. Sowie freies WLAN, wichtig für den Kontakt der meist aus Südostasien stammenden Arbeitsmigranten mit ihren Familien in der Heimat. Dazu zwei Polizeiwachen, eine Moschee für 6.600 Betende, ein Amphitheater, eine Shoppingmall mit zahlreichen Geschäften und ein Cricket-Stadion sowie eine Klinik. Seit 2015 wurden in dieser Gegend gleich mehrere solcher »Labour Cities« errichtet. Denn die Kritik an menschenunwürdigen Arbeitsbedingungen in Katar wurde immer lauter.

»Qatar deserves the best« – steht auf Plastikplanen der Baustellen von Ashqal, der Behörde für staatliche Infrastrukturbauvorhaben. Für die Gastarbeiter, die Katars Traum in die Wüste gebaut haben, galt dies nicht. Und für sehr viele gilt das noch immer nicht. Die Gastgeber vom Golf, die zur Winter-WM über 1,5 Millionen Fans in die Stadien locken wollen, wurden immer wieder von Menschenrechtsorganisationen als Sklaventreiber kritisiert. »Es ist schrecklich hier«, klagt ein Bauarbeiter aus Nepal, der sich Ghal nennt. Was er meint: die menschenunwürdigen Bedingungen in der Unterkunft der »Industrial Area«, die Plackerei auf der Baustelle und die stundenlangen Transfers bei Hitze mit 50 Mann dichtgedrängt in einem Bus ohne Klimaanlage. Ghal würde sich gern auch mal etwas von Katar anschauen, »aber ich habe nur einen Tag pro Woche frei, und da bin ich so todmüde, dass ich fast den ganzen Tag schlafe«.

Dass auch er mal schlafen müsse, beklagt indes der Taxifahrer Gakere aus Kenia: »Ich bin schließlich gekommen, um Geld zu verdienen.« Da wolle er so lange fahren, um möglichst hohe Einnahmen zu haben und seiner Familie etwas in die Heimat zu überweisen. Auf gut 2.000 Rial, umgerechnet 550 Dollar, komme er meist im Monat, damit sei er in der Heimat »wie ein kleiner König«. Seine Schwester und ein Neffe würden auch in Katar arbeiten.

»Ich habe keine Sklaven gesehen«: Tod auf den Baustellen und wie Katar reagiert

»Für Geld waschen wir alles rein«, steht in großen Lettern auf einer Karikatur als Plakat in Münchens Allianz Arena, mit dem die Bayern-Ultras gegen die Vereinsführung des FC Bayern München bei einem Bundesligaspiel protestierten. Vorstandschef Oliver Kahn und Präsident Herbert Hainer stehen da gemalt mit einem blutverschmierten T-Shirt und einem arabischen Dishdasha-Gewand samt »Qatar Airways«-Schriftzug neben einer Waschmaschine und einem Koffer voll Geld darauf. Mit originellen Aktionen protestieren Bayern-Fans immer wieder dagegen, dass der Verein Werbung für die katarische Staatsairline macht und sich so sponsern lässt von einem Land, dem massive Menschenrechtsverstöße vorgeworfen werden.

Lang und lautstark wurde der Protest bei der Mitgliederversammlung des Vereins im November 2021: »Hainer raus, Hainer raus«-Rufe hallten um Mitternacht durch den Audi Dome, weil der Klubchef nach fünf Stunden Versammlung um Mitternacht die Wortbeiträge abrupt stoppte. Bayern-Vereinsmitglieder um den Katar-Kritiker Michael Ott waren stinksauer. Sie wollten einen Beschluss herbeiführen, das Qatar-Airways-Sponsoring zu beenden. Die Vereinsführung verhinderte am Ende ein Votum, ließ eine Abstimmung nicht zu. Ehrenpräsident Uli Hoeneß verließ wortlos die Versammlung und legte einen Tag später nach: »Das war die schlimmste Versammlung, die ich je beim FC Bayern erlebt habe.«

Zwei Welten prallen im Verein aufeinander: Die Vereinsspitze möchte mit Millionen aus Katar einen international konkurrenzfähigen Kader zusammenstellen. So sprach Oliver Kahn in seiner ersten Rede als Vorstandschef von »unbegrenzten« Investoren-Geldern bei einigen Klubs in Europa und dem »fundamentalsten Wandel«, den der Fußball gerade erlebe. Kritiker an der Fanbasis befürchten einen Ausverkauf der Werte, wenn man für Länder wie Katar Werbung mache – durch Trikotsponsoring, aber auch durch das jährliche Wintertrainingslager in Doha.

Er habe in Katar »noch keinen einzigen Sklaven gesehen. Die laufen da alle frei herum und sind nicht in Ketten gefesselt«, hatte Bayern-Legende Franz Beckenbauer vor ein paar Jahren noch verharmlosend nach einem Besuch in Doha gesagt und sich darum herbe Kritik eingefangen.

Immerhin sagten die Klubchefs nach der Hauptversammlung 2021 zu, über das Thema weiter zu diskutieren. Schließlich läuft der Werbevertrag mit Qatar Airways 2023 aus – der Verein muss dann entscheiden, ob er weiter mit der Airline wirbt oder sich einen anderen Werbepartner holt, der vielleicht weniger bezahlt, aber einen besseren Ruf genießt.

Und so fand im Juli 2022 ein Runder Tisch mit den Kritikern statt. »Wir sehen die WM als einzigartige Chance, eine Veränderung anzustoßen«, führte Bayern-Präsident Hainer dort aus und mahnte: Die Änderungen müssten »so schnell wie möglich passieren«. Kahn assistierte und verteidigte das Land: »Seitdem der Fußball in Katar angekommen ist, bewegt sich einiges.« Doch die Kritiker beharrten auf ihrer Forderung nach einem Sponsoren-Ende für Dohas Fluglinie. »Wie viele Menschen müssen sterben, bis das Ende des Reformprozesses erreicht ist?«, fragte der Fan Robin Feinauer. Und Ott, der die Reihe der Kritiker anführt, schob hinterher: Wenn mit dem Fall Katar keine rote Linie erreicht sei, wo gebe es für den FC Bayern dann überhaupt noch Grenzen?

Ohne den Faktor Sport, also ohne den Druck auf Katar seit Vergabe der Wüsten-WM 2022 im Jahr 2010, hätte sich Katar nicht so schnell reformiert wie tatsächlich geschehen. Das sagt ein in Doha ansässiger ausländischer Vertreter, der seit Jahren die Veränderungen in dem Golfstaat verfolgt und auch immer wieder mit katarischen Entscheidungsträgern spricht. Menschenrechtsorganisationen halten dieser Position entgegen, dass es nie so viele Tote auf Baustellen gegeben hätte, wenn Katar nicht wegen der WM in diesem unvorstellbaren Ausmaß und mit diesem hohen Tempo gebaut hätte.

Hassan Al-Thawadi weist das zurück. Der Chef des WM-Vorbereitungskomitees unterstreicht, dass der Löwenanteil des über 200 Milliarden Dollar umfassenden Infrastrukturausbaus auch ohne das sportliche Mega-Event verbaut worden wäre. »Ob Metro oder die Stadt Lusail, die großen neuen Straßen, der Hafen und der neue Flughafen – das ist alles Teil unserer nationalen Vision 2030«, sagte Al-Thawadi bei einem Besuch in seinem Büro im Februar 2022. Die WM habe die Vorhaben, die für Katars Wandel in eine Zeit nach den sprudelnden Gas-Einnahmen stehen, nur beschleunigt. Er sage nicht, »dass bei uns nichts falsch gelaufen ist« und jeder tote Bauarbeiter sei einer zu viel. Doch Katar hatte zum Schluss auf seinen WM-Baustellen »die höchsten Standards der Welt«, so Al-Thawadi.[97]

Das sieht Dietmar Schäfers ähnlich, das frühere Vorstandsmitglied der Gewerkschaft IG BAU, der heute Vizechef der globalen Gewerkschaftsföderation Bau- und Holzarbeiter Internationale (BHI) ist. »Deutsche oder australische Standards« hätten auf den WM-Baustellen geherrscht, bestätigt Schäfers, der seit 2013 Katar besucht und sich seit 2016 regelmäßig als internationaler Bauinspektor vor Ort umsieht.

Das Problem ist indes, dass nur etwa drei Prozent des Bauvolumens in Katar vom WM-Vorbereitungskomitee vergeben wurden. Auf anderen Baustellen sei die Implementierung der neuen Arbeitsschutzgesetze schwierig. Es gebe zu wenig Kontrollen und Kontrolleure, sagt Schäfers.[98] Es habe sich aber generell einiges zum Positiven gewendet. 2013 seien die Baugewerkschafter noch »keineswegs gern gesehene Gäste gewesen«. Vier Jahre später seien mit Al-Thawadis für die Bauvergabe und -aufsicht zuständigen Supreme Committee regelmäßige Inspektionen vereinbart worden durch Fachleute wie Berufsgenossenschaftler.

Katar halte sich an seine Zusagen, und auch über die WM hinaus könnten jetzt Inspektionen auf katarischen Baustellen stattfinden. Das sei im März 2022 vereinbart worden, berichtet Schalke-04-Fan Schäfers. Das sei im benachbarten Saudi-Arabien oder in China undenkbar. Vor der Winterolympiade in Peking sei ihnen gesagt worden, internationale Gewerkschafter bräuchten sich dort nicht umzuschauen. Und als er Baustellen vor der WM 2018 in Russland besuchen wollte, hätte es erst einmal Bestechungsversuche gegeben, so der Arbeitnehmervertreter.

Von mindestens 6.750 toten Gastarbeitern allein aus Nepal, Indien, Bangladesch, Pakistan und Sri Lanka innerhalb der zehn Jahre seit Vergabe der WM an Katar hatte der »Guardian« 2021 berichtet.[99] Die britische Zeitung beruft sich dabei auf die Botschaften dieser Länder in Katar. Vor allem der Mangel an Trinkwasser auf den Baustellen in der brütenden Hitze, Herz- und Atemwegserkrankungen gelten als Todesursachen. Diese Zahlen wollen weder der internationale Gewerkschaftsbund noch die Internationale Arbeitsorganisation (ILO) bestätigen, eine Einrichtung der UNO, die seit 2018 ein eigenes Büro in Katar unterhält – als einzigem Land in der Region. Die katarische Regierung weist die Zahlen als »vollkommen überhöht« zurück. Das sei die Zahl aller in Katar gestorbenen, aus diesen Ländern gekommenen Arbeitskräfte, nicht die Opfer von Arbeitsunfällen. Die Dauerkritik sei »eine Agenda gegen Katar«.

Das Land sieht sich trotz aller weiter bestehender Mängel als Vorreiter bei Arbeitsschutz und Rechten für Wanderarbeiter: 2017 wurde erstmals ein Mindestlohn eingeführt, damals 750 Qatari Rial monatlich. Im März 2021 wurde er auf 1.000 Qatari Rial (umgerechnet 275 Dollar) erhöht. Hinzu kommen 300 Rial für Essen und 500 Rial für Unterkunft, wenn der Arbeitgeber dafür nicht sorgt. Das ist angesichts von zwölf Euro Mindestlohn pro Stunde in Deutschland wenig bei einer Arbeitswoche, die mit dem Freitag für die meisten Arbeits-migrantinnen und Gastarbeiter nur einen arbeitsfreien Tag kennt, dafür aber einen Arbeitstag von zehn oder gar zwölf Stunden. Das entspricht nicht einmal acht Euro pro Arbeitstag. Es ist allerdings auch nur der Mindestlohn – und im Vergleich zu den in den Her-kunftsländern gezahlten Löhnen sogar leider viel (siehe Kapitel 4: Das Geld der anderen, S. 140).

Als größter Reformschritt gilt die im Oktober 2020 erfolgte Ab-schaffung des »Kafala«-Systems. Das nach Kafil, dem Bürgen, be-nannte System sah vor, dass Arbeiter nur bei Zustimmung eines kon-kreten Arbeitgebers ins Land einreisen dürfen. Dass sie nur für ihn arbeiten dürfen und nur wieder ausreisen dürfen oder im Ausnah-mefall zu einer anderen Firma wechseln dürfen, wenn der Arbeit-geber ein sogenanntes Non-Objection Certificate (NOC) ausstellt, also eine Bescheinigung, dass es keine Einwände gegen eine Ausreise oder einen Wechsel gibt. Zudem wurde den meisten Arbeitern bei Einreise der Pass abgenommen und beim Unternehmen hinterlegt. Das NOC sei einmal eingeführt worden, sagt ein Regierungsvertre-ter, da Gastarbeiter Kredite bei lokalen Banken aufgenommen, die Schulden nicht beglichen und sich ins Ausland abgesetzt hätten.

Dieses System hat bis zur gesetzlichen Abschaffung von NOC und Kafala auch die besser gestellten »Expats« belastet, die zumeist aus Europa, den USA, Australien oder arabischen Staaten, aber teilweise auch aus Indien als Consultants, Manager, Ingenieure, Professoren oder Ärztinnen kamen.

Katar ist wegen seiner Null-Einkommensteuer beliebt, es erlaubt angesichts der hohen Nettolöhne einen Lebensstil, der über dem in Deutschland liegt. Doch trotzdem herrscht ein Gefühl der Unsicher-heit, die man am besten am Kontostand erkennt: Lässt man das Ge-halt auf dem katarischen Konto, oder überweist man es besser gleich in die Heimat – aus Angst, am Ende das Land nicht verlassen zu dürfen? Auf das Rechtssystem könne man sich nicht völlig verlassen, denn Richter seien oftmals selbst arabische »Expats« und ebenso von diesem System abhängig, klagt ein westlicher Manager in Doha. Ihnen könnte drohen, ihr Amt und Auskommen zu verlieren, sollte der Führung des Landes ein Urteil missfallen.

Ein dramatischer, bekannt gewordener Fall ist der des Fußballspielers Zahir Belounis. Er führte 2011 den Militärsportklub SC Al-Jaish als Kapitän in die erste Liga, nachdem er 2007 nach Katar gekommen war. Der Franzose mit algerischen Wurzeln sollte auf Drängen der Klubbosse zu einem Zweitligisten wechseln und wollte daraufhin das Land verlassen. Sein Arbeitgeber verweigerte das benötigte Non Objection Certificate und die Lohnzahlung. Erst Ende 2013, nach anderthalb Jahren des Wartens, Bangens und Klagens – und auch, weil er die Öffentlichkeit suchte –, durfte er Katar verlassen. Dafür musste er rückwirkend seine Kündigung unterschreiben und damit auf seine ausstehenden Gehaltsforderungen von etwa 75.000 Euro verzichten. »Sie haben mein Leben zerstört«, sagte Belounis bei seiner Rückkehr nach Frankreich.[100]

Ähnlich gelagerte Fälle aus dem Millionenheer der Bauarbeiter, Wachschutzleute, Hausmädchen, Pflegerinnen und Busfahrer werden kaum bekannt. Allerdings berichten Menschenrechtsorganisationen wie Human Rights Watch und Amnesty International davon, dass immer wieder Arbeiter inhaftiert würden, wenn sie nicht zur Arbeit kämen, was als »Absconding« bestraft wird. Auch das Unterschreiten des Mindestlohns, illegale Lohnkürzungen, wenn Arbeiter bei einem Nickerchen während einer Zwölf-Stunden-Schicht erwischt würden, oder das Ignorieren der neuen Regel, dass nicht mehr bei Gluthitze gearbeitet wird, komme immer wieder vor.

Zwischen Anfang Juni bis Mitte September darf zwischen 10:00 und 15:30 Uhr nicht mehr im Freien gearbeitet werden. An die regierungsamtliche Empfehlung eines Fünf-Stunden-Arbeitstages im Hochsommer hält sich kaum ein Unternehmen außerhalb des vorwiegend mit Kataris besetzten öffentlichen Dienstes. Gastarbeiter klagten auch immer wieder über nicht gezahlte Löhne. Es herrsche eine »Kultur der Straflosigkeit« in Katar, trug Amnesty-Expertin Katja Müller-Fahlbusch bei einer Anhörung des Bundestags-Sportausschusses zur Fußball-WM im Juni 2022 vor. Es würden erreichte Fortschritte rückgängig gemacht, und »in der katarischen Wirtschaft formiert sich zunehmend Widerstand gegen die Reformen«.

Wer bei Unternehmern, die über eine Vielzahl von Firmen herrschen, nachfragt, bekommt tatsächlich gemischte Antworten: »Der

Mindestlohn ist eine gute Sache, da wir so bessere Arbeitskräfte nach Katar bekommen«, sagt Moutaz Al Khayyat, Chairman der Power International Holding (siehe Kapitel 6: Katars fliegende Kühe, S. 191). Natürlich sei er angesichts niedrigerer Einkommen bei Wettbewerbern in anderen Ländern der Region eine »Herausforderung«, aber mittelfristig zahle es sich aus: Man bekomme eine höhere Produktivität durch qualifiziertere Arbeitskräfte, die auch lieber arbeiteten und länger blieben.

Scheich Faisal bin Qassim Al-Thani widerspricht: Für katarische Unternehmen sei die Abschaffung des Kafala-Systems ein schwerer Schlag gewesen, sagt der Chef der Al-Faisal-Industriegruppe (siehe Kapitel 6: Al-Faisal-Holding, S. 207): »Wir bilden die Arbeiter aus, sie gehen dann, wenn sie woanders mehr kriegen können, und wir müssen neue Leute suchen und wieder anlernen.« Er zwinge niemanden zu bleiben, aber die Regierung müsse gerade kleineren Unternehmen helfen, im Falle von Wechseln neue Arbeitskräfte zu bekommen.

Er sehe keinen großen Widerstand gegen die Reformen mehr, sagt der Staatssekretär des Arbeitsministeriums, Mohammad Hassan Al Obaidly. Es gebe auch kein Zurück, denn die Arbeitsrechtsreformen und die Abschaffung des Kafala-Systems nutzten nicht nur den Arbeitsmigranten, sondern vor allem Katar selbst bei der Suche nach qualifizierteren und zufriedeneren Arbeitskräften. Es gebe aber »einige schwarze Schafe«, und die würden, wenn sie sich an die neuen Gesetze nicht hielten, hart bestraft. Die Regierung habe auch einen Unterstützungsfonds eingerichtet, aus dem um Löhne geprellte Arbeiter oder ausländische Beschäftigte im Falle der Pleite ihres Arbeitgebers entschädigt werden. Daraus seien bereits 55 Millionen Rial ausbezahlt worden.

Zudem sei die Lohnzahlung auf Banküberweisungen umgestellt worden, um nachprüfbar zu machen, dass die Zahlungen vollständig und pünktlich getätigt werden. Auch seien Streitschlichtungsstellen eingerichtet worden, die Gastarbeitern Zugang zum Rechtssystem ermöglichen. 75.000 Anzeigen über nicht oder nicht pünktlich gezahlte Löhne wurden 2021 registriert. Davon konnten drei Viertel in den Schlichtungsstellen gelöst werden, der Rest landete vor Gerichten.

Die ILO, die Internationale Arbeitsorganisation, bewertet die Reformen ebenfalls positiv: Binnen eines Jahres seit Abschaffung des Kafala-Systems hätten 240.000 ausländische Arbeitskräfte in Katar ihren Arbeitgeber gewechselt. Und von der Erhöhung des Mindestlohns hätten 280.000 Beschäftigte profitiert, betont Max Tuñón, der Chef des ILO-Büros in Katar. Die Regierung vergebe keine Aufträge mehr an Firmen, die ihre Arbeiter nicht bezahlten. Und es seien schon Haftstrafen verhängt worden gegen Manager oder Eigner, die ihre Arbeiter nicht bezahlt hätten. Aber es gebe dennoch immer wieder Fälle, in denen Arbeitszeitvorgaben nicht eingehalten würden oder nicht pünktlich gezahlt würde. In solchen Fällen bekämen Gastarbeiter dann Zahlungen aus dem Fonds für nicht gezahlte Löhne, der bisher etwa vier Millionen Dollar ausbezahlt habe.

Laut Tuñón seien Joint Committees gegründet worden, wo gewählte Vertreter der Gastarbeiter und Firmen Verbesserungen besprächen. Dazu dienten auch Treffen von internationalen Dachgewerkschaften mit Regierungsvertretern, die zweimal jährlich stattfänden. Die Zahl von Todesfällen, die mit der Arbeit zusammenhingen, sei rückläufig, der Arbeitsschutz werde besser. 2020 habe es noch 50 Gastarbeiter gegeben, deren Tod direkt mit ihrer Arbeit zusammenhing, sowie 506 schwere Arbeitsunfälle und 37.000 leichtere bei 900.000 auf dem Bau Beschäftigten.

Direkt auf WM-Baustellen sollen zwischen 30 und 40 Arbeiter gestorben sein von in der Spitze gut 49.000 Arbeitern – darunter seien aber auch Fälle von Krebs und ein Corona-Toter, so die ILO. Die Arbeitsbedingungen seien deutlich besser als bei anderen Firmen.

Zum Vergleich: In Deutschland gab es nach Angaben der Berufsgenossenschaften 2021 bei 680.000 Beschäftigten im Baugewerbe 90 tödliche Arbeitsunfälle und Wegeunfälle.

2,23 Millionen der in Katar lebenden Menschen haben keinen katarischen Pass: 82,6 Prozent der Bevölkerung sind Migranten, der Frauenanteil daran beträgt 17,2 Prozent. Die meisten Arbeitsmigranten stammten laut dem Research-Bericht des US-Kongresses über Katar von April 2022 aus Indien: 660.000 Gastarbeiter. Gefolgt von Menschen aus Nepal (341.000), den Philippinen (185.000), Ägypten 166.000), Bangladesch (163.000) und Pakistan (135.000).

Die verwendeten Daten stammen aber aus dem Jahr 2018.

Er sehe am Beispiel Katars, dass »Sportgroßveranstaltungen ein Motor für Fortschritt sein können und sollten«, meint Frank Ullrich, der Vorsitzende des Sportausschusses im Deutschen Bundestag. Der SPD-Abgeordnete hatte 1980 die Goldmedaille bei den Olympischen Winterspielen in Lake Placid für die DDR geholt sowie neunmal WM-Gold im Biathlon. Einige Gesetze für Arbeitsmigranten seien »bereits zum Positiven verändert« worden, und »wenn jetzt noch die Umsetzung konsequenter erfolgt, dann wären wir einen Schritt weiter«. Die WM in Katar sei also eine »gute Grundlage, um auf Missstände aufmerksam zu machen, aber auch um Verbesserungen zu erzielen«. Gewerkschafter Schäfers wünscht sich die Gründung eines Zentrums für ausländische Arbeitnehmer in Katar, das sich für die Gastarbeiter einsetzt und von ihnen selbst verwaltet wird. Dass dies bald geschieht, glaubt er indes nicht, denn das würde als Vorstufe einer Gewerkschaft gesehen. Und die sind in Katar bisher – wie auch politische Parteien – verboten.

Der öffentliche Druck seit der Vergabe der Weltmeisterschaft hat zudem zu einem kleinen Erfolg geführt, der Arbeitern und Gastland nützt: Seit 2013 wird ein »Workers Cup« in Katar ausgespielt. 32 Mannschaften verschiedener Baufirmen, die die Stadien für die WM sowie Luxushotels, Brücken oder die Metro erbaut haben, treten gegeneinander an. Und am Ende spielen die besten Teams mit Top-Klubs der Profi-Liga Qatar Stars League (QSL). Dieser Cup ist populär und fördert das Interesse für Fußball im Land. Er bringe auch der katarischen Fußball-Liga mehr Unterstützung, meint Nasser Yaacoubi, Marketingmanager des QSL-Vereins Al Ahli. Als Beispiel führt er ein normales Liga-Spiel aus dem Jahr 2014 an. Damals kamen fast 11.000 Zuschauer zu einem Heimspiel von Al Ahli ins Stadion – deutlich mehr als sonst. Denn angesetzt war im Anschluss an den Kick in der Liga ein Freundschaftsspiel der Nationalmannschaften Nepals gegen die Philippinen, also der Länder, aus denen sehr viele Gastarbeiter in Katar kommen.

Hier passierte, was in Katar sehr selten vorkommt: dass sich Einheimische und Zugereiste wirklich begegnen. Denn ansonsten leben die Bevölkerungsgruppen im Land fast völlig getrennt voneinander.

Die meisten katarischen Familien haben Hausmädchen, die sich um die Kinder kümmern, den Haushalt führen, das Haus putzen. Bei begüterten Familien kommen noch Gärtner, Fahrer und anderes Personal aus dem Ausland hinzu. Am Ausgang der Villagio-Mall, einem edlen Einkaufszentrum mit nachgebautem venezianischen Kanal unter der himmelblau mit Schäfchenwolken gemalten Decke – ein Traum an den dunstigen Tagen im Hochsommer –, wartet meist ein ausländischer Chauffeur im SUV auf die schwarz verhüllte Mutter und die Kinder, die in der Shoppingmall hauptsächlich vom asiatischen Kindermädchen betreut werden.

In ihren Wohngegenden dürfen sich nur Kataris und eventuell europäische oder amerikanische Expats als Nachbarn aufhalten. In diesen »Family Areas« haben die allermeisten Südostasiaten und Afrikanerinnen nur als Arbeitskräfte Zutritt: als Hausangestellte, Postboten, Essenausfahrer, Müllmänner, Pflegerinnen oder Uber-Fahrer.

Bürgerinnen und Bürger mit katarischem Pass sind in Katar in der Minderheit. Sie machen nur gut 15 Prozent der Gesamteinwohner aus. Der Rest sind westliche Expats und Arbeitsmigranten vor allem aus den ärmeren Teilen der Welt. Die Sorge vor »Überfremdung« ist groß. Bewusst wird viel dafür getan, dass Arbeitsmigranten nicht dauerhaft sesshaft werden auf der Halbinsel. Das ist in den umliegenden Ländern kaum anders. Die VAE versuchen zwar gerade, mit Langzeitvisa und langfristigen Aufenthaltserlaubnissen Ausländer anzulocken. Allerdings gilt das nur für reiche Rentner, die sich eine Immobilie vor allem in Dubai leisten, für Firmengründer und IT-Fachkräfte. Ansonsten leben die ausländischen Mitarbeiterinnen und Beschäftigten von Putzkolonnen, Wachdiensten oder die meisten Hotelbediensteten auch dort in »Labour Camps«.

Bisher herrsche am Golf, so der Geschäftsmann und Intellektuelle Sultan Soood al Qassemi, eine »Angst vor der Einbürgerung«. Denn: »Wir Emiratis fürchten uns davor, unsere nationale Identität zu verlieren. Schließlich sind wir eine schrumpfende Minderheit in unserem eigenen Land.«

Erst 2011 wurde es überhaupt möglich, dass Kinder von ausländischen Vätern und emiratischen Müttern die Staatsbürgerschaft der Vereinigten Arabischen Emirate beantragen können. Al Qassemi, der Spross der Herrscherfamilie aus dem VAE-Emirat Sharjah und Kunstmäzen, hat angeregt, viel mehr Talente und im Land geborene Ausländer einzubürgern. Die USA hätten mit den Gründern von Google, Yahoo, eBay, Goldman Sachs, Proctor and Gamble, Kraft oder Colgate Palmolive gezeigt, wie wichtig Einwanderer für ein Land seien.

Zumindest einige Fußballmanager von katarischen Klubs haben verstanden, dass sie zur Verbreiterung ihrer Fan-Basis den im Land lebenden Arbeitsmigranten ein größeres Gefühl der Verbundenheit mit ihrer temporären Heimat bieten müssten. Der Besuch von Spielen könnte ein erster Schritt sein auf dem Weg zu einem Ende der herrschenden Segregation. Auf dem Platz ist eine echte Einbeziehung von ausländischen »Arbeitskräften« – Profikickern – ja schon Alltag, zumindest in den Profiligen, auf den Rängen noch nicht und in der Gesellschaft bisher keinesfalls.

Das Leid der anderen: Gastarbeiter in den Golfstaaten

In dem wie ein altes Wüsten-Fort wirkenden, und vor wenigen Jahren restaurierten Bin-Jelmood-Haus in Doha wirft ein Projektor ein Zitat von Abraham Lincoln an die Wand: »Wenn Sklaverei nicht falsch ist, ist nichts falsch.« Ein heikles Thema in Katar, dem von internationalen Menschenrechtsgruppen moderne Sklaverei durch Ausbeutung und schlechte Behandlung von Arbeitsmigranten vorgeworfen wird. Das Bin-Jelmood-Haus in Doha ist das erste Museum, das sich mit der Sklaverei in der arabischen Welt und rund um den Indischen Ozean befasst. Im Innenhof des einst dem Sklavenhändler Bin Jelmood gehörenden Hauses warteten früher ostafrikanische Sklaven auf ihren Verkauf – noch bis ins frühe 20. Jahrhundert. 2015 eröffnete Scheicha Musa, die Mutter des herrschenden Emirs, das Museum im neu errichteten Nobel-Geschäfts- und Design-Stadtteil Msheireb hinter dem Emirs-Palast.

»Es ist wichtig zu verstehen, wie der Rassismus als Folge der Sklaverei funktioniert«, sagt Ausstellungsleiter Fahad Al Turky. Das Museum wirft ein seltenes Licht auf das Thema Sklaverei im Mittleren

Anteil der ausländischen Bevölkerung (in Mio. und Prozent)

Bahrein	Katar	Kuwait	Oman	Saudi-Arabien	VAE
0,741	2,229	3,03	2,286	13,1*	8,587
49,5 %	82,6 %	71 %	47,5 %	36,3 %*	86,6 %

Quellen: UN DESA, International Migration 2020; * Saudi Arabia MOH, Statistical Yearbook 1440H – Chapter One (Indicators)

Osten, das im öffentlichen Diskurs dort weitgehend verdrängt wird. Die Sklaverei in Katar wurde erst 1952 abgeschafft. Die Bevölkerung dort und in anderen Golfstaaten stammt sowohl von afrikanischen Sklaven als auch von Arabern ab, die mit ihnen handelten und sie besaßen.

Alte Fotos zeigen schwarze Sklaven, die neben ihren Herren und deren Kamelen stehen und die wallenden Gewänder und Gürteldolche tragen, die ihren langsamen Eintritt in die arabische Kultur andeuten. Metallene Fesseln, mit denen Sklaven an einer Wand aufgehängt werden konnten, machen die Qualen der Opfer erahnbar. Fotos zeigen Männer, die gezwungen wurden, ihr Leben beim Perlentauchen in den Gewässern des Golfs zu riskieren oder in brütender Hitze Datteln ernten mussten. Und aus Afrika herbeigeschaffte Arbeiter, die noch nach dem Zweiten Weltkrieg zur Arbeit auf Bohrinseln gezwungen wurden.

Videos mit historischen Bildern zeigen Katars Rolle im einst lukrativen Sklavenhandelsnetz, das sich über den Indischen Ozean erstreckte. Farbbilder zeigen das Fortbestehen der Sklaverei auf der Welt bis heute – bis hin zu Sexsklavinnen. Überraschend in der Ausstellung ist eine Aufnahme, die nepalesische Arbeiter in blauen Overalls auf einer Baustelle in Doha zeigt. Die Bildunterschrift: »Viele Bauarbeiter in den sich rasch industrialisierenden Teilen der Welt, insbesondere in der Golfregion, gelten als vertraglich versklavt.« Kommt hier museale subversive Selbstkritik durch?

Wie verbreitet Arbeitssklaverei ist, zeigen diese Zahlen: Rund 50 Millionen Menschen weltweit leben einer Studie zufolge in Zwangsarbeit, hat die Mitte September 2022 veröffentlichte Studie »Moderne Sklaverei 2021« ergeben. Das wäre ein Anstieg innerhalb der vergangenen fünf Jahre um ein Viertel. Von den 50 Millionen Betroffenen befänden sich etwa 22 Millionen Menschen in Zwangsehen. Fast ein Viertel werde geschäftsmäßig sexuell ausgebeutet. Am häufigsten gebe es Zwangsarbeit im Privatsektor, aber es gebe auch staatliche Zwangsarbeit in Ländern wie Nordkorea oder Pakistan und in der Region Xinjiang in China. Einige Länder zögen zudem Gefangene oder Streikende zu Zwangsarbeit heran.

In den sechs Staaten des Golfkooperationsrates (GCC) sind etwa 30 Millionen der 58 Millionen Bewohner Migranten. Das entspricht 52 Prozent. In Katar liegt diese Zahl bei 83 Prozent. Saudi-Arabien, auf dem Globus Nummer 13 der größten Länder der Welt, hat als einziges dortiges Land eine eigene große Bevölkerung: Nur 36,3 Prozent der gut 34 Millionen Einwohner sind Migrantinnen und Wanderarbeiter.

Bahrain, Katar, Kuwait, Oman, Saudi-Arabien und die VAE könnten ohne die zumeist schlecht bezahlten Lkw-Fahrer, Lagerarbeiter, Stewardessen, Krankenpfleger, Bankangestellten, Köche, Kindermädchen, Kassierer und Ärztinnen ihren hohen Lebensstandard nicht halten. Es ist eine Gesellschaft derjenigen, die Dienstleistungen erbringen, und derjenigen, die diese Dienstleistungen nutzen.

Löhne werden meist von den nationalen Regierungen ausgehandelt, die Arbeiter je nach Herkunft unterschiedlich bezahlt. Nur in Katar gibt es mit umgerechnet 275 Dollar einen einheitlichen Mindestlohn.

In den meisten Staaten der Golfregion gibt es Löhne entsprechend der unterschiedlichen Berufs- und Dienstsleistungsgruppen, die je nach Herkunftsland der Menschen unterschiedlich sind. Das gilt sowohl für einfache Angestellte im Dienstleistungssektor, wie Wachmänner, Kassiererinnen oder Lagerarbeiter, als auch für höher bezahlte Ärzte und Manager.

Am unteren Ende der Lohnlisten je nach Herkunftsstaat stehen zumeist Arbeitskräfte aus afrikanischen Ländern. Aber auch die Löhne für Arbeitsmigrantinnen und Gastarbeiter aus südostasiatischen Staaten differieren.

Sehr ähnlich sind die zumeist miserablen Bedingungen, unter denen die Arbeitskräfte leben müssen. Die Arbeiter, die auf vollkommen unsicher wirkenden, zusammengeschnürten Bambusgerüsten, die Dutzende Etagen emporragen, Stahlkonstruktionen von Stadien zusammenschweißen oder Glasfassaden montieren, werden meist in Massenunterkünften untergebracht. Die Männer, die schwere Stahlrohre oder Kisten mit Muffen, Schellen und Rohrverbindungen oft über provisorische Treppen in schwindelerregende Höhen schleppen müssen im Lärm dröhnender Betonmischer und Baumaschinen oder im Sandsturm bei brütender Hitze, kommen so kaum je zur Ruhe. Lärm, staubige Luft und eine unerbittliche Mischung aus Hitze und Schwüle vom Persischen Golf nagen an ihrer Gesundheit. Frei haben sie nur am Freitag.

Es gibt inzwischen mancherorts etwas bessere und komfortabler ausgestattete Arbeitercamps als die muffigen und heruntergekommenen Massenunterkünfte ohne jegliche Privatsphäre. Dennoch ist es oft noch so, dass, wie in den Unterkünften der Bauarbeiter bei der Weltausstellung Expo2020 Dubai, 80 Wanderarbeitnehmern eine Küche und zwei Toiletten zur Verfügung stehen. In Quartieren für Arbeiter des Ölriesen Saudi Aramco sollen Acht-Mann-Zimmer Standard sein. Mit immerhin einer Toilette pro Raum, aber nur einer Küche für 240 Menschen, die ja meist zur selben Zeit von der Arbeit kommen.

Als Extrembeispiel gilt die Unterbringung eines Malertrupps, der die neu errichteten Gebäude der Filiale der New York University in Abu Dhabi strich: 27 Männer lebten in zwei Zimmern zu 15 und zwölf. Drei Männer mussten auf dünnen Matratzen unter den Stockbetten schlafen. In den Räumen stapelten sich Reissäcke neben Malerutensilien. Auf dem Küchenboden krochen Kakerlaken. All das ist auf einem im Internet kursierenden Video zu sehen. Sie hatten zwei Toiletten und eine Dusche zur Verfügung, deren Duschkopf mit einem Draht fixiert war.

Die extreme Hitze, hohe Luftfeuchtigkeit, schlechte Luft durch die enorme Staubbelastung in den Wüstenstädten und Abgase, zu lange hinausgezögerte Mahlzeiten, manchmal unzureichende Trink-wasserversorgung, Schlafmangel, Stress, Druck vom Arbeitgeber, Probleme mit den Familien in der Heimat, die unterstützt werden müssen und auf Überweisungen warten – all dies dürfte die Ursache dafür sein, dass nach einer Untersuchung saudischer und pakistani-scher Mediziner für die Weltgesundheitsorganisation WHO nicht-saudische Arbeiter ein 14-mal so hohes Risiko haben, einen Arbeits-unfall zu erleiden als saudische Arbeitnehmer.[101] Hitzestress ist zu einem stehenden Begriff am Golf geworden. Nicht-katarische Män-ner sterben viel öfter an kardiovaskulären Erkrankungen (48 Prozent aller Todesfälle) als katarische Männer – ungeachtet des jüngeren Altersdurchschnitts der Migranten. In Kuwait war das Todesrisiko bei Hitze für nicht-kuwaitische Männer »zwei- bis dreimal so hoch« wie für Einheimische, stellten örtliche Forscher 2020 fest.

Wie unterschiedlich die Staaten des Golfkooperationsrats (GCC) damit umgehen, zeigen die Zeiten, zu denen im Hochsommer nicht gearbeitet werden darf: Katar hat dabei mit vom 1. Juni bis 15. Sep-tember die längste Zeit mit einem Verbot der Mittagsarbeit. In Bah-rain herrscht Mittagsarbeitsverbot nur vom 1. Juli bis 31. August. Und auch bei der Anzahl der Stunden, in denen Arbeit im Freien in dieser Zeit untersagt ist, liegt Katar mit 5,5 Stunden (10.00 bis 15.30 Uhr) vorn, die VAE ganz hinten mit nur 2,5 Stunden (12.30 bis 15.00 Uhr). Und während in Bahrain die meisten Gastarbeiter keine besonde-re medizinische Versorgung genießen, ist Katar dabei, kostenfreie medizinische Checkups für Migrantinnen und Zuwanderer jährlich zu organisieren, und bietet kostenlose Krankenhausaufenthalte für Menschen, die sich am Arbeitsplatz verletzt haben. Saudi-Arabien kommt in vielen Untersuchungen oft ungeschoren davon, weil Men-schenrechtler darauf verweisen, dass der »Zugang dort besonders schwer« sei. Es fehlt ein Anreiz für Transparenz, wie sie im Vorfeld der Fußball-WM gegenüber Katar immer wieder angemahnt wurde.

Vital Signs Project, eine Menschenrechtsgruppe mit teilneh-menden Organisationen aus Nepal, den Philippinen, Indien, Pakis-tan und Bangladesch, koordiniert von der britischen Gruppe Fair/Square,[102] kommt zu dem Schluss, dass pro Jahr mindestens 10.000 Arbeitsmigranten aus Südostasien in den GCC-Staaten sterben.

Dabei ist die genaue Todesursache oft ungeklärt oder bewusst ungenau angegeben: Dann heißt es eben nicht Herzinfarkt, sondern kardiovaskuläre Erkrankung. Diese Zahlen lassen Gastarbeiter aus Afrika völlig unberücksichtigt, für die die Datenlage noch viel unbefriedigender ist.

Wie frustrierend das Leben für die ausländischen Wanderarbeiter und Gastarbeiterinnen oft sein muss, zeigen vielleicht diese beiden Zahlen: In Kuwait macht die zugewanderte Arbeitsbevölkerung 69 Prozent der Einwohnerinnen und Bewohner aus, aber ihr Anteil an den Selbstmorden beträgt 89 Prozent.

Es wären vor allem auf den Baustellen noch viel mehr Arbeiter von Gerüsten gestürzt, überfahren worden oder in Baumaschinen geraten, wenn es nicht – je nach Herkunftsland – das »Onkel«- oder »Bruder«-Prinzip gäbe: Arbeiter kümmern sich umeinander. Wenn Männer taumeln oder orientierungslos herumlaufen, gilt dies als Vorbote von Hitzestress und bedeutet Lebensgefahr. Andere Arbeiter bringen sie dann oft an schattige Plätze, holen Wasser, arbeiten für sie mit. Dies wird vielen Arbeitsmigranten das Leben gerettet haben – und ist zugleich Mahnung, dass noch viel mehr für Arbeitsschutz, bessere Arbeitsbedingungen und für eine bessere Gesundheitsversorgung getan werden muss.

»Die Kooperation in Katar ist viel enger als in Indien und China«, sagt der Leiter des ILO-Büros in Doha, Max Tuñón, der vorher für die UN-Organisation in Südostasien und China tätig war. Katar sei »am fortschrittlichsten in der ganzen Region«. Und Dietmar Schäfers von der internationalen Bau- und Holzarbeitergewerkschaft, meint: »In Saudi-Arabien sind die Arbeitsbedingungen schlecht und in den VAE nicht besser.«

In welchem GCC-Land die Arbeitsbedingungen am besten oder schlechtesten sind, lässt sich nur schwer sagen. Gewerkschafter, Vertreter der Internationalen Arbeitsorganisation ILO und auch einige Menschenrechtlerinnen räumen ein, dass Katar inzwischen einiges verbessert habe und sicher nicht mehr unten auf der Liste stehe.

Ein vielleicht makabrer Indikator kann auch eine besondere Statistik sein: Auf dem Flughafen in Dhaka, der Hauptstadt Bangladeschs, wurde genau gezählt, wie viele Leichen bangladeschischer Bürgerinnen und Bürger zwischen 2016 und 2021 dort eintrafen und woher. Die Auswertung dieser Daten ergibt, dass der Anteil der aus Saudi-Arabien und vor allem aus Kuwait eingeflogenen bangladeschischen Toten deutlich oberhalb des Anteils liegt, den Menschen aus Bangladesch in diesen beiden Ländern an der Gesamtzahl innerhalb der GCC-Staaten ausmachten. Die Zahl der aus Katar eingeflogenen Leichen lag indes statistisch gesehen unter dem Anteil der Migranten aus Bangladesch, die auf der Halbinsel leben.

Das gleiche Bild ergibt sich bei Corona-Toten: 18 Prozent der an Covid-19 verstorbenen Inderinnen und Inder waren in Kuwait, wo der indische Bevölkerungsanteil aber nur bei 12 Prozent lag. In Katar war es erneut andersherum. Kuwaitische Zeitungen berichteten im August 2020 von einem 40-prozentigen Anstieg der Selbstmordrate unter Arbeitsmigrantinnen und Gastarbeitern.

Rassismus sei Folge auch von Sklaverei, sagte der Leiter des Sklavenmuseums in Doha. Und die Folge von Rassismus – die schlechte Behandlung von Gastarbeiterinnen und Arbeitsmigranten aus armen Ländern – scheint, wie Statistiken leider belegen, zu deutlich höheren Todesraten unter diesem Teil der Bevölkerung der Golfstaaten zu führen. Es ist also dringend an der Zeit, diese Fragen und Zusammenhänge vertiefter zu erforschen und vor allem, die Lebensbedingungen der Wanderarbeiter, Hausmädchen und migrantischen Arbeitskräfte schnell und deutlich zu verbessern.

Das Geld der anderen: Die Heimüberweisungen der Migrantinnen und Gastarbeiter halten ganze Staaten über Wasser

»G. P. Zachariades ist zu Recht stolz auf den Ruf für Qualität und Professionalität, den es seit über 50 Jahren in der Baubranche genießt.« So wirbt die aus Zypern stammende, in Bahrain registrierte Baufirma für sich auf Facebook. Die 52 aus Indien, Nepal, Bangladesch und Pakistan stammenden Bauarbeiter, die zwischen sechs und 18 Monate ohne Lohn für das Unternehmen gearbeitet haben, werden dort natürlich nicht erwähnt.

Wirtschaftliche Bedeutung der Gastarbeiter

Heimüberweisungen von Gastarbeitern (2020)			Überweisungen in die Heimatländer (2020)		
aus	in Mrd. $	% GDP[1]	nach	in Mrd. $	= % BIP
			Ägypten	29,6	8,2
Katar	10,7	7,4	Bangladesch	21,8	6,6
Kuwait[2]	15,3	k. A.	Jordanien	3,9	9,0
Saudi-Arabien	34,6	4,9	Libanon	6,3	32,9
VAE	43,2	12,2	Nepal	8,1	23,5
Russland	16,9	1,1	Pakistan	26,1	9,9
Deutschland	22,0	0,6	Deutschland	17,9	0,5
			Katar	0,7	0,4
			Weltweit	**701,9**	

1) des Landes, in dem gearbeitet wird; 2) 2019

Quelle für beide: <https://www.worldbank.org/en/topic/migrationremittancesdiasporaissues/brief/migration-remittances-data>

Dass so viele ausländische Migrantinnen und Wanderarbeiter in den Golfstaaten bleiben, auch wenn die Arbeitsbedingungen schlimm sind, sie weniger als den versprochenen Lohn bekommen oder gar misshandelt werden, hat nicht nur mit der Scham zu tun, zu Hause als gescheitert angesehen werden zu können. Auch nicht nur mit dem Wissen, dass die Familie in der Heimat die Überweisungen aus dem neuen Gastland braucht. Es hat auch einen weiteren handfesten Grund: Viele kommen in dem Golfstaat, in dem er oder sie arbeiten will, hoch verschuldet an.

Denn in den Entsendeländern gibt es eine Verschickungsindustrie: Rekrutierungsagenturen, die Arbeitswillige in Südostasien mit hohen Einkommensversprechen anlocken oder schlicht die Not und hohe Arbeitslosigkeit ausnutzen. Von den Menschen, denen sie Arbeitsverträge in einem Golfstaat vermitteln, denen sie Visa beschaffen und Flüge organisieren, werden enorme Gebühren verlangt.

Diese »Recruitment Fees« – inzwischen an den meisten Orten als illegal eingestuft – betragen laut ILO und Weltbank durchschnittlich 4.395 Dollar, zum Beispiel für einen Pakistaner, der für ein paar Jahre einen Arbeitsvertrag in Saudi-Arabien will. Arbeitsmigranten aus Bangladesch zahlen im Schnitt 3.136 Dollar für Jobs in Kuwait. Und 1.149 Dollar entrichtet eine Inderin oder ein Inder für die Erfüllung eines Arbeitswunsches in Katar an teils dubiose Agenturen.

Der Lockruf des Geldes bringt Millionen Menschen an den Golf. Denn die Lage in vielen afrikanischen und südostasiatischen Ländern ist auch ökonomisch verheerend: hohe Arbeitslosigkeit, kaum entwickelte Sozialsysteme und niedrige Einkommen. So liegt der monatliche Mindestlohn in Nepal bei umgerechnet 63 Dollar, in Pakistan bei 67 Dollar und in Bangladesch bei 84 Dollar. Gemessen daran sehen die Einkommen in den Golfstaaten von Hausmädchen oder Bauarbeitern auf den ersten Blick lukrativ aus.

Weltweit gab es 2020 nach Angaben der International Organization for Migration 281 Millionen Migranten, darunter 164 Millionen Arbeitsmigranten. 35 Millionen Menschen sind zum Arbeiten in die Golfregion gegangen. 717 Milliarden Dollar betrugen 2020 diesen Angaben zufolge die Heimüberweisungen (Remittances) der Arbeitsmigranten. 104 Milliarden Dollar schickten allein in Saudi-Arabien, den VAE, Kuwait und Katar lebende Wanderarbeiter und Arbeitsmigrantinnen an ihre Angehörigen in der Heimat. Ein Milliardengeschäft übrigens auch für Zahlungsdienstleister wie »Western Union« und Banken, die durchschnittlich rund 10 Prozent an Gebühren für diese Überweisungen kassieren.

Diese Summe der Remittances vom Golf dürfte eher noch zu niedrig angesetzt sein. Denn allein im Corona-Jahr 2020, das durch viele Entlassungen, Konkurse und erhebliche Lohnkürzungen gekennzeichnet war, flossen laut der Weltbank 10,7 Milliarden Dollar allein aus Katar. Dort ist die Zahl der Arbeitsmigranten im regionalen Vergleich kleiner. In Katar leben und arbeiten 2,3 Millionen ausländische Arbeitskräfte, während es in Saudi-Arabien 13,1 Millionen und in den VAE 8,6 Millionen sind.

Die Länder, aus denen diese Arbeitskräfte kommen, sind zu einem großen Teil abhängig von den Rücküberweisungen. So machen die

Heimüberweisungen in Nepal 23,5 Prozent des nationalen Bruttoinlandsprodukts aus (siehe Grafik »Wirtschaftliche Bedeutung der Gastarbeiter«, S. 141). Die 8,1 Milliarden Dollar, die im Ausland arbeitende Nepalesen 2020 in ihre Heimat schickten, sind ein Vielfaches der ausländischen Direktinvestitionen im Land oder auch der Entwicklungshilfe, die arme Länder wie Nepal bekommen. In Nepal sind fast 60 Prozent der Haushalte von Arbeitsmigration abhängig. Allein in Katar arbeiten rund 350.000 Menschen aus Nepal.

Aus ärmeren arabischen Staaten wie Jordanien oder Ägypten heuern die Golfstaaten seit den 1990er-Jahren nicht mehr massenhaft an. Der Grund: Viele Gastarbeiter aus diesen Ländern demonstrierten für den irakischen Diktator Saddam Hussein, als Saudi-Arabien und andere Golfstaaten den USA im Kuwait-Krieg gegen den Irak zur Seite standen. Seit den Golfkriegen fürchten die reichen GCC-Staaten um ihre Stabilität, wenn sie Arbeitsmigranten aus arabischen Ländern holen. Seither werden Wanderarbeiter und Migrantinnen vor allem aus Südostasien und Afrika angeworben.

Viele Regierungen dieser Länder kümmern sich beim Aushandeln der Abkommen über Kontingente von Arbeitskräften kaum um soziale Belange. Auch weil Politiker mit Rekrutierungsagenturen Hand in Hand arbeiten, die Millionensummen mit der Arbeitsvermittlung an den Golf verdienen. In Herkunftsländern wie den Philippinen oder Bangladesch existiert eine Recruiting-Mafia, ein teilweise auch mit der Politik verwobenes Netz, in das sich Arbeitswillige verfangen. Ryszard Cholewiński, Migrationsexperte am ILO-Zentrum für die arabische Welt in Beirut, hat nach der Entlassungswelle von Gastarbeitern während der Coronakrise »wenig Enthusiasmus in einigen Heimatländern gespürt, viele dieser Arbeitnehmer zurückzuholen«. Er begründet das mit den »Herausforderungen, die mit der Verwaltung großer Rückführungen in dieser Zeit verbunden sind, und der zunehmenden Knappheit an Arbeitsmöglichkeiten in der Heimat«. Nepal verhängte sogar einen Bann für heimkehrwillige Gastarbeiter während des Höhepunkts der Pandemie. »Gastarbeiter sind hier bei uns Wirtschaftshelden«, sagt Ganesh Gurung, Migrationsexperte aus Nepal. »Aber in solchen Krisenlagen wird ihnen die Heimkehr verweigert. Das ist auch ein Vergehen an ihren Menschenrechten.«

Migrantinnen und Wanderarbeiter berichteten gegenüber Menschenrechtsorganisationen wie Migrant-Rights.org, dass sie oft mit falschen Versprechen gelockt würden. So komme es regelmäßig vor, dass mehr versprochen werde, als dann im Vertrag zu lesen sei, den man kurz vor Abflug oder erst nach Ankunft vorgelegt bekomme. Da die Arbeitssuchenden dann aber bei Rekrutierungs-Agenturen bereits hoch verschuldet sind, bleibt ihnen keine Wahl.

Da diese »Recruitment Fees« illegal sind, hat Katar inzwischen einen Fonds zur Rückerstattung von solchen Rekrutierungsgebühren eingerichtet. In diesen Fonds zahlen Firmen ein, die Gastarbeiter beschäftigen. Nach Angaben der katarischen Regierung sind so bereits 28,5 Millionen Dollar zusammengekommen. Davon wurden 22 Millionen Dollar an insgesamt 49.000 geschädigte Arbeiter ausbezahlt.

Katar hat seit Jahren immer wieder die Zusammenarbeit mit Rekrutierungsagenturen eingestellt, denen Betrug unterstellt wird: Denn katarische Firmen und ausländische Unternehmen im Land zahlen die Visa und Flugtickets für die Leute, die sie anheuern lassen, und schicken sie an die Agenturen. Alle »Recruitment Fees« werden von den Arbeitgebern übernommen. Darauf haben sich die Regierungen von Nepal und Katar verständigt. Dennoch kassieren die meisten Rekrutierungsagenturen in den Entsendeländern von den Arbeitern Geld dafür. Zudem oftmals hohe Dollarbeträge, für die dann aber nur Quittungen über 100 Dollar ausgestellt werden. Die Gastarbeiter kommen also mit hohen Schulden an, zumal sie meist auf das geliehene Geld auch noch hohe Zinsen zahlen müssen.

Dass macht sie gleich dreifach abhängig: von den Kreditgebern, von der Familie daheim, die auf Lohnüberweisungen wartet, um Lebensunterhalt, Schulgebühren, Studium oder Arztrechnungen bezahlen zu können. Und von Unternehmen am Golf: »Viele Arbeiter trauen sich nicht, gegen ihren Arbeitgeber juristisch vorzugehen«, sagt Binda Pandey, die für Nepal im Verwaltungsrat der ILO saß und sich nun für nepalesische Gastarbeiter einsetzt. »Sie haben Angst, dass sie ausgewiesen werden und gar kein Geld mehr verdienen.« Sich zu wehren gegen Ausbeutung, unbezahlte Überstunden, stundenlanges Warten auf Busse, die sie in die Schlaflager bringen, ist so kaum realistisch.

Protect your rights – Kampagne des katarischen Menschenrechtszentrums.

Aber nicht nur die Entsendestaaten interessieren sich kaum für das Schicksal der Arbeitsmigranten. Auch viele Arbeitgeber am Golf ignorieren das Verbot von Vermittlungsgebühren, für die die Arbeitssuchenden aufkommen, oder Arbeitsschutzgesetze. Probleme durch ihre Regierungen hätten sie in der Regel nicht zu befürchten, meint Halil Kursad Aslan. Der Experte von der Istanbuler Medipol Universität sieht bei »wohlhabenden Arbeitgebern in der gesamten Golfregion politische Verbindungen. [...] In den Vereinigten Arabischen Emiraten und Saudi-Arabien sind die Führungseliten der großen Unternehmen, die Wanderarbeitnehmer beschäftigen, auch mit politischen Persönlichkeiten und/oder Bürokraten verbunden, die mehr oder weniger Einfluss auf die Regierungsführung ihres Landes haben.«[103] So würden auch Länder wie Indien, die tatsächlich etwas zum Schutz der aus ihrem Land ausreisenden Gastarbeiter täten, ausgebremst, sagt Aslan.

Die indische Regierung habe 2015 das digitale Beschäftigungsportal eMigrate eingeführt, in dem Jahr also, in dem Katar die Anwerbung ausländischer Arbeitskräfte massiv um 700.000 pro Jahr

Schichtende: Bauarbeiter nach getaner Arbeit auf dem Weg zu ihren Bussen.

ausweitete für die Umsetzung der neuen Infrastrukturprojekte. Dadurch sollen die Rechte der Arbeitnehmer geschützt und Migration einfach, transparent, geordnet und human gestaltet werden. »Dieses System sieht vor, dass alle ausländischen Unternehmen, einschließlich Bauunternehmen, ihre Arbeitsverträge online einreichen müssen. Die Vereinigten Arabischen Emirate lehnen Indiens Online-Arbeitssystem jedoch ab, da sie es als einen Mechanismus betrachten, der ihre Souveränität verletzt«, schreibt Aslan. Die VAE-Behörden behaupteten, Indien versuche mit der Datenbank vertrauliche Informationen über emiratische Unternehmen zu erhalten. Die sonst in Sachen Digitalisierung so fortschrittlichen Golfstaaten bremsen also, wenn ihnen etwas nicht nützt.

Leidtragende sind die Millionen Migrantinnen und Wanderarbeiter, die auf der Suche nach Arbeit in der Ferne ausgebeutet werden.

Die Tränen der anderen: Die Qualen der Hausmädchen

Viele Arbeitsmigrantinnen müssen noch mehr ertragen als ihre männlichen Leidensgenossen am Golf. Sie werden nicht nur über Mini-Löhne ausgebeutet, bekommen willkürliche Lohnkürzungen oder freie Tage gestrichen. Laut Berichten von Menschenrechtsorganisationen werden sie in sehr vielen Fällen von Arbeitgebern misshandelt und missbraucht. Schläge, Beschimpfungen und Essensentzug sind weitverbreitet, ebenso sexualisierte Gewalt. Davon berichten betroffene Frauen zum Beispiel auf Migrant-Rights.org. In erschütternden Interviews mit Schwester Florence vom Counter Human Trafficking Trust-East Africa berichteten kenianische Frauen, die als Hausmädchen in Saudi-Arabien gearbeitet hatten und fliehen konnten, von ständigen sexuellen Übergriffen, Vergewaltigungen und sogar Mordversuchen, wenn Frauen schwanger wurden. Oder sie wurden zu Abtreibungen gezwungen oder verkauft.[104]

In Saudi-Arabien arbeiten 3,7 Millionen Hausangestellte. Mehr als 750.000 arbeiten in den Vereinigten Arabischen Emiraten. Sie machen ein Fünftel der Gesamtzahl der ausländischen Arbeitskräfte aus. Die meisten Frauen kommen aus armen Ländern wie den Philippinen, Eritrea und Sri Lanka in der Hoffnung, etwas Geld zu verdienen. 96 Prozent der emiratischen Familien beschäftigen Hausangestellte, um ihre Kinder zu betreuen und den Haushalt zu organisieren. In 22 Prozent der dortigen Familien sind so viele Hausmädchen, Fahrer, Gärtner oder sonstige Hausbedienstete angestellt, dass ihre Anzahl größer ist als die der Familienangehörigen.

Angeworben werden Haushaltsangestellte in den VAE über sogenannte »Tadbeer«-Zentren.[105] Das sind Büros mit Datenbanken von Menschen, die Arbeit in privaten Haushalten suchen. Das Versprechen »Cancel anytime« gibt die Vermittlerfirma den Kunden. Sie können den Kindermädchen, Putzfrauen und Fahrern also jederzeit kündigen.

Der Migrationsforscher Halil Kursad Aslan nennt die Verteilung von Hausmädchen am Golf »eine Art von Auktion«: Arbeitssuchende können dort ihre Dienste anbieten, emiratische Familien oder in den VAE lebende »Expats« Hausangestellte anheuern.

Die Arbeitszeit ist in der Regel extrem lang. Hausangestellte in Saudi-Arabien arbeiten im Schnitt 63,7 Stunden pro Woche, das ist die zweithöchste Stundenzahl weltweit. In Katar arbeiten sie durchschnittlich 60 Stunden pro Woche, einige gaben bei einer Befragung bis zu 100 Stunden Wochenarbeitszeit an. 147 Dollar beträgt der monatliche Mindestlohn für Hausangestellte in Kuwait. Aber es gibt nur wenige Durchsetzungsmechanismen, um sicherzustellen, dass die Beschäftigten selbst diesen Minimal-Betrag auch erhalten. In Katar gilt ein Mindestlohn von 275 Dollar, aber Befragungen kamen auf ein durchschnittliches Einkommen der häuslichen Arbeitskräfte von 431 Dollar im Monat.[106]

Erst 2011 wurde von der Internationalen Arbeitsorganisation (ILO) eine Konvention verabschiedet, der zufolge Hausangestellte keine Bediensteten und auch keine Mitglieder der Familien sind, sondern ganz reguläre Arbeitnehmerinnen, denen alle Arbeitsrechte zustehen. Keiner der Golfstaaten aber hat diese Konvention ratifiziert.

Wie groß das Ausmaß von Misshandlungen und Missbrauch ist, zeigen diese Zahlen: Seit 2010 mussten 2.247 Hausmädchen von der nepalesischen Botschaft in Kuwait gerettet werden. Wöchentlich gehen mehr als 30 Fälle von Ausbeutung und Missbrauch bei der Botschaft ein. Durchschnittlich 30 Frauen fliehen jeden Monat allein in die nepalesische Botschaft in Riad. Weitere 30 bis 50 Hausmädchen setzen sich ins Zentrum für Hausmädchenangelegenheiten in Riad ab. Das Zentrum vermittelt Hausangestellte und nimmt Hausmädchen bei ihrer Ankunft an Flughäfen in Empfang, wenn diese nicht von ihren Arbeitgebern abgeholt werden. 56 Prozent aller Selbstmorde in Kuwait im Jahr 2013 wurden von Hausangestellten begangen.

Die entsendenden Recruitment Center in den Heimatländern sind keine Hilfe. Sie winken regelmäßig mit dem Hinweis ab, dass sie nichts tun können. Auch auf ihre Botschaften könnten betroffene Frauen nicht immer rechnen, berichteten viele. Keineswegs in jedem Notfall werde geholfen.

Wie die geflüchteten Kenianerinnen bei der Hilfsorganisation Migrant-Rights.com erzählten, ist die örtliche Polizei in der Regel nicht willens zu helfen – oder setzt den Missbrauch sogar fort. Manche seien aufgefordert worden, Angehörige des Haushalts, in denen sie missbraucht wurden, darum zu bitten, ihnen dafür Beweise auszuhändigen. Manche wurden auf der Wache nochmals vergewaltigt.

Frauen, die vor ihren Peinigern fliehen können und denen es gelingt, Missbrauch anzuzeigen, bekommen oft Probleme mit der Justiz: Gegen sie wird dann wegen außerehelicher Beziehungen ermittelt. Diese sind in den Golfstaaten strafbar und werden in der Regel mit einem Jahr Haft und Abschiebung geahndet. Amnesty International fordert, dass der Strafbestand der sogenannten illegalen Beziehungen abgeschafft wird.

Das bisher nur in Katar laut Regierung abgeschaffte, laut Menschenrechtsgruppen wenigstens teilweise suspendierte Kafala-System bedeutet, dass jede ausländische Arbeitskraft einen einheimischen »Bürgen« braucht. Dieser entzieht nach Ankunft der Migrantin den Pass, um volle Kontrolle – in der Lesart der Golfstaaten: die Verantwortung – für die Beschäftigte zu haben. Sie darf das Land nur mit Zustimmung des Arbeitgebers verlassen und auch nur mit dessen Einverständnis den Arbeitsplatz wechseln. Im Rahmen des Kafala-Systems ist Flucht deshalb oft die einzige Möglichkeit, sich zu retten.

Das Leid der Hausangestellten ist in aller Regel ein Leid hinter hohen Mauern und verschlossenen Türen. Es findet in einem Familienverbund statt, der sich von der Öffentlichkeit abschottet. Auch deshalb hat es nicht die Aufmerksamkeit erlangt wie etwa die Toten auf den Baustellen in Katar. Menschenrechtsorganisationen und Hausangestellte, denen die Flucht gelungen ist und die ihr Leid beschrieben haben, haben hier viel getan, um Missstände öffentlich zu machen. Menschenrechtsverletzungen bei Hausangestellten sind am Golf ein strukturelles Problem, und keine Einzelfälle.

Eine ganz besondere Familie: Deutsche Helfer in Katars Sport

Auf Katars Weg zu einer Nation, die immer mehr Sportveranstaltungen austrägt und auch die eigene Bevölkerung für mehr Sport begeistern will, haben immer wieder Deutsche mitgewirkt. Trainer wie Uli Maslo, der mit dem FC St. Pauli 1995 den Aufstige in die Bundesliga schaffte und auch den Klassenerhalt sicherte, waren darunter. Er führte das katarische Nationalteam zum zweiten Platz beim Gulf Cup 1990 und coachte vier Jahre lang den Liga-Klub Qatar SC. Aber Deutsche waren hier nicht nur beim Fußball aktiv.

Im Februar 1982 kam Joachim Krug zum ersten Mal nach Doha. Mit einem Hundert-Mark-Schein, den ihm sein Vater Ulf in die Hand gedrückt hatte beim Check-in für den Flug via Bahrain. Direktflüge nach Katar gab es damals noch nicht, und auch Doha und die bahrainische Hauptstadt Manama waren nur dreimal in der Woche per Flieger verbunden. In der katarischen Hauptstadt kam er in einem der zwei Hotels unter, die es vor 40 Jahren gab. Stunden vor seinem Abflug hatte er in Dortmund zum dritten Mal in Folge die (west-) deutsche Hallenmeisterschaft im Kugelstoßen gewonnen. Nun wurde der aus der DDR geflohene Sportler Leichtathletik-Trainer in einem Land, das weder Kugelstoßen kannte noch wollte, dass Jungs mit kurzen Hosen rannten, sprangen oder spielten. Viele Familien ließen allein schon deshalb ihre Kinder nicht Sport treiben – bis Katar die ersten Sporthallen baute. Bereits 1962 war in dem Land immerhin das erste Stadion mit einem richtigen Rasen in der gesamten Golfregion errichtet worden.

Jahre später sitzt Joachim Krug im ersten Stock des Al Bidda Towers, wo die Trainer katarischer Teams ihre Büroarbeit erledigen. Sein

Sohn Matthias arbeitet im 33. Stock – im Vorbereitungskomitee für die Fußball-WM 2022. Er tut das aus tiefster Überzeugung und nicht nur, wie die meisten Expats, wegen des guten Geldes: »Das hier ist mein Land«, sagt Matthias Krug, der 1984 in Doha geboren wurde – im Jahr der ersten Teilnahme Katars bei den Olympischen Spielen, damals in Los Angeles.[107]

Dabei hatte seine Mutter, als sie Ende 1982 mit zwei kleinen Kindern ihrem Mann hinterherreiste, gleich wieder umdrehen wollen. Es sei alles so fremd gewesen. Auch Vater Krug musste vieles machen, was er in Deutschland nicht gewohnt war: Zu regionalen Wettkämpfen reiste er mit seinen Athleten auf eigene Kosten. Er besorgte auch den Zement, um mit seinen Schülern Katars ersten Wurfring zu bauen, von dem aus Kugeln und Diskusse geworfen werden konnten.

Vater Joachim, der den Jugend-Weltrekord im Kugelstoßen hielt, war 1972 von Ostberlin in seine thüringische Heimatstadt Bad Salzungen gefahren, angeblich auf Familienbesuch. Sein Sohn Matthias schildert die dramatische »Republikflucht« in seinem Buch über Katars Fußballgeschichte »Journeys on a Football Carpet« so: Nachts schlich er sich an die Grenze, kletterte die erste Mauer hoch und zerschnitt sich die Hände am Stacheldraht. Er sprang herunter und holte aus seiner Sporttasche die Steine heraus, die er mitgebracht hatte. Der Kugelstoßer warf sie geschickt so zwischen die Minen auf dem Minenfeld, dass er anschließend langsam von Stein zu Stein springen konnte. Die Balance konnte er dabei sicher halten. Das kam vom Diskuswerfen, das er neben dem Kugelstoßen gelernt hatte. So gelangte er zwar auf die andere Seite, kam aber gegen einen gespannten Draht, der ein Leuchtfeuer auslöste. Er rannte zur zweiten Mauer und drückte sich so eng daran, dass die Suchscheinwerfer vom Wachturm ihn nicht entdeckten. Er zog sich die Mauer hoch, kletterte drüber und rannte in den Wald – im Westen. Wo sich der Kettenraucher als Erstes mit blutenden Händen eine Zigarette anzündete. Rauchen sei das Laster seines Vaters. Er verpasste auch die Geburt des ersten Deutschen in Doha – seines Sohnes –, als er vor dem Hamad-Hospital eine Zigarette rauchte.[108]

In der DDR wurde Krug als Spitzensportler gedopt. Der »Bild«-Zeitung[109] sagte er: »Wir haben im Spitzensport fast alle mit Anabolika

Der in Doha geborene Deutsche Matthias Krug arbeitet für Katars Fußball-WM.

Zuschauerinnen im Trainings-Stadion der Aspire Sportakademie, der größten über-dachten Sportanlage der Welt.

gelebt. Auch ich. [...] Nicht nur wir Kugelstoßer wurden mit Muskelpräparaten gefüttert.«[110] Später, bei den Deutschen Leichtathletik-Mannschaftsmeisterschaften in Hannover im Mai 1978 wurde Joachim Krug des Anabolika-Dopings überführt. Er stritt vehement ab, gedopt zu haben. Vielmehr habe er »kurz vor dem Endkampf in Hannover innerhalb einer Woche während einer schweren Darmgrippe beinahe 10 Kilogramm abgenommen«. Deshalb habe ihm ein Kölner Sportarzt das Mittel »Fortabol« verschrieben.

Nach seiner Flucht lebte Joachim Krug zunächst in West-Berlin. Von dort zog er nach Köln um, zum Studium an der dortigen Sporthochschule und um bei LG Bayer Leverkusen zu trainieren. Als Leichtathletiktrainer verdiente er sich mit Kursen etwas hinzu. Dabei lernte er auch seine Frau Antje kennen, die Diskuswerferin werden wollte. Doch dann lockten ihn Headhunter als Leichtathletikcoach nach Katar. »Ein Kölner versucht sein Glück in der Wüste«, schrieb damals die »Bild«.

Als Trainer arbeitete er in Doha zunächst bis 1990, als die Familie ins benachbarte Bahrain umzog – und damit noch näher an den Irak heran, inmitten des Zweiten Golfkrieges. An Luftalarm, abgeklebte Fenster und das Aufsetzen von Gasmasken erinnert sich Matthias Krug, damals sechs Jahre alt und in die Schule gekommen, noch heute. Ein Jahr später lockte Doha wieder: Vater und Mutter Krug wurden Fitnesstrainer im Sportklub des Falkner-Vereins, dann des Sportklubs des katarischen Ölkonzerns – Trainingseinheiten in Sportsälen auf Ölbohrplattformen inklusive.

1996 wurde Joachim Krug Cheftrainer der Leichtathleten. Es waren die Jahre, in denen Katar sportlich richtig durchstartete, nachdem es mit dem Golf Cup 1992 erstmals einen Titel im Fußball gewann, noch dazu im heimischen Khalifa International Stadium. Und es war die Zeit, als Katar mit Einbürgerungen sportliche Erfolge holen wollte: Saif Saeed Shaheen wurde bei der Leichtathletik-WM in Paris 2003 Weltmeister im 3.000 Meter Hürdenlauf für Katar. Kurz zuvor hieß er noch Stephen Cherono und startete für Kenia. »Ich habe eine Liste von sechzig Weltklasseathleten, die gerne für uns starten würden. Der eine oder andere Verbandspräsident würde tot umfallen, wenn die Namen herauskämen«, sagte Krug damals.[111] Als Cheftrainer nahm Krug senior dann bei den Olympischen Spielen in Sydney 2000 teil, bei denen das Land eine Bronzemedaille im Gewichtheben holte.

Krug junior schlug zunächst einen anderen Weg ein. Im Januar 1993 besuchte er mit einem britischen Freund, der eine Eintrittskarte übrig hatte, das erste ATP-Tennisturnier, das Katar je austrug. Er sah den Finalsieg von Boris Becker gegen Stefan Edberg. Der Sportfan Krug wurde kurz darauf Balljunge – und sah Becker ein Jahr später von ganz nah: auf dem Centre Court. Dort warf er ihm Bälle zum Aufschlagen zu, fing die verschwitzten Handtücher der Stars auf, die er nur aus der Zeitung kannte. Er, Mutter, Vater und seine drei Geschwister wurden begeisterte Tennisspieler. Vater Joachim baute vor dem Haus der Familie einen Tennisplatz auf und die Krug-Kinder gewannen alle Jugendturniere in Katar.

Sein erstes Fußballspiel in einem Stadion sahen sich Matthias und Joachim Krug im April 1995 an – die U20-Weltmeisterschaft, Deutschlands 1:2-Niederlage gegen Costa Rica unter Trainer Dixie Dörner. Die deutsche Mannschaft schied erstmals in der Gruppenphase aus. Ein schlechter Start beim Fußball also für Matthias Krug, der heute für das katarische WM-Komitee arbeitet und in seiner Freizeit mit Freunden in der für 45 Milliarden Dollar vollkommen neu erbauten Stadt Lusail kickt. Krug begann 2003 als Praktikant bei Dohas »Gulf Times«, die sein Vater täglich gekauft hatte und deren Sportteil er regelmäßig las. In seinem ersten Artikel berichtete er über das erste Spiel des brasilianischen Stars Romario für seinen neuen Klub Al-Sadd. Romario war der erste der großen Fußballer, die ihre Karriere in der Wüstensonne Katars ausklingen ließen. Nach ihm kamen noch viele weitere (siehe Kapitel 3: Der große Neid, S. 88). Und Krug traf in Katars Aspire Academy, dem größten überdachten Sportzentrum der Welt, später als junger Sportreporter für die »Qatar Tribune« zahlreiche Weltstars wie Oliver Kahn, Xavi Hernandez, Lothar Matthäus, Boxlegende Wladimir Klitschko.

Ab März 2013 arbeitete der erste in Katar geborene Deutsche in verschiedenen Funktionen für das Supreme Committee for Delivery and Legacy, das WM-Vorbereitungskomitee Katars. Vater Krug kehrte nach 40 Jahren in Diensten des Sports in Katar im WM-Jahr 2022 zurück nach Deutschland. Seine Karriere als Leichtathletik-

Chefcoach war zuvor gekrönt worden durch das Olympia-Gold von Tokio 2021 des katarischen Hochspringers Mutaz Barshim. »Das war ein schöner Abschluss für meinen Vater«, sagt der sich selbst »Fußballverrückter« nennende Matthias Krug im Café des nachts golden leuchtenden Doha Towers direkt gegenüber seinem Arbeitsplatz im Al Bidda Tower - zwei der Hochhäuser, die Katars Skyline markant formen.

Er sei sehr froh, in Katar zu arbeiten. Denn er schätze an den Kataris ihre »angeborene, stoische Unverwüstlichkeit, die einer Wüste ähnliche Ruhe und das Selbstvertrauen, ihre Fähigkeit, größer zu träumen als eine Leinwand aus Sternen«. Und die WM müsse für ihn gar nicht der Schlusspunkt werden in seinem Job für Katars Sport. »Nach der WM schauen wir mal weiter«, sagt Krug, der in Katar inzwischen auch einige Kinderbücher veröffentlicht hat, selbstbewusst: 2030 werden die Asienmeisterschaften wieder in Doha ausgetragen – und dann ist da noch der große katarische Traum von Olympia in der Wüste.

»Sport war der Weg, der vielen Menschen zeigte, dass es Katar gibt«, ist Krug überzeugt. Und Katar, der »Underdog«, habe seine große Chance genutzt. Sport habe das Land zum Positiven gewandelt, blickt er zurück auf die Entwicklung »in meiner Heimat«. Er sei Fan der deutschen Nationalmannschaft, aber auch von Katar. Und wenn beide Mannschaften bei der WM aufeinanderträfen, wem drückt er dann die Daumen? »Katar:-)«, schreibt er auf LinkedIn zurück. Er arbeitet ja auch für Al Ennabi, die Kastanienbraunen, wie die Kataris ihr Team wegen der Trikotfarbe nennen.

Der Burj Doha, der 238 Meter hohe Doha-Turm, wird im Volksmund auch Kondom-Tower genannt.

KAPITEL 5
Großeinkäufe: Wie Katar mit seinen Milliardendeals in die internationale Unternehmenswelt einsteigt

>»Wenn du dein ganzes Leben lang einsammelst, wann willst du das Gesammelte genießen?«
>
>*Tausendundeine Nacht*

Ausgerechnet Atomkraft. Katar, der weltgrößte Flüssiggasexporteur der Welt, investiert über seinen Staatsfonds Qatar Investment Authority (QIA) seit Neuestem in ein Tochterunternehmen des britischen Rolls Royce Konzerns. Es befasst sich mit der Entwicklung kleiner Atomkraftwerke, sogenannter SMR (Small Modular Reactor). QIA wird gespeist mit Milliardenüberschüssen aus den Erdgasverkäufen. Mit der neuen Liebe zum Atom, der Übernahme von 10 Prozent der Anteile am Nuklearunternehmen Rolls-Royce SMR, wolle das Land helfen, die Energieversorgung in ärmeren Ländern des globalen Südens sicherzustellen – ohne CO_2-Emissionen.

Mit dem weiteren Engagement bei einer britischen Firma bleibt sich QIA treu: »Kataris besitzen mehr in London als die Queen«, titelte 2017 der »Daily Telegraph«. Da lebte Elizabeth II. noch und da schon hatte der Golfstaat über seinen Staatsfonds oder über Angehörige der Emir-Familie bereits 35 Milliarden britische Pfund in Großbritannien investiert. Und damit das weltberühmte Kaufhaus Harrods, Anteile an der Barclays Bank, der Handelskette Sainsbury's, an der Börse London Stock Exchange und am Ölkonzern Shell erworben. Auch zwei Drittel am britischen South Hook Terminal besitzen Investoren aus dem Golfstaat und einen 20-prozentigen Anteil am Londoner Flughafen Heathrow.

Auch prestigeträchtige Immobilien an der Themse nennen die Kataris ihr Eigen, etwa das Gebäude, das die »Financial Times« die »Grande Dame der globalen Hotelbranche« nannte: Claridge's Hotel in Mayfair. Dort kostet eine Nacht in der Penthouse-Suite bis zu 100.000 Pfund pro Nacht. Oder die Canary Wharf, die Hochhäuser großer Banken und Konzerne auf dem Gelände der ehemaligen Docks. Auch den höchsten Wolkenkratzer Westeuropas, The Shard, besitzen katarische Investoren. Er wurde 2012 sogar vom damaligen katarischen Premierminister, Scheich Hamad Bin Jassim Bin Jabor Al-Thani, eingeweiht. In London gehören Katar 34 Prozent der 15 teuersten Hochhäuser, britischen Firmen nur 21 Prozent.

Bei seiner Europa-Tour im Frühsommer 2022 kündigte Katars Emir weitere Investitionen in Höhe von zehn Milliarden Pfund im Vereinigten Königreich an. Ähnlich hohe Investitionszusagen machte das katarische Staatsoberhaupt in Frankreich, Deutschland und neuerdings auch in Spanien. Auch in den USA sind die Kataris mit zweistelligen Milliarden-Dollar-Beträgen dabei. »Derartige Investitionen dienen auch den politischen Beziehungen. Katar sichert sich ab, sichert sich Schutz bei Partnern für den Fall einer neuerlichen Krise«, sagt ein guter Kenner sowohl der politischen Führung wie auch der Unternehmenswelt Katars unter der Bedingung, nicht namentlich zitiert zu werden.[112] Es geht um das Trauma durch die Blockade 2017. Gleich zu Beginn der versuchten Isolation Katars 2017 durch arabische Nachbarstaaten hatte das Land viel politische Unterstützung im Westen erhalten. Darunter waren der damalige deutsche Außenminister Sigmar Gabriel, sein US-Kollege Rex Tillerson und Regierungsvertreter aus Großbritannien und Frankreich.

Katar selbst stellt sein finanzielles Engagement im Ausland als unpolitisch und rein wirtschaftlich geprägt dar. 2005 sei der Staatsfonds QIA nach langen Debatten in der katarischen Führung und als Nachfolger des im Jahr 2000 geschaffenen Supreme Council for the Investments of State Reserves gegründet worden.[113] Um die Überschüsse aus den immer höher werdenden Gasexporterlösen gezielt anzulegen – zur »Schaffung von Werten für den Staat und künftige Generationen«, wie der Fonds eines seiner drei Mandate offiziell bezeichnet. Die beiden anderen sind die Hilfe beim Aufbau einer wettbewerbsfähigen Binnenwirtschaft und die »Stabilisierung der lokalen Wirtschaft, falls nötig«.[114]

»Falls nötig« trat 2017 ein. Damals gerieten Banken- und Finanzsystem so stark unter Druck, dass QIA 20 Milliarden Dollar als Einlagen bei katarischen Banken unterbrachte, um den Geldhäusern die notwendige Liquidität zu verschaffen. QIA übernahm auch einen 50-Prozent-Anteil an der Qatar National Bank, der größten Geschäftsbank des Mittleren Ostens, und beteiligte sich an der nationalen Satellitenfirma, dem Hafen, dem Mobilfunker Ooredoo und der Fluggesellschaft Qatar Airways.[115]

Seit 2017 ist QIA wegen dieser teuren Stabilitätsmaßnahmen im eigenen Land auch nicht mehr unter der Top Ten der aktivsten Staatsfonds bei globalen Käufen und Investitionen, die das Sovereign Wealth Fund Institute (SWFI) jährlich erstellt. Das SWFI gilt als die am besten informierte Forschungseinrichtung zu Staatsfonds. 2016 rangierte QIA noch bei Anzahl und Wert internationaler Transaktionen auf Rang drei. Staatsfonds verwalteten 2021 erstmals Gelder in Höhe von mehr als zehn Billionen Dollar. Zum Vergleich: Private Rentenfonds verwalten mit 21,4 Billionen Dollar mehr als doppelt so viel.[116]

QIA nahm bei der Größe der Staatsfonds indes Anfang 2022 mit 445 Milliarden Dollar Anlagevermögen den zehnten Platz unter den weltgrößten Staatsfonds ein. In der Region ist das Auflegen von Staatsfonds eine beliebte Methode. Die Abu Dhabi Investment Authority (829 Milliarden Dollar verwaltetes Vermögen), die 1953 als erster Staatsfonds überhaupt gegründete Kuwait Investment Authority (693 Milliarden Dollar) und der saudische Public Investment Fund (480 Milliarden Dollar) sind in der Golfregion noch größer. Weit vorne im internationalen Vergleich sind der norwegische Ölfonds Norges Bank Investment Management und der Fonds der China Investment Corporation.

Anfangs setzte QIA vor allem auf Prestige und Sichtbarkeit, auf »Trophy Assets« genannte Investitionen wie Anteilskäufe von Luxusmarken: Tiffany's, Louis Vuitton Moët Hennessy, Porsche, Harrods, Valentino. Dann kamen Beteiligungen an großen europäischen Infrastruktur- und Industrieunternehmen dazu wie Volkswagen, Siemens, Hochtief, der französischen Unternehmensgruppe Lagardére (Medien und Sport), Accor (Hotelkette), Printemps (Einzelhandel), Air Liquide (technische Gase), Total Energies, Vinci (Bau), GDF Suez (Versorger), Veolia (Wasser/Abwasser, Abfallentsorgung, Energieversorgung), France Telecom oder Areva (Energie) und Schweizer Rohstoffhändlern wie Glencore und Xstrata.

Stark waren traditionell auch die katarischen Investments im Finanzsektor mit Anteilen bei Credit Suisse, der Deutschen Bank, Barclays, der Agricultural Bank of China oder der KBL Luxemburg (heute Quintet Private Bank). Allerdings sind einige Bankenbeteiligungen keine QIA-Investments, sondern Käufe wohlhabender katarischer Politiker wie des Ex-Premiers Hamad Bin Jassim Bin Jabor Al-Thani (Deutsche Bank) oder des Vaters des Emirs (KBL/Quintet Private Bank).

Jeden Sonntagmorgen um acht Uhr treffen sich die Mitglieder des Vorstands um CEO Mansoor bin Ebrahim Al-Mahmoud mit den Chefs der acht Investmentteams. Die Runde trifft Entscheidungen über Aktien- oder Immobilienkäufe, Veräußerungen von Anteilen oder das Zeichnen von Anleihen. Denn QIA investiert nicht nur in Beteiligungen von börsennotierten oder privaten Unternehmen. Käufe von Immobilien oder Beteiligungen an globalen Fonds werden teilweise über Tochtergesellschaften wie den Immobilienentwickler Qatari Diar und die Qatar Holding, Sportengagements über die Qatar Sports Investments (QSI) getätigt.

Al-Mahmood war bei der Gründung von QIA einer der ersten Angestellten des Staatsfonds und arbeitete zunächst als enger Mitarbeiter im Büro des damaligen Vorstandsvorsitzenden. Dann wechselte der Manager, der seinen Bachelor-Abschluss in Betriebswirtschaft und Finanzen an der George Washington University in den USA gemacht hat, als CEO zur Qatar Development Bank und wurde danach Chef von Qatar Museums. Seit 2018 ist er CEO von QIA und sitzt in dieser Funktion auch in Aufsichtsräten von Beteiligungen des Staatsfonds: bei Volkswagen, Qatar Airways oder der Börse Doha.

Anfang der 2010er-Jahre begann QIA, verstärkt in den USA zu investieren. Denn man habe festgestellt, dass die Investitionen bis dahin zu stark auf Europa fokussiert gewesen seien. »Seit 2018 sind wir mit vollem Tempo in die USA gegangen«, sagt Al-Mahmood. Dazu gehörten Investments vor allem in exklusive Immobilien in New York und bei Unternehmen wie dem Fahrdienstleister Uber, dem Filmproduzenten Miramax oder dem Pharma-Start up BioXcel Therapeutics.

Parallel schaute QIA auch verstärkt ostwärts und baute ein Büro in Singapur auf. Von dort werden beispielsweise Beteiligungen in China, am größten indischen Privatkonzern Adani,[117] sowie am südkoreanischen Technologieunternehmen SK ecoplant gemanagt.

Ein weiterer Investitionsschwerpunkt wurde Russland, wo QIA einen Anteil von 18,9 Prozent am staatlich kontrollierten Ölkonzern Rosneft hält. Zudem hält QIA ein Viertel am Flughafen Pulkovo in St. Petersburg, einen Anteil an der Staatsbank VTB sowie Beteiligungen bei Handelsketten. Katar ist mit geschätzten 13 Milliarden Dollar Anlagevermögen einer der größten Auslandsinvestoren in Russland – und hat damit seit dem russischen Überfall auf die Ukraine ein Problem. Wie soll es mit diesen Beteiligungen umgehen? Denn die meisten westlichen Konzerne, darunter viele ökonomische Partner Katars, verlassen Russland. Es gebe »keine Käufer« für diese Beteiligungen, sagt indes ein QIA-Vertreter. Und eine Beteiligung an Rosneft, die zu besseren Zeiten etwa neun Milliarden Dollar wert war, faktisch kostenlos an den russischen Staat zurückzugeben, komme »nicht infrage«. »Wegen der uns noch zustehenden Dividenden«, die noch nicht transferiert sind, sagte QIA-Chef Al-Mahmoud auf dem Qatar Economic Forum im Juni in Doha.

QIA hat, so ein Insider, seit Beginn der Blockade 2017 kein frisches Kapital vom Staat mehr bekommen. Einnahmen generiere man durch Verkäufe von Beteiligungen und durch Dividenden, die man reinvestiere.

Von 2026 an rechnet CEO Al-Mamoud mit frischem Staatsgeld für den Staatsfonds: Bis dahin werde die Gasförderung entscheidend ausgebaut sein und hohe Einnahmen bringen, die investiert sein wollten. »QIA wird dann große Überschüsse aus den LNG-Verkäufen erhalten und sie weltweit anlegen.« Das Sovereign Wealth Fund Institute rechnet damit, dass QIA 2030 über ein Anlagevermögen von 646 Milliarden Dollar verfügen wird – also etwa 200 Milliarden Dollar mehr als zu Beginn des Jahres 2022.

In den Staatshaushalt geleitet, diene dieses Geld von QIA »erst in der Zeit, wenn keine Gaseinnahmen mehr sprudeln, als ›Payback for the future‹«, wie es ein Kenner von QIA ausdrückt.

Wohin das Geld dann fließen wird? In seinem Lebenslauf auf der QIA-Website wird Al-Mahmoud gewürdigt als CEO, der die Investitionsstrategie verändert habe »mit einem größeren Fokus auf Diversifizierung und auf Investitionen mit klaren ESG-Zielen«. ESG (Environmental, Social, Governance oder Umwelt, Soziales, Unternehmensführung) bedeutet eine Ausrichtung eines Unternehmens auf gesellschaftlich relevante Ziele wie Klimaneutralität und Diversität.[118]

Neben Aktien börsennotierter und nicht gelisteter Unternehmen investiert QIA auch in Sachwerte wie Rohstoffe, Edelmetalle und Derivate, festverzinsliche Wertpapiere (Anleihen), Fremdwährungen und, wie erwähnt, Immobilien.

QIA ist der Sparstrumpf Katars, des Staats, seiner Führung und der Bürgerinnen und Bürger. Anfangs war er ganz sicher ein politisches Instrument: eine Art »Soft Power«, also ein Instrument, um ohne Gewalt, Militär oder massiven Druck, sondern mit Milliardeninvestments Einfluss auszuüben. Vor allem aber, um Katar sichtbar zu machen in der globalen Unternehmenswelt. Und die CEOs europäischer und amerikanischer Konzerne haben natürlich auch nicht unerheblichen Einfluss auf die Politik in ihren jeweiligen Ländern. Katar hat also Verbündete gesucht und gefunden in der Finanz- und Wirtschaftswelt und in der westlichen Politik. Oft genug wurden die Kataris als »weiße Ritter« angefragt – als erwünschte Investoren, die unerwünschte Investoren ausstechen bei unliebsamen Übernahmeversuchen. Katar und QIA spielen inzwischen eine wichtige Rolle mit ihren großen Investments bei sehr vielen Dax-, CAC40-, FTSE- oder S&P500-Unternehmen im Westen. Das bringt dem kleinen Land große Reputation, Einfluss – und vor allem Schutz. Bei Konflikten mit großen Nachbarn kann kein westlicher Staatschef Katar einfach ignorieren.

Die politische Rolle des Staatsfonds wurde vor allem sichtbar beim beachtenswert großen Engagement in Russland ab 2016. Zusammen mit dem Kreml, dem bisherigen Herrscher über Pipeline-Gas, wollte Doha mit seiner Macht auf dem LNG-Markt mehr Kontrolle über den globalen Energiemarkt erlangen. Dazu gründeten beide 2008 nicht nur das Forum Gas exportierender Staaten, eine Art Gas-OPEC, sondern Katar beteiligte sich auch verstärkt an russischen Staatskonzernen. QIA-Aufsichtsratschef Scheich Mohammed Abdulrahman Al-Thani sagte im Interview im Mai 2022 indes: »Wir trennen Politik und Business sauber voneinander.« Es würde auf »kommerzieller, nicht politischer Grundlage« investiert, allerdings zunächst nicht mehr in Russland.

Aber QIA ist ganz offensichtlich auch mit politischen Motivationen gestartet. Inzwischen ist QIA längst mehr als ein politisches Instrument, nämlich ein strategisch planender Staatsfonds. Deshalb wendet er sich verstärkt dem boomenden Asien zu, richtet sich stärker an Technologiefirmen und Unternehmen der Gesundheitsbranche aus, übernimmt eine aktive Rolle außerhalb der börsennotierten Welt durch Beteiligung an Start-ups, bei Private-Equity-Beteiligungen und kooperiert mit anderen Staatsfonds und Beteiligungsfirmen. Chairman Scheich Mohammed sieht im Gespräch vor allem »den Bereich erneuerbare Energien, Solar, Windkraft, Wasserstoffwirtschaft im Zentrum unseres Interesses. Daneben fokussieren wir uns auf Technologieunternehmen, den Pharmasektor, Finanzdienstleistungen, Immobilien sowie insbesondere kleine und mittelständische Unternehmen, die ja das Rückgrat der deutschen Wirtschaft darstellen. Batterietechnik und Speichertechnologien im Bereich erneuerbarer Energien stehen daneben im Zentrum. Da gibt es große Möglichkeiten.«

SolarWorld & Co: Die größten Pleiten bei katarischen Engagements

Sie wollten Porsche und bekamen Volkswagen. Als so tragisch beschreiben Insider einen Teil der Geschichte katarischer Investments in Deutschland. Der Staatsfonds QIA hatte vor allem seit 2009 beim Sportwagenhersteller investiert und 2013 – nach den Wirren zwischen Porsche und VW sowie den Familien Piëch und Porsche – seine zehn Prozent der Anteile beim Sportwagenbauer an die Porsche-Familie zurückverkauft. Katar hält heute stattdessen 17 Prozent der stimmberechtigten Anteilsscheine an Volkswagen und ist damit der drittgrößte Aktionär. Dazu kommen noch 13 Prozent der VW-Vorzugsaktien.

In Deutschland hat Katar inzwischen über 25 Milliarden Euro investiert und beschreibt sich als größter arabischer Investor in der Bundesrepublik. Weitere zehn Milliarden Euro an Investitionen in Deutschland hatte der Emir auf einer deutsch-katarischen Wirtschaftskonferenz im September 2018 in Berlin angekündigt. Seither hat es einige weitere Deutschland-Engagements gegeben.

»Katar ist ein wichtiger Handels- und Investitionspartner in anderen Bereichen der Hochtechnologie und der Wirtschaftstransformation«, lobte Bundeskanzler Olaf Scholz das katarische Engagement beim Staatsbesuch des Emirs in Berlin im Mai 2022. Deutschland würde die gegenseitigen Investitionen »gerne weiterentwickeln«, unterstrich der SPD-Politiker. Zum Vergleich: In Frankreich hat das Emirat 30 Milliarden Euro, in den USA mindestens 30 Milliarden Dollar und in Großbritannien mehr als 40 Milliarden Dollar angelegt. Für diese Staaten hatte der Emir bei seiner Europatour im Frühsommer 2022 weitere jeweils zweistellige Milliardeninvestments versprochen, für Deutschland legte er nichts zusätzlich drauf.

Neben dem großen Anteil bei Volkswagen und einem kleinen bei Porsche ist Katar vielfältig an deutschen Unternehmen beteiligt: Beim Baukonzern Hochtief war der Staatsfonds vor dem Kauf des Konzerns durch eine spanische Holding eingestiegen. Bei Siemens und Tochterunternehmen beziehungsweise Abspaltungen des Münchner Elektrokonzerns wie der Energiesparte Siemens Energy und dem Medizintechnikhersteller Siemens Healthineers hält Katar Anteile. Und zuletzt stieg man beim amerikanischen Energiespeicher-Startup Fluence ein, einem 2018 gegründeten Gemeinschaftsunternehmen von Siemens und dem US-Versorger AES. Fluence entwickelt und produziert riesige Lithium-Ionen-Batterien zur Speicherung von Energie. Als Katar sich mit 125 Millionen Dollar beteiligte, war die Firma mit einer Milliarde Dollar bewertet. Zum Börsengang im Oktober 2021 kletterte die Bewertung auf 4,8 Milliarden Dollar. Seither hat sich die Marktkapitalisierung deutlich nach unten entwickelt. Katar ist dennoch mit seinem Investment klar im Plus. Für Katar dürfte der Einstieg bei Fluence nicht nur ein Finanz-, sondern mehr noch ein Technologieinvestment sein. Denn Tech-Werte, der Gesundheitssektor, Finanzinstitute und die Pharmabranche stehen momentan ganz oben auf Katars Einkaufsliste.

Die Beteiligung von QIA mit 12,3 Prozent bei der größten deutschen Reederei Hapag-Lloyd darf als finanzieller Erfolg gesehen werden: 2016 lag der Kurs der Hapag-Aktien bei 17 Euro, Ende August 2022 bei 170 Euro. Pikant an dem Investment war nur, dass der Einstieg 2016 zusammen mit dem Public Investment Fund of Saudi Arabia (hält 10,2 Prozent) erfolgte und ein Jahr später – bei Beginn der Blockade Katars durch Saudi-Arabien und andere Nachbarländer – jeweils ein Vertreter der verfeindeten Staaten im Aufsichtsrat des Hamburger Traditionsunternehmens saß. Die Sorgen vor einem Konflikt innerhalb der Reederei waren damals groß, denn Saudi-Arabien und die Vereinigten Arabischen Emirate schlossen ja auch ihre Seewege für den vermeintlichen Paria am Golf. Aber es kam nie zu einem öffentlich ausgetragenen Konflikt.

Deutlich weniger erfolgreich war Katar als Investor bei anderen deutschen Firmen: Die 29-prozentige Beteiligung an SolarWorld wurde 2018 wertlos durch die Insolvenz des deutschen Photovoltaik-Unternehmens. Der Unternehmer Frank Asbeck konnte Katar gewinnen, seiner Firma nach einer ersten Insolvenz treu zu bleiben und zusammen große Träume zu verfolgen: So sollte auf der Halbinsel die Firma Qatar Solar Technologies (QSTech) aufgebaut werden, um Polysilizium und Solarpanels zur Gewinnung von Sonnenstrom herzustellen. Mit 35 Millionen Euro für SolarWorld und 50 Millionen Euro Kredit an das Unternehmen beteiligten sich die Qatar Foundation und die Qatar Development Bank an diesem deutschen Unternehmen, das mit dem Slogan »Real Value« warb. Inzwischen ist QSTech eine rein katarische Firma und versucht, den Weg vom Sand bis zum Sonnenstrom allein zu gehen.

Nur wenig erfolgreicher war der Einstieg katarischer »Privatpersonen« bei der Deutschen Bank. Hinter den jeweils 3,05 Prozent der Firmen Paramount Services Holdings und Supreme Universal Holdings aus den karibischen Steuerparadiesen Virgin Islands und Cayman Islands stecken der frühere Premier Hamad bin Jassim Al-Thani und Mitglieder der Herrscherfamilie. Dazu sollen Derivatepositionen kommen, sodass der gesamte Anteil der Al-Thanis an der Frankfurter Großbank mehr als neun Prozent betragen soll.

Seit dem Einstieg der Kataris beim größten deutschen Finanzinstitut 2014 haben die Anteilsscheine der Deutschen Bank zwei Drittel ihres Wertes verloren. Und durch die Katar-Blockade bekamen die Frankfurter wegen ihres Aktionärs am Golf erhebliche Probleme bei der Beteiligung an Börsengängen, der Platzierung von Unternehmens- und Staatsanleihen und Kreditgeschäften in anderen arabischen Ländern, sagten Vertreter aus der Finanzwelt unter der Bedingung, anonym zu bleiben.[119]

Deutsche-Bank-Investor Hamad bin Jassim Al-Thani riet im Jahr 2021 europäischen Banken, sie sollten Fusionen anstreben, wenn sie gegen US-amerikanische oder chinesische Banken konkurrieren wollten: »Wenn Sie die europäischen Banken mit den amerikanischen Banken oder den chinesischen Banken vergleichen, werden Sie feststellen, dass sie zu klein sind, um alleine zu überleben«, sagte er auf einem Wirtschaftsforum 2021. Auf die Frage, ob die Deutsche Bank auch eine Fusion mit einem anderen Kreditinstitut anstreben sollte, antwortete er: »Ich bin nicht im Vorstand, also müssen Sie entscheiden. Aber ich glaube, Fusionen sind unvermeidlich.« Auf katarischem »Ticket« im Aufsichtsrat der Deutschen Bank sitzt der deutsche Ex-Vizekanzler Sigmar Gabriel. Katars Botschafter in Deutschland, Scheich Abdullah bin Mohammed Al-Thani, selbst QIA-Chef von 2014 bis 2018, ist sich sicher: »Die Deutsche Bank berappelt sich wieder«, seinem Land gehe es »gar nicht ›um das schnelle Geld‹«.

Auch das biopharmazeutische Unternehmen Curevac mache »einen guten Job und arbeitet bereits an der zweiten Generation von mRNA-Impfstoffen«, gibt sich Katars Statthalter in Berlin optimistisch. Dabei verlief auch dieses Investment für sein Land bisher unbefriedigend: Bei der Tübinger Firma Curevac, die hauptsächlich vom Gründer des deutschen Softwarekonzerns SAP, Dietmar Hopp, und später auch von der Bill-&-Melinda-Gates-Stiftung finanziert worden war, stiegen vor dem Börsengang im August 2020 illustre Investoren ein. Denn Curevac war einer der heißen Kandidaten, einen Impfstoff gegen Covid-19 auf Basis der modernen mRNA-Technologie zu entwickeln. Eine, die investierte, war die bundeseigene KfW-Bank. Für 300 Millionen Euro Kapital erhielt sie 23 Prozent der Firmenanteile. Auch der britische Pharmakonzern GlaxoSmithKline beteiligte sich. Und QIA. Die Kataris nahmen 126 Millionen Dollar in die Hand. Das Engagement des Bundes bei Curevac habe zusätzliche Sicherheit vermittelt, heißt es bei QIA. Die Erwartungen an Curevac haben sich bislang jedoch nicht erfüllt. Das große Geld mit Corona-Impfstoffen machen bislang andere Unternehmen.

Ebenso schwierig ist Katars Einstieg beim Berliner Start-up Infarm verlaufen. Die 2013 gegründete Firma setzt auf das Konzept des »Vertical Farming«, also Pflanzenzucht mit Kunstlicht, hoch gestapelt auf kleinem Raum, und vermarktet ökologisch erzeugte Kräuter und Gemüsesorten direkt in Restaurants oder Supermärkten. QIA hatte sich an einer 200 Millionen Euro großen Finanzierungsrunde beteiligt und will die Expansion des Unternehmens im Mittleren Osten fördern. Wirtschaftlich läuft es bei dem als »Foodtech« und wegen seiner Bewertung mit über einer Milliarde Euro auch als »Einhorn« titulierte Unternehmen indes weniger glamourös, wenn man dem »Handelsblatt« glaubt. Der Kapitalbedarf wächst offenbar schneller als die Pflanzen.[120]

Katar bleibt nach außen gelassen: »Wir sind keine Schönwetterinvestoren«, sagte der damalige Finanzminister und QIA-Aufsichtsrat Ali Sharif Al Emadi 2018 in Doha auf Fragen nach der Performance der Deutschen Bank und anderer Unternehmen mit katarischer Beteiligung.[121] »Wir sind ein Ausdauerspieler, und das in allen Sektoren, ob Auto oder Finanzen«, fügte er hinzu. Bei Volkswagen sei Katar »eingestiegen in schwierigen Zeiten«, meinte er im Gespräch. »Aber wir haben bis heute gutes Geld damit gemacht. Und wir haben dem Unternehmen geholfen, den Arbeitnehmern dort. VW ist weiter einer der zwei global größten Autokonzerne, und wir stehen zu unserem Engagement dort.« Partnerschaft heiße, »dass wir durch gute Zeiten ebenso gemeinsam gehen wie durch schlechte«, unterstreicht auch QIA-Chairman Mohammed bin Abdulrahman Al-Thani. Er sieht den

Staatsfonds als »Investor mit einer langfristigen Strategie. Wenn wir irgendwo einsteigen, suchen wir nicht den schnellen Profit. Wir wollen ein strategischer Investor sein und echte Partnerschaften aufbauen. Und konjunkturelle Zyklen beeinflussen deshalb nicht direkt unsere Investitionsentscheidungen.«[122] Vielmehr, so unterstreicht er in einem Interview im Mai 2022 nochmals, habe Katar »große Zuversicht in die deutsche Wirtschaft. Deshalb wollen wir auch weiter in Deutschland investieren.« Man habe da »noch einiges in der Pipeline«.

Doch hinter den Kulissen kommt es immer mal wieder zum Streit: So sei Katar verärgert, hieß es im Juli 2022 aus Aufsichtsratskreisen in Wolfsburg, dass der geschasste VW-Chef Herbert Diess mit keinem Wort in Doha einen bevorstehenden Porsche-Börsengang anklingen ließ. Schon 2016 hatte sich einer der beiden katarischen Vertreter im VW-Aufsichtsrat beschwert, trotz des großen Kapitalanteils keinen Sitz im Präsidium des Kontrollgremiums bekommen zu haben und bei der Aufklärung des VW-Abgasskandals »erneut und in arroganter Weise außen vor gelassen« zu werden.

Selbst bei einer vertieften Kooperation mit Europas größtem Autobauer kommt die katarische Seite nicht so voran wie gewünscht. Katar will bei VW nicht nur Geld investieren, sondern – wie auch bei anderen Firmenbeteiligungen – Teil der Wertschöpfungskette werden. »Wir sind in einem aktiven Dialog mit Volkswagen, um die Zusammenarbeit zwischen VW und Katar noch zu intensivieren. Dabei geht es vor allem um den Bereich der Entwicklung des autonomen Fahrens«, formuliert QIA-Chairman Scheich Mohammed diplomatisch zurückhaltend. Er ist ja auch noch katarischer Außenminister.[123]

Katar glaube an Partnerschaften, sagt ein ranghoher Insider. »Wir packen nicht einfach irgendwo Geld rein«, sondern wollen zusammen mit Unternehmen, in die man investiert habe, Projekte entwickeln. »Wir wollen, dass diese Firmen auch Projekte in Katar anpacken und dass wir zusammen auf Drittmärkte gehen. Das ist für uns strategische Partnerschaft.«[124] Katar gehe es um mehr als nur um Geldvermehrung, sondern um Partnerschaften und Verflechtung.

Die deutsch-katarischen Beziehungen sind also von Höhen und Tiefen geprägt, von großen Hoffnungen, aber auch enttäuschten Erwartungen.

Große Hoffnungen gab es beispielsweise 2005, als die Rede war von Multimilliarden-Aufträgen für deutsche Unternehmen, um die komplette Bahninfrastruktur für Katar aufzubauen: Hochgeschwindigkeitsstrecken, die Metro von Doha, selbst der Bau der Magnetschwebebahn Transrapid waren im Gespräch. Das Projekt wurde für die Deutschen zur Fata Morgana. Sie gingen weitgehend leer aus. »Die Bahn legt Schienen für die Scheichs«, schrieb der »Tagesspiegel« über den mit 17 Milliarden Euro größten Auftrag für die DB.

Geblieben sind von einem möglichen Deutsche-Bahn-Engagement, wenn man die Vorstandsetage von Qatar Rail besucht, zwei Espressomaschinen von Bosch. Sie stehen im Vorstandssekretariat. Die Züge für die Metro kamen statt von Siemens aus Japan, immerhin mitentworfen von einem deutschen Designbüro. Keines der Baukonsortien kam aus Deutschland. Statt die Deutsche Bahn den Streckenausbau im Mittleren Osten vorantreiben zu lassen, kam die nur wenige hundert Mitarbeitende zählende Consultingtochter DB International zum Einsatz. Die Bahnstrecke nach Bahrain und die Träume von einem Güternetzwerk auf Schienen auf der ganzen Arabischen Halbinsel fielen dem regionalen Zwist zum Opfer. Es blieb bei einem Prestigeerfolg: Der Tunnelbau für die Doha Metro brachte dem deutschen Mittelständler Herrenknecht einen Eintrag ins Guinness-Buch der Rekorde: 21 Tunnelbohrmaschinen waren parallel im Einsatz und schafften in nur 26 Monaten 111 Kilometer Tunnel unter der Hauptstadt – im Auftrag anderer Konsortien.

Auch mit dem deutsch-französischen Flugzeugbauer Airbus hat Katar immer wieder Streit: Qatar Airways, Erstkunde des Langstrecken-Großraumflugzeugs A350, klagt in London gegen Airbus wegen angeblich gefährlicher Schäden an der lackierten Oberfläche und am Blitzschutzsystem von A350-Jets. Die Sicherheit könnte durch einen Konstruktionsfehler gefährdet sein. Airbus widerspricht vehement und sieht nur Lackschäden und ließ sich von einem anderen Gericht erlauben, eine Bestellung der Airline für 50 der kleineren A321neo zu stornieren.[125]

Immerhin konnten Katar und Deutschland 2021 einen Handelsrekord vermelden: Um 75 Prozent, auf fast drei Milliarden Dollar, stieg der bilaterale Warenaustausch: ein Allzeithoch – und dabei haben die katarischen Flüssiggasexporte nach Deutschland noch gar nicht begonnen. Und eines macht der katarische Handels- und Industrieminister Scheich Mohammed bin Qassim Al-Thani deutlich: »Deutschland bleibt eine der wichtigsten Investment-Destinationen für Katar.«

Das bewies QIA wieder im August 2022: Da führte Katars Staatsfonds eine Reihe von Investoren an bei einer 400 Millionen Dollar schweren Finanzierungsrunde für Deutschlands wertvollstes Startup, den Münchner Spezialisten für datengetriebene Prozessoptimierung Celonis. Durch das neue Risikokapital und eine 600-Millionen-Dollar-Kreditlinie stieg der Wert des jungen Unternehmens, das eine Software für Großunternehmen entwickelt, die Ineffizienzen etwa im Einkauf oder bei Logistikprozessen sichtbar macht, auf 13 Milliarden Dollar. Zu den Kunden zählen alte Freunde von QIA wie Siemens und die Deutsche Bank. Celonis wurde so zum bislang einzigen deutsche Start-up, das über zehn Milliarden Dollar wert ist und sich somit »Decacorn« (»Zehnhorn«) nennen darf. Der Begriff ist angelehnt an »Unicorn« (Einhorn), ein Name für Start-ups mit einer Bewertung von mindestens einer Milliarde Dollar. Davon gibt es laut »Handelsblatt« in Deutschland bisher 35. Und Katar ist bei mehreren dabei.

Am Ende ist QIA bei Porsche aber doch angekommen: Katar wurde beim Porsche-Börsengang im Oktober 2022 als so genanntem Cornerstone-Aktionär ein Paket von 4,99 Prozent der Aktien eingeräumt. Als VW-Großaktionär bekam der Golfstaat dieses Privileg und so am Ende seinen Wunsch erfüllt, auch einen Teil von Porsche zu besitzen.

KAPITEL 6
Die MacherInnen am Golf

»Das schönste Haus ist, welches jedermann offen steht.«
Tausendundeine Nacht

Qatar Foundation: die Treiberinnen des Wandels

Der Wandel ist weiblich. Nachdem der neue Emir Hamad bin Khalifa Al-Thani seinen Vater abgesetzt hatte, bekam seine zweite Frau einen der mächtigsten Posten in Katar. Wenige Tage nach der Machtübernahme 1995 trat Scheicha Musa bint Nasser al-Missned an die Spitze der neu gegründeten Qatar Foundation. Auch wenn ihr Mann als Gründer und sie als Co-Gründerin genannt werden, und, so die offizielle Lesart, beide gemeinsam eine Vision für die Zukunft Katars gehabt hätten und diese mit Hilfe der Stiftung umsetzen wollten. Die Doppelspitze sollte vor allem Konservative in Katar beruhigen. De facto hatte jedoch die Scheicha bei der Staatsstiftung, die Qatar Foundation for Education, Science and Community Development (QF) heißt, von »Tag eins« an das Sagen. Auch wenn sie in allen Gesprächen über die Stiftung stets von »wir« sprach.

Für konservative Landsleute war es eine Herausforderung, die Gattin oft vor allem im Ausland extravagant gekleidet an der Seite ihres Mannes oder gar auf Titelseiten westlicher Illustrierter zu sehen. Bei Staatsbesuchen im Westen ließ sie die zu Hause in der Öffentlichkeit für Frauen vorgeschriebene Abaya weg und interpretierte die islamische Kleiderordnung für Golf-Frauen großzügig. Bei den Schnitten, die manchmal mehr an Hosenanzüge erinnerten, und bei der Farbe des ansonsten schwarzen Kopftuchs brach Scheicha Musa mit den heimischen Traditionen. Für die einen war dies nur schwer zu ertragen, für andere, vor allem junge katarische Frauen, wurde die damalige First Lady zur Stilikone. Sie war ohnehin die erste Gattin eines Emirs, die öffentlich auftrat.

Vor allem erreichte die 1959 geborene Tochter des früheren katarischen Oppositionellen Nasser bin Abdullah Al-Missned die Hinwendung ihres recht traditionalistischen, islamisch-erzkonservativen und verschlossenen Emirats zur Welt. Zu einer Welt aus Wissenschaft, Forschung, Diskurs und Kultur. Bildung wurde unter der neuen Führung zum Schlüssel der Staatsreform.

Und so eröffnete die Qatar Foundation zehn Jahre nach ihrer Gründung 2005 die Education City in der Hauptstadt Doha. Auf einer Fläche von 14 Quadratkilometern wurde zuerst die nach dem Emir benannte Hamad bin Khalifa Universität errichtet. Sie beherbergte Fakultäten für Recht, Politik, Sozialwissenschaften, Ingenieursausbildung und auch ein College für Islamwissenschaft.

Sukzessive siedelten sich auf dem Campus immer mehr westliche Bildungseinrichtungen an. Und so sind heute Zweigstellen der Georgetown University für Politikwissenschaften, Geschichte und Wirtschaft, der Texas A&M University für alle Bereiche des Ingenieurwesens sowie der Weill Cornell Medicine Hochschule für Medizin vertreten. Hinzu kommen, als weitere Einrichtungen aus den USA, die Virginia Commonwealth University mit ihren Design-Fachrichtungen, die Carnegie Mellon University mit den Schwerpunkten Biologie, Business Administration und IT sowie die Northwestern University für Kommunikationswissenschaften. Später siedelten sich die Wirtschaftshochschule École des hautes études commerciales de Paris dort an und das University College aus London mit einer spezialisierten Ausbildung von Bibliotheks- und Museumsfachleuten.

Eine Partnerschaft besteht inzwischen auch mit der privaten Berliner European School of Management and Technology. Deren Präsident Jörg Rocholl lobt die »sehr große Offenheit« seitens der Qatar Foundation zur Kooperation und die Studierenden: »Wir haben in Katar den größten Frauenanteil aller unserer Programme«, berichtet Rocholl. Die Doktorandinnen dort seien »überragend gut« und das Interesse gerade junger Frauen an den Hochschulen in Education City besonders groß.

»Die Frage der akademischen Qualität unserer Studentinnen und Studenten war eine der größten Herausforderungen, um internationale prestigeträchtige Universitäten anzusiedeln«, erinnerte sich Scheicha Musa bei einer Veranstaltung anlässlich des 25-jährigen Bestehens der Qatar Foundation. Dort verriet sie auch, warum sie die Stiftung unbedingt und sehr schnell aufbauen wollte. »Damals erkannte ich, dass wir vor einer nationalen Herausforderung im Bereich der Bildung standen und einen radikalen Wandel im Bildungssystem herbeiführen mussten.« Dazu habe »eine fortschrittliche, qualitativ hochwertige Bildung« angeboten werden müssen.

Die zweite der drei Ehefrauen des damaligen Emirs ist überzeugt, dass »unser Erbe, unsere Sprache und unsere nationale Identität bewahrt werden müssen«. Aber logische Analyse und rationale Schlussfolgerungen, die schon »in früheren arabischen Zivilisationen von zentraler Bedeutung waren und in westlichen Zivilisationen angewandt werden«, müssten vereint werden. Was kompliziert klingt und auf ein zweifelndes heimisches Publikum zielt, ist die Überzeugung von Scheicha Musa, westliche Moderne mit nationalen und regionalen Traditionen zu vereinen. Tatsächlich war die arabische Welt einst führend in den Wissenschaften – lange bevor es in Europa Universitäten gab und fanatisierte islamistische Dschihadisten wie die Taliban, Al-Qaida, der »Islamische Staat« und andere ihre Heimstätten von dieser Entwicklung abschnitten.

Scheicha Musas Vision geht dabei weit über Katar hinaus: Sie habe »die Qatar Foundation nie als etwas betrachtet, das einem bestimmten geografischen Gebiet dient. Wir sehen sie als ein arabisch-islamisches Renaissance-Projekt mit Sitz in Katar.« Die Stiftung solle »ein Inkubator für Wissenschaftler, Forscher und Innovatoren in der arabischen Welt und weltweit sein«, der »positive Veränderungen aus akademischer, wissenschaftlicher und gesellschaftlicher Sicht« schaffe.[126]

Deshalb studieren in Education City viele junge Menschen aus vorwiegend arabischen oder islamischen Ländern wie Palästina, Bosnien, Sudan und anderen, für die Stipendienprogramme aufgelegt wurden. Katar leistet auch Entwicklungshilfe vor Ort. 60 Prozent der 3.000 Studierenden aus über 60 Ländern sind Frauen. An der auf Ingenieursstudiengänge spezialisierten Texas A&M sind immerhin die Hälfte Frauen, während es auf dem amerikanischen Heimatcampus nur gut ein Fünftel sind.

Von der Aussichtsterrasse auf dem Hochhaus der Verwaltung ist das Stadion Education City zu sehen, das für die Fußball-WM mit 40.000 Sitzplätzen erbaut wurde. Die oberen Ränge sollen nach der WM abgebaut und als Geschenk in ein Entwicklungsland verschifft werden. Das »übrige« Stadion soll dann von den Unis der Qatar Foundation genutzt werden. Ebenso wie die 6, 9 und 18 Löcher zählenden Golfplätze dort, »zum Erlernen einer für uns neuen Sportart«, wie eine Führerin beim Besuch in Education City erklärt. Auch eine Arena für Pferdesport ist am Rande des Geländes zu erkennen, mit Innen- und Außengelände. Hier werden die Besonderheiten von Araberpferden und ihre Zucht studiert. Zudem steht auf dem Gelände eine Moschee. Als Meisterwerk gilt die Nationalbibliothek, die vom niederländischen Stararchitekten Rem Kohlhaas entworfen wurde.

Doch für den wissenschaftlichen Anspruch noch bedeutsamer sind neu errichtete Institute und Forschungseinrichtungen wie eine Biobank und ein Genomik-Zentrum zur Erforschung von Erbkrankheiten, ein akademisches medizinisches Zentrum und der Qatar Science & Technology Park, der ein IT-Inkubator für Start-ups ist. Auch ein neues Computing Research Institute wurde geschaffen sowie ein Forschungszentrum für Islamische Gesetzgebung und Ethik mit dem Ziel, »die Reform und Erneuerung des zeitgenössischen islamischen rechtlichen und ethischen Denkens und Verhaltens anzuführen«.

Education City hat sich auch der Wirtschaft geöffnet. Internationale Konzerne wie Microsoft, Shell, ExxonMobil und Rosneft sind engagiert, um konkrete Forschungsvorhaben wie etwa Mittel im Kampf gegen Korrosion von Pipelines zu finden oder die Bewegung von Sand zu erforschen.

Verbunden sind alle Gebäude mit einer eigenen Tram. Autos sind auf dem Campus – untypisch für Katar – verboten.

»Hamad und Musa haben Katar entscheidend nach vorn gebracht«, lobt ein ausländischer Vertreter in Doha den Wandel seit Gründung der Qatar Foundation. Damit sei das Fundament für eine

Wissensgesellschaft gegossen worden. Doch ein mit Education City zusammenarbeitender westlicher Forscher stellt die Frage, inwieweit Nationen mit enormem Ressourcenreichtum tatsächlich dauerhaft in Wissenschaft und Wandel investierten. »Sie haben keine Not, erfinderisch zu sein.«

Das Versuchslabor für eine neue katarische Gesellschaft, Qatar Foundation und Education City, ist der besonderen Rolle einer besonderen Frau zu verdanken: Scheicha Musa. Sie wollte der damalige Thronfolger Hamad unbedingt ehelichen. Er unternahm einiges, um die Soziologiestudentin an der Qatar University zu umwerben.

Zur Hochzeit durfte der Brautvater 1977 aus dem kuwaitischen Exil zurückkehren. Er war dorthin nach einem Gefängnisaufenthalt in Katar gegangen. Das »Vergehen«: Er hatte sich öffentlich für eine gerechte Verteilung des Reichtums im Land ausgesprochen.[127] Der Wille ihres Vaters, das Bestehende infrage zu stellen und das auch noch öffentlich, scheint auf die Emirs-Gattin übergesprungen zu sein.

Machaille Al Naimi, die als Anwältin in der Privatwirtschaft begann, dann in das Management der staatlichen Stiftung wechselte, betont bei einem Treffen dort: »Die Bildungsoffensive soll die Privatwirtschaft fördern.« Dazu würden junge Menschen schon von klein auf hier ausgebildet. Es gebe sehr viele kostenfreie Bildungsangebote schon für Dreijährige. Geachtet werde auch auf die arabische Sprache. »Denn durch den Besuch von englischsprachigen Privatschulen sprechen viele Kinder nur noch Englisch miteinander. Aber wir dürfen unsere Kultur nicht verlieren«, mahnt sie.[128]

Besonders wichtig sei es, Kinder und Jugendliche zu kritischem Denken zu erziehen. Dazu würden in den Vorschulklassen und elf Schulen von Education City kleinere Kinder in Gruppen mit älteren Kindern zusammengebracht, um sie von den Älteren lernen zu lassen. »Mein Sohn lernt so zum Beispiel Mathe«, sagt Al Naimi. Und es gebe die »Qatar Debates« – ein Diskussionsforum, um, wie die Qatar Foundation Managerin es ausdrückt, »die Kunst des kritischen Denkens und des Dialogs zu fördern«.

Während sich die Mutter des Emirs aus der operativen Führung der Stiftung zurückgezogen hat auf den Posten der Chairperson, also der Aufsichtsratschefin, ist jetzt eine Schwester von Tamim CEO der

Qatar Foundation: Scheicha Hind bint Hamad Al-Thani. Die 1984 Geborene hat selbst in Education City nach zwei Studienaufenthalten im Ausland an der HEC Paris-Filiale in Doha einen Executive MBA gemacht. Von 2008 an leitete sie das Büro ihres Vaters Hamad im Amiri Diwan, dem Quasi-Präsidialamt, und war seine Stabschefin, bis zu seiner Abdankung. In dieser Rolle hat sie den Herrscher oft bei Besuchen im Ausland vertreten. Dass sie in der 5.000 Mitarbeitende zählenden Qatar Foundation 40 Prozent weibliche Beschäftigte hat, »darauf bin ich stolz«, sagt die Triathlon-Sportlerin und sechsfache Mutter.[129]

Noch eine andere Schwester des Staatschefs Scheich Tamim wirkt an führender Stelle für die Stiftung: Scheicha Al Mayassa bint Hamad Al-Thani leitet die zur Qatar Foundation gehörenden Qatar Museums. Sie sei die »mächtigste Frau der Kunstwelt«, schrieb die »Zeit«[130] über die 1983 Geborene, die wie ihre Schwester in den USA, dann aber an »Science Po« und der Sorbonne in Paris studiert hat. Das Magazin »Gulf Business« führt sie unter den »Top 100 most powerful Arabs« 2021. Kaum verwunderlich: Denn sie »herrscht« über mittlerweile so bedeutend gewordene Häuser wie das 2008 eröffnete und vom chinesischen Architekten I. M. Pei entworfene Museum of Islamic Art, das inzwischen weltweit renommierte Arab Museum of Modern Art oder das architektonisch atemberaubende Nationalmuseum.

Vor allem aber ihr laut »Bloomberg« jährliches Budget für Ankäufe in Höhe von einer Milliarde Dollar macht Scheicha Al Mayassa zu einer der mächtigsten Managerinnen in der Kunstwelt. Und immer wieder wurden spektakuläre Ankäufe für katarische Kunstsammlungen bekannt: 2015 Paul Gauguins »Quand te maries-tu?« für 300 Millionen Dollar, damals der Rekordpreis für ein Gemälde. Cezannes »Les joueurs de cartes« soll Katar bereits 2012 für 250 Millionen Dollar angekauft haben. Mark Rothkos White Center (Yellow, Pink and Lavender on Rose) im Jahr 2007 für 70 Millionen Dollar. Ein Pillenschrank von Damien Hirst für 20 Millionen Dollar und Werke von Jeff Koons, Andy Warhol, Roy Lichtenstein und Francis Bacon wurden ebenfalls erworben.

Das Museum für Islamische Kunst in Doha, erbaut von I. M. Pei, eröffnet 2008.

Gondel mit Gondoliere in der Venedig nachempfundenen Shoppingmall Villagio.

Doch es seien nicht nur weltweit angesehene Ausstellungen, wie etwa die von Damien Hirst, die Scheicha Al Massaya wichtig sind. Es gehe ihr vor allem darum zu zeigen, »wie ungeheuer reich, wie vielfältig und bedeutend die arabische Kultur ist«.[131] Aus ihr »entwickelten sich Gesellschaften, die intellektuell, ökonomisch und auch in künstlerischer Hinsicht ihresgleichen suchten«. Sie wünsche sich für ihr Land Aufgeschlossenheit. Kritik sei richtig und wichtig, denn »natürlich gibt es Defizite in Katar«. Aber: Kritik müsse »immer unter der Prämisse des Respekts« stattfinden. Das sei in der überbordenden Dauerschelte an ihrem Land nicht mehr der Fall, ebenso wenig, »Unterschiede zu akzeptieren, die es zwischen der westlichen und der islamischen Welt gibt«.

Es ist also quasi ein Familienunternehmen, das den Staat Katar modernisiert, und Frauen sind dabei vor allem in den Bereichen Bildung, Forschung, Kunst und Kultur aktiv.

Symbol der Qatar Foundation ist der Sidarbaum, ein auf der arabischen Halbinsel beheimateter Christusdorn. Er sei ein »Leuchtturm des Wohlbefindens in der rauen Wüstenumgebung, der das Leben zum Blühen brachte«, heißt es auf der Website der Stiftung. Dieser Dornbaum, der harte gelbe Früchte und Blätter hervorbringt, die Kamele zum Fressen lieben, biete »Reisenden und Gelehrten, die der Wüstenhitze entfliehen, sich versammeln und Wissen austauschen wollten, Schatten und Schutz«. Doch ein dort unerwähntes Detail ist: Der lateinische Name des Gewächses, *Ziziphus spina-christi*, lässt die Figur des Sisyphos aus der griechischen Mythologie anklingen. Langwierig, beschwerlich und kräftezehrend wie Sisyphos immer wieder einen Steinblock den Berg hochrollt – so erscheint die Aufgabe, ein zutiefst konservatives, patriarchales und wegen seiner überreichen Rohstoffreserven zur Selbstgewissheit neigendes Land aufzurütteln und in die Neuzeit zu führen: in eine, die arabische Traditionen mit westlichen Werten wie Wissen, Teilhabe, Beteiligung und Verantwortung verbinden soll.

Qatar Energy: die Quelle des Reichtums

Der kälteste Punkt der Welt liegt in der Wüste. Ras Laffan ist eine Industriestadt im Nordosten Katars. Dort steht eine gewaltige Anlage, die Helium auf –269 Grad herunterfrostet und dadurch verflüssigt. Katar ist der weltgrößte Exporteur des Edelgases, das für supraleitende Magnete, in Laboren oder zum Betrieb von Magnetresonanztomographen benötigt wird. 32 Prozent der Weltförderung kommt aus Katar, 55 Prozent aus den USA.

Ras Laffan ist nicht nur eine Helium-Metropole. Ras Laffan ist einer der wichtigsten Ausgangspunkte für die Versorgung der Welt mit Energie. 180.000 Arbeiter haben die Industriestadt seit 1996 aufgebaut. 40.000 Menschen arbeiten noch immer dort. Sie sorgen dafür, dass vier Kraftwerke laufen, fünf Verschiffungsterminals für Flüssiggas sowie riesige Aufbereitungsanlagen mit Hunderten Kilometern Rohrleitungen reibungslos funktionieren, in denen das geförderte Gas in seine chemischen Bestandteile zerlegt wird.

Fünf Tanker mit roten Rümpfen und weißen Aufbauten liegen an den kilometerweit in den türkisblauen Golf hereinragenden Kaianlagen von Ras Laffan. Aus Rohren werden sie mit verflüssigtem Erdgas (LNG) befüllt.

Am Horizont schieben sich derweil Tanker, in deren gewaltige Kuppeln Flüssiggas gepumpt wurde, ins offene Meer. LNG aus Katar, ein auf –163 Grad heruntergekühlter und auf ein Sechshundertstel seines Gasvolumens komprimierter Energieträger, mischt die Weltenergiemärkte auf. Seit es in großen Mengen verfügbar und global an fast allen Ecken der Erde anzulanden ist, wurde das Monopol bisheriger Pipeline-Gasnationen wie Russland gebrochen. Damit kam das kleine Katar großen Rivalen in die Quere. Der erste Tanker mit LNG fuhr Ende 1996 nach Japan, dem Erstkunden für Flüssiggas aus Katar.

Bereits zehn Jahre früher, 1986, hat Saad bin Sherida Al-Kaabi bei Qatar Energy angefangen, wie Katars wichtigster Konzern seit 2021 heißt. Al-Kaabi absolvierte damals noch nebenher an der Pennsylvania State University ein Studium zum Öl- und Gasingenieur. Al-Kaabi ist seit 2014 Präsident und CEO sowie Vice Chairman des Konzerns und dazu noch Staatsminister für Energie. Chairman, also

Aufsichtsratschef, ist seit 2018 erstmals wieder ein enger Verwandter des Staatschefs: der Vize-Emir Scheich Abdullah bin Hamad Al-Thani, ein Halbbruder des Emirs.[132]

Der Emir selbst, Scheich Tamim, betont auch im Jahr 2022, in dem die Gaspreise Rekordhöhen erklommen haben, dass sein Land »ins Risiko gegangen ist, massiv in Gasverflüssigungsanlagen investiert und dafür große Schulden angehäuft hatte«. Sein Vater habe aber gewusst, dass LNG gebraucht werden würde. Nun investiere man wieder riesige Summen in neue Verflüssigungsanlagen – entgegen des Trends, sich von »Fossilen« loszusagen. Doch er sei überzeugt, dass Gas »für die Übergangszeit sehr wichtig ist«, so Tamim im Interview in »Le Point« vom 15. September 2022.

LNG sehe er auch als saubere Energie, weil Katar während der Produktion viel CO_2 in alte Förderstätten einlagere, was Carbon Capture and Storage genannt wird. Ebenso sei in Technologien investiert worden, die das Abfackeln sogenannter Begleitgase deutlich reduziere. Sein Land sei stolz darauf, sich stets an jeden Liefervertrag gehalten zu haben, sagt der Emir ohne Russland beim Namen zu nennen, das unter fadenscheinigen Gründen im September 2022 Gazproms Gaslieferungen durch die Nord Stream 1 Pipeline nach Deutschland eingestellt hat. »Wir sind ein zuverlässiger Partner«, unterstreicht das Staatsoberhaupt. Er wolle Europa in der Krise helfen, doch Katar könne russisches Gas dort nicht vollständig ersetzen.

Und über allem schwebt die Angst, dass Katars Milliardeninvestitionen ein erneutes großes Risiko sind. Denn er wisse, dass Rohstoffreichtum endlich sei, erinnert der Herrscher Katars an die Zeit der Armut, nachdem billigere japanische Zuchtperlen in den 1930er-Jahren die katarische Perlenfischerei stoppten und Armut und Hunger ins Land einzogen. Seine Lehre: Gewaltige Investitionen in Bildung, »das ist der Schlüssel«.

Qatar Energy ist ein Zusammenschluss aus mehreren Firmen der Öl- und Gasbranche. 2021 wurden die beiden Unternehmen Qatar Petroleum und Qatar Gas fusioniert, die bereits vorher zum Teil aus anderen Firmenfusionen entstanden waren. Qatar Energy war geboren. Das staatliche Unternehmen ist mit einer Gasförderung von 177 Milliarden Kubikmetern und der Produktion von gut 637 Millionen

Gas-Großmächte

	Reserven[1]	Förderung[2]	Export per Pipeline[2][3]	Export LNG[2][3]	Anteil Weltmarkt in %[3]	Verbrauch[6] (= % des Weltverbrauchs)	Vorkommen für Jahre[7]	Abfackeln[8]
Katar	24,7	177,0	21,1	106,8	20,7	40,0 (1,0 %)	144,0	0,9 %
Russland	37,4	701,7	201,7[4]	39,6	7,7	474,6 (11,8 %)	58,6	17,3 %
USA	12,6	934,2	84,3	95,0	18,4	826,7 (20,5 %)	13,8	6,3 %
Saudi-Arabien	6,0	117,3	0	0	0	117,3 (2,9 %)	53,7	1,8 %
Iran	32,1	256,7	17,3	0	0	241,1 (6,0 %)	128,0	12,1 %
VAE	5,9	57,0	-19,5	8,8	1,7	69,4 (1,7 %)	107,1	0,6 %
Australien	3,2	147,2	-4,8	108,1	20,9	39,4 (1,0 %)	16,8	0,5 %
China	8,4	209,2	-53,2[5]	-109,5	0	378,7 (9,4 %)	43,3	1,8 %
Europa[9]	5,4	210,4	-232,8	-108,2[10]	0	517,1 (14,1 %)	14,5	1,2 %

1) *Proven reserves* in Billionen m³ laut BP 2020; 2) 2021 in Mrd. m³; 3) Negative Zahlen bedeuten Import; 4) 15,1 Mrd. m³ wurden zuvor aus Zentralasien importiert, 5) Davon 7,6 aus Russland und 31,5 aus Turkmenistan, 5,9 aus Kasachstan, 4,3 aus Usbekistan; 6) In Billionen m³, in Klammern als prozentualer Anteil am Weltverbrauch; 7) Wie lange das Gas bei gleichbleibender Förderung noch reicht, *R/P ratio* (BP 2020); 8) Rate in % der weltweiten Gasverbrennung bei Gasförderung, -transport, -verflüssigung etc.; 9) EU-Staaten plus GB, Norwegen, Ukraine u. a.; 10) Davon 30,8 aus den USA, 22,5 aus Katar, 17,4 aus Russland, 15,4 aus Algerien, 13 aus Nigeria

Quellen: BP 2022; Opec Energy Review 2021; EIA 2021

Barrel (je 159 Liter) Rohöl jährlich ein Branchenriese. Rechnerisch kommt Katars Konzern Nummer eins so auf 4,8 Millionen Barrel Öläquivalent (mboed) täglich in Form von Erdgas und 1,7 mboed Rohöl. Katars Rohstoffjuwel liegt damit deutlich vor privaten internationalen Energiemultis wie BP (2,6 mboed) oder ExxonMobil (3,7 mboed), aber klar hinter dem weltgrößten Ölproduzenten, Saudi Aramco. Der kommt im benachbarten Saudi-Arabien auf eine Förderung von 13,0 mboed. Der staatlich kontrollierte größte russische Ölkonzern Rosneft, an dem Katars Staatsfonds QIA gut 18,9 Prozent der Aktien hält, produziert pro Tag Öl und Gas im Umfang von 5,8 mboed.

Qatar Energy fing bescheiden an: Katars erstes Ölfeld bei Dhukan wurde 1940 von der Anglo-Persian Oil Company entdeckt, später als in den Nachbarstaaten. Das Land war damals britisches Protektorat und die Ölfirma Vorgängerin des binnen weniger Jahre zu einem internationalen Multi gewordenen BP-Konzerns. 1974 verstaatliche Qatar seine Ölindustrie.

Ausgewählte Energieinfrastruktur in Katar

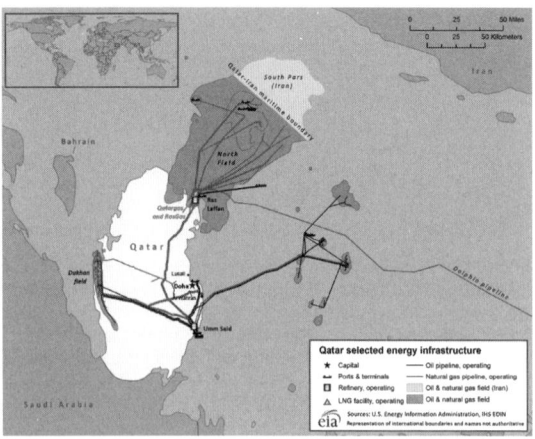

Quelle: https://www.eia.gov/international/analysis/country/QAT

Das erste Gasfeld North Dome wurde 1971 unter dem Meeresboden des Persischen Golfs von Shell gefunden, aber damals wurde kein Erdgas gebraucht. Nach Zahlen der Internationalen Energieagentur (IEA) ist es das mit 51 Billionen Kubikmetern Erdgas sowie knapp 8 Milliarden Kubikmetern Gaskondensat größte Gasfeld global. Von den 9.700 Quadratkilometern liegen 6.000 auf katarischer Seite und der Rest unter dem Meeresgrund Irans, wo das Feld South Pars genannt wird. Daneben verfügt Katar über das Onshore-Ölfeld Dhukan sowie Ölfelder im Golf (Offshore) östlich der Halbinsel in Richtung der VAE.

Qatar Energy entstand, um Ressourcen zu bündeln und Synergien zu heben. Al-Kaabi sagt, so wolle man 900 Millionen US-Dollar jährlich an Kosten durch das Abschaffen von Doppelstrukturen und andere Synergieeffekte einsparen. Geld, das Qatar Energy für das nach eigenen Angaben weltgrößte Gasprojekt braucht: Bis Ende 2025 soll die heutige LNG-Produktion von 77 Millionen Tonnen jährlich auf zunächst 110 Millionen gesteigert werden. Dafür würden fast 28,8 Milliarden US-Dollar investiert.

Qatar stemmt das nicht alleine, sondern mithilfe internationaler Multis. Mit von der Partie sind die langjährigen Partner Shell (Großbritannien), ExxonMobil und Conoco Philips (USA) sowie Total Energies (Frankreich) und seit Neuestem für dieses Projekt auch Eni (Italien). Alle halten Minderheitsanteile von bis zu 25 Prozent an den unterschiedlichen Produktionsstätten der North Field East genannten Ausbauphase. Die Anteile bekommen sie im Gegenzug für ihre Investitionen.

In einer späteren, North Field South genannten Phase, soll die Exportkapazität bis 2027 auf 146 Millionen Tonnen jährlich wachsen. Also insgesamt eine Steigerung um zwei Drittel, und der Sprung mit weitem Abstand an die Weltspitze der LNG-Exporteure. Zusammen soll dies alles 45 Milliarden US-Dollar kosten.

Finanzierbar erscheint dies für Qatar Energy, das seinen Umsatz 2021 gegenüber dem ersten Coronajahr 2020 um gut die Hälfte auf umgerechnet 33 Milliarden Dollar steigern konnte und sein Nettoergebnis von 11,3 auf 26,9 Milliarden Dollar mehr als verdoppeln konnte.[133]

Die weltweiten LNG-Exporte machten 2021 gut 516 Milliarden Kubikmeter aus, wovon fast 372 Milliarden nach Asien gingen. Katar nahm bei den globalen LNG-Lieferungen mit 106,8 Milliarden Kubikmetern hinter Australien (108,1) und vor den USA (95) den zweiten Rang ein. Über Pipelines wurde Erdgas in der Größenordnung von 704,4 Milliarden Kubikmetern transportiert, von denen 369,1 Milliarden nach Europa gepumpt wurden. Mit 201,7 Milliarden Kubikmetern war Russland dabei 2021 der größte Exporteur vor Norwegen (112,9).

Neben 106,8 Milliarden Kubikmetern LNG (20,7 Prozent des weltweiten LNG-Exports) liefert Katar auch noch 21,1 Milliarden Kubikmeter Erdgas über die Dolphin Pipeline in die Vereinigten Arabischen Emirate.[134] Diese Lieferungen wurden auch nach der 2017 durch die arabischen Nachbarn verhängten Katar-Blockade nicht gestoppt. Das Thema Zuverlässigkeit als Energielieferant obsiegte über Rachegelüsten. Die Blockade verursachte indes anfangs so große Probleme, dass Qatar Energy seine Helium-Exporte zeitweise einstellen musste. Große Kunden dieser Ausfuhren sind die Industriegaseproduzenten Linde und Air Liquide.

Hauptexportprodukt von Qatar Energy vor Helium, Benzin, Kerosin und Rohöl ist aber verflüssigtes Erdgas. Bis zur Fertigstellung der ersten Ausbaustufe North Field East habe er kaum Möglichkeiten, mehr Flüssiggas nach Europa zu schaffen, sagt Al-Kaabi. Die Europäer würden gerne ihre Gaslieferungen diversifizieren, seit der russische Gazprom-Konzern vom Kreml als politische Waffe im Ukraine-Krieg eingesetzt wird. »Jeder Tropfen« der 77 Millionen Tonnen sei heute durch Langfristverträge verkauft, unterstreicht Al-Kaabi und übertreibt dabei etwas: Mindestens 85 Prozent seien durch Lieferabkommen, die bis zu 25 Jahre laufen, an konkrete Kunden verkauft, unterstreichen andere katarische Offizielle. 10 bis 15 Prozent würden bisher nach Europa gehen, dort allerdings an ein LNG-Hub in England, wo Qatar Energy selbst an Endkunden verkaufe.

Diese LNG-Liefermenge belasse er in Europa, solange der Krieg andauere, auch wenn er anderswo mehr Geld dafür bekommen könnte, verspricht Al-Kaabi. Dabei sieht er sich als Unternehmer, der »ohne Emotionen« handele. Aber, wie er ausdrücklich betont, »immer im Interesse unseres Landes«. Er sei »ein Mann, der sein

Wort halte«, deshalb werde er Käufern immer das liefern, was bestellt worden sei: »Wir haben trotz der Blockade von 2017 an, trotz Preisverfalls und Krisen jeden einzelnen Tanker befüllt und geschickt. Wir haben einen Ruf als absolut zuverlässiger Partner, und diese Reputation setzen wir nicht aufs Spiel.« Er könne seinen vor allem in Asien sitzenden Kunden auch nicht einfach sagen: Sorry, die Europäer brauchen jetzt unsere Hilfe.

Mit seinem deutschen Amtskollegen Robert Habeck hat Al-Kaabi im Mai 2022 am Rande des Staatsbesuchs des Emirs bei Bundeskanzler Olaf Scholz eine Energiepartnerschaft beschlossen. Das vier DIN-A4-Seiten umfassende Papier ist bisher nicht mehr als eine Absichtserklärung. Darin geht es um die »Zusammenarbeit und für beide Seiten vorteilhafte Handels- und Investitionsbeziehungen auf dem Gebiet des verflüssigten Erdgases, um eine sichere Energieversorgung zu fördern«, sowie die »Entwicklung von grünem und blauem Wasserstoff«. Grüner Wasserstoff ist das eigentliche Ziel des Grünen Habeck, also H2, das ausschließlich unter Verwendung von erneuerbaren Energien durch die Elektrolyse von Wasser gewonnen wird. Katar indes setzt bisher eher auf die H2-Gewinnung aus Erdgas.

Doch das ist nicht der einzige Knackpunkt. Bisher habe sich die Bundesregierung nicht um Energieimporte gekümmert, sondern private deutsche Firmen dies machen lassen, berichten unisono Gesprächspartner aus der katarischen Führung in Doha. Fünf Jahre lang habe man mit RWE und Uniper über eine Beteiligung am Bau eines LNG-Terminals an der Elbe verhandelt. »Dann hat man uns signalisiert: kein Interesse.« 2018 hatte Al-Kaabi dem »Handelsblatt« gesagt: »Wir sind sehr ernsthaft an einer Beteiligung an einem deutschen LNG-Terminal interessiert und reden mit Uniper und RWE.« Inzwischen sei Qatar Energy nach dem Sichern der gesamten LNG-Anlandekapazität im belgischen Zeebrugge sowie in Großbritannien nicht mehr an einer der fünf Flüssiggas-Regasifizierungsanlagen interessiert, die in Deutschland zunächst in provisorischer Form entstehen sollen.

Jetzt habe die deutsche Regierung sich »um 180 Grad gedreht«, heißt es in Doha. Aber Katar ist auch fordernder geworden: Sein Land wolle wissen, wie viel katarisches LNG und von den nun entstehenden zusätzlichen Verflüssigungskapazitäten Deutschland haben wolle, sagt Katars Botschafter in Berlin, Scheich Abdullah bin Mohammed Al-Thani. Und der Vizepremier Mohammed bin Abdulrahman Al-Thani versprach am Rande des Emir-Staatsbesuchs: Katar wolle bereits 2024 so weit sein, von Golden Pass aus (einem großen LNG-Terminal in Texas/USA) LNG nach Deutschland zu liefern.[135] An der Anlage in Texas ist Qatar Energy mit 70 Prozent beteiligt.

Qatar Energy hat nicht nur in den USA investiert und setzt dabei oft auf die Partnerkonzerne, die es auch an seiner heimischen Produktion beteiligt hat. Das Staatsunternehmen hat sich mit Exxon-Mobil in Mosambik und vor Zypern, mit Chevron in Marokko, mit Total Energies und ExxonMobil in Pakistan und mit Total Energies in Surinam und Südafrika zusammengetan. Auch bei Öl- und Gasförderrechten ist Katar das eigene Territorium längst zu klein – wie auch schon in der Welt der globalen Finanzströme, wo der Staatsfonds QIA inzwischen dreistellige Milliardensummen aus den Überschüssen der Gasexporte global investiert: in Beteiligungen in Brasilien, Mexiko, Argentinien, Kenia, Angola und anderen afrikanischen Staaten.

LNG wurde anfangs als »zu teuer und deshalb zu riskant« angesehen, doch Katar ist dieses Risiko eingegangen. Nun erntet es die Früchte: »Wir sehen die Dominanz Katars auf dem Markt immer weiter steigen und steigen«, meint David Roberts, Professor am Londoner King's College. Katar habe »die beste und billigste LNG-Produktion« aufgebaut. Das sieht auch der Total-Energies-Chef Patrick Pouyanné so: »Ich suche den besten und preiswertesten Produktionsort – deshalb liebe ich Katar.« Russisches Gas sei 30 bis 40 Prozent billiger gewesen bis 2020, lässt sich Pouyanné etwas in die Bücher schauen: »Putin hat uns ja nicht gezwungen, sein Gas zu kaufen. Es war halt viel billiger.« Jetzt habe man auf die bittere Art Lektionen von Putins Machiavellismus gelernt und müsse viel Lehrgeld dafür zahlen.

Während die großen Ölmultis und asiatische Versorger längst Langfristverträge mit Qatar Energy abgeschlossen haben, muss vor allem Deutschland jetzt Abkommen mit Laufzeiten von 15, 20 oder 25 Jahren akzeptieren, wenn es an Katars Schatz will. Wegen des Ziels der Klimaneutralität bis 2045 tut sich die Bundesregierung

	Reserven[1]	Öl-förderung[2]	Anteil in % global	Verbrauch[2]	Vorkommen[3]	Export Rohöl[2]	Ausfuhr Ölprodukte[2]
Katar	25,2	1,746	1,9	0,311	45 J.	0,48	0,1
Russland	80,0	10,944	12,2	3,407	22 J.	5,29	2,94
USA	47,1	16,585	18,5	18,684	11 J.	2,78	5,11
Saudi-Arabien	266,3	10,954	12,2	3,595	76 J.	6,49	1,21
Iran	208,6	3,620	4,0	1,690	214 J.		
VAE	98,6	3,668	4,1	0,952	85 J.	2,93	1,81
China	26,0	3,993	4,4	15,442	18 J.	0,31	1,27
Europa[4]		3,420	3,8	13,527		0,73	2,31

1) in Mrd. Barrel; 2) in Mio. Barrel pro Tag; 3) in Jahren; 4) EU-Staaten plus Norwegen und GB
Quellen: BP 2022; Opec Energy Review 2021; EIA 2021

damit aber bislang schwer. Doch wenn man sich aus der Abhängigkeit von russischem Gas endgültig lösen will, das zum Zeitpunkt des Kriegsausbruchs einen Anteil in Deutschland von 55 Prozent hatte, wird man um langfristige Lieferabkommen mit Katar nicht herumkommen. In Doha wird der langfristige Charakter der Verträge mit den gewaltigen Investitionen in die Förderung und den Aufbau von Industrieanlagen begründet.

Dabei spart Al-Kaabi auch nicht mit Kritik am Westen: Zwar würden die USA und europäische Regierungen »jetzt bei uns anklopfen und um Hilfe bitten«, sagte er auf dem Doha Forum im März 2022. Die neben ihm sitzenden Chefs der französischen und norwegischen Ölkonzerne Total Energies und Equinor forderte er auf, bei Europas Regierungen durchzusetzen, dass wieder verstärkt in die Erkundung und Produktion von Öl und Gas investiert werde. Wegen des aktuellen Bedarfs und entgegen der Klimastrategie der EU, die eigentlich keine neuen Investments in die Erkundung fossiler Vorkommen mehr vorsieht. Jahrelang sei behauptet worden, »wir brauchen keine Energiekonzerne mehr, ihr seid die bösen Buben«, ärgert sich Al-Kaabi. Seit 2015 seien jährlich 20 Prozent weniger in Öl- und Gasprojekte investiert worden weltweit. Und jetzt heiße es: »Helft uns, produziert mehr.« Dabei brauche man schon gewaltige Summen, um die aktuelle Produktion am Laufen zu halten – und eben Langfristverträge, die die EU nicht nur bei Russlands Gazprom immer abgelehnt hatte.

Frank Harris, LNG-Experte beim Energieberatungsunternehmen Wood Mackenzie, sieht noch einen anderen Streit: »Es gibt jetzt einen langfristigen Kampf zwischen Katar und den USA um die Vorherrschaft.«[136] Den längeren Atem hat dabei Katar: Die dortigen Gasvorkommen reichen bei aktuellem Förderniveau noch für 144 Jahre, die in Russland für fast 59 und die amerikanischen für nicht einmal mehr 14 Jahre.[137] Leo Kabouche, Analyst bei Energy Aspects, hält Katar zudem aufgrund seiner geografischen Lage für besser geeignet als die USA, um Europa und Asien zu versorgen.

Qatar Energy weiß um seine Stärke und will sein Industrie-Portfolio entlang der Wertschöpfungskette von Öl und Gas weiter ausbauen. Ein Instrument dafür ist der Konzern Industries Qatar, der unter Al-Kaabis Leitung zu einem Weltunternehmen werden soll. Dazu gehören: die Qatar Petrochemical Company, die zu einem der global führenden petrochemischen Werke ausgebaut werden soll. Sowie der Stahlkocher Qatar Steel, die katarisch-norwegische Aluminiumschmelze Qatalum, Qatar Vinyl, der Düngerproduzent Qatar Fertilizer Company und andere. Zudem plant Qatar Energy die Vergabe des größten Schiffsbauauftrags in der Geschichte an Unternehmen in China und Südkorea: 100 neue LNG-Tanker sollen dort gebaut werden, um die bisher 45 eigene Schiffe umfassende Flotte von Flüssiggasschiffen zu ergänzen. Das Wirtschaftsmagazin »Forbes Middle East« schätzt den Wert von Industries Qatar auf 33,6 Milliarden US-Dollar.

Der gezielte große Ausbau des Gassektors ist nach offiziellen Angaben aus Doha der Grund, warum Katar im Januar 2019 aus der OPEC, dem Kartell der Erdöl exportierenden Länder, ausgetreten ist. Die OPEC war 1960 vom Irak, Iran, Kuwait, Saudi-Arabien und Venezuela gegründet worden, Katar schloss sich ein Jahr später an. Die 13 Mitgliedstaaten des Verbundes kontrollieren gut 80 Prozent der globalen Ölvorkommen.

»Katar hat nicht sehr viel produziert, sodass es an sich nicht so wichtig ist«, kommentierte Robin Mills, CEO des Dubaier Beratungsunternehmens Qamar Energy, die katarische Entscheidung, aus der OPEC auszutreten. Sie sei aber »eine Enttäuschung« für das Kartell gewesen, »weil die OPEC versucht hat, Mitglieder zu gewinnen«. Katar, so ist bei Regierungsvertretern in Doha zu erfahren, habe seit Verhängung der Blockade gegen das Land durch seine arabischen Nachbarn im Juni 2017 alles getan, sich dem Einfluss vor allem Riads und Abu Dhabis zu entziehen. Und in der OPEC gibt Saudi-Arabien als mit Abstand weltgrößter Ölexporteur den Ton an, egal wer aktuell die rotierende Präsidentschaft innehat. Man sei »sehr froh«, nicht mehr der OPEC anzugehören, sagt noch im März 2022 ein Verantwortlicher in Doha in einem Hintergrundgespräch.

Der Tornado Tower in Dohas Hochhausviertel West Bay ist Sitz des Gas Exporting Countries Forum. Das GECF wurde 2008 gegründet und ist eine Art Gas-Opec. Aber in ihr sind die Gasgroßmächte Russland, Iran und Katar bestimmend unter den zwölf Mitgliedstaaten und den acht Beobachterländern (darunter als einziges westliches Land Norwegen). Eine große Differenz zur OPEC gab es, betonte Al-Kaabi schon 2018: »Das GECF schreibt im Unterschied zur OPEC seinen Mitgliedern keine Fördermengen vor.« Zwar gibt es – im Gegensatz zur OPEC – regelmäßig Treffen der Staatsoberhäupter der Gaskartellmitglieder. Aber bisher werden keine Förderquoten für Gas diskutiert.

Die in Wien ansässige OPEC wurde 2019 hingegen um Länder wie Russland und Kasachstan de facto zur OPEC+-Gruppe erweitert, die klare Fördermengen vorgibt. Daran ist Katar seit dem Austritt nicht mehr gebunden.

Qatar Energy ist nach eigenen Angaben der LNG-Produzent mit den niedrigsten Kosten und laut Umweltbundesamt der mit der saubersten Erdgasförderung im Vergleich etwa zu Russland, den USA oder Australien. Auch weil Katar die geringste sogenannte Flaring Rate hat, also am wenigsten bisher nicht genutzte andere Gase bei der Erdgasproduktion oder der Ölgewinnung abfackelt. Es ist, wenn man nachts über den Persischen Golf fliegt, ein imposantes Schauspiel mit riesigen Flammen vor allem über dem Irak, Iran und Kuwait. Diese Flaring Rate lässt Qatar Energy immer weiter sinken durch den Einsatz moderner Technologien.

Doch noch an anderer Stelle will der Konzern »grün« werden: Zusammen mit Total Energies baut Qatar Energy gerade das größte Solarkraftwerk in Katar mit 800 Megawatt (MW) Leistung. So soll der Energieverbrauch für die Öl- und Gasförderung sowie die Verflüssigung schrittweise von fossilen Brennstoffen auf Erneuerbare umgestellt werden. Bis 2035 soll zudem die Kohlenstoffintensität der LNG-Anlagen durch Kohlenstoffabscheidung um 35 Prozent reduziert werden. 2,5 Millionen Tonnen CO_2 würden schon jetzt jährlich eingelagert, 2035 soll dies auf 11 Millionen Tonnen steigen. Das zeige, »wie ernst es uns mit der Transformation unserer Industrie ist«, so der 55-Jährige.

Auch die extrem klimaschädlichen Emissionen von Methan, das bei der Förderung, beim Transport und bei Leckagen (vor allem aus alten russischen Pipelines) entweicht, sollen drastisch gesenkt werden. Wann das Programm »Methan net zero« umgesetzt sein wird? Al-Kaabi: »Wenn mein Enkel, der jetzt im Kindergarten ist, seinen Doktortitel macht.«

Bisher wird weltweit so viel Energie verbraucht, wie es fast 250 Millionen Barrel Rohöl pro Tag entspräche. Wollte man diese Menge in Kesselwagen auf der Schiene transportieren, dann würde ein Tankzug vom sächsischen Freiberg bis nach Washington reichen. Dafür, dass dieser Zug immer kürzer und das Klima geschont wird, muss noch viel getan werden. Bis aber alle Länder ihre Emissionen drastisch reduzieren und Erdöl und Erdgas verbannen, wird LNG ein wichtiger Brücken-Energieträger bleiben und erst einmal an Bedeutung zunehmen. Das spielt Katar in die Hände: »In einem Jahrzehnt, in dem Elektroautos nicht mehr das Öl von Saudi Aramco verbrennen werden, werden viele von ihnen noch mit Strom geladen, der mit dem Gas von Qatar Energy erzeugt wird«, schrieb unlängst der »Economist« im Vergleich der beiden staatlichen Energiekonzerne.[138] Und schon jetzt sieht sich Qatar Energy selbst so: »Wir stellen die Zutaten her, aus denen fast alles auf der Welt gemacht wird – von Medikamenten, über Dünger, elektronische Geräte, bis hin zu Kleidung und Farben.« Und dies alles, weil wir auf »Katars einmalige Ressourcen« zurückgreifen können.

Power International Holding: Katars fliegende Kühe

Eine fliegende schwarz-weiß gefleckte Kuh mit Fallschirmspringerbrille und im Wind flatternden Ohren ist die Werbeikone für die Milchprodukte von Baladna. Und das nicht von ungefähr: Fünf Wochen nach Beginn der Blockade Katars durch die Nachbarstaaten ließ der Betreiber der 2,4 Millionen Quadratmeter großen Baladna Farm in rund 60 Flügen mit Boeings 777 von Qatar Airways Cargo insgesamt 4.000 Milchkühe einfliegen. Das war im Sommer 2017, die Grenzen waren dicht. Die ersten 165 kamen aus Deutschland über Lüttich und Budapest, der Großteil waren Holsteiner Rinder aus den USA und Australien. Die Frachtkosten alleine beliefen sich auf etwa acht Millionen Dollar.

Heute stehen in dichten Reihen 24.000 Kühe gut 50 Kilometer nördlich der Hauptstadt Doha, nahe der WM-Stadt Al Khor (eingedeutscht: Al-Chaur), in dessen einem arabischen Wüstenzelt nachempfundenen Al-Bayt-Stadion am 20. November 2022 das Eröffnungsspiel stattfindet. Durch die 31 Stallungen im Wüstensand wird mit einem riesigen Fön Frischluft geblasen und, wenn wegen der Hitze nötig, kalter Wasserdampf. Viele der Tiere liegen im Sand unter dem Sonnendach. Kleine Kälber haben für 60 bis 70 Tage eigene Käfige, nachdem sie drei Stunden nach der Geburt von den Muttertieren getrennt und die ersten Tage von Hand von Mitarbeitern der Farm gefüttert werden. Die Milchkühe bekommen einen Mix aus Gerste, Mais, Soja und Zuckerrüben. Das Futter wird in Frachtschiffen importiert und in der eigenen Mühle gemischt.

Viermal am Tag kommt Bewegung in die Herden: Dann kommen die Kühe in ein liegendes Riesenrad – ein automatisches Melkkarussell, in dem 100 Tiere für jeweils acht Minuten langsam im Kreis fahren. Sie werden dabei in der vollautomatisierten Anlage – sie stammt aus Irland – gemolken. Fast 40 Liter Milch gibt jede Kuh im Durchschnitt pro Tag. Sechs solcher Melkanlagen hat die Farm.

Kühe in Katar? Dabei geht es um die nationale Sicherheit. Vor der Blockade des Landes durch seine arabischen Nachbarn kam der Löwenanteil der Milchprodukte aus dem Osten Saudi-Arabiens. Dort gibt es riesige Ländereien, die zur landwirtschaftlichen Versorgung der Staaten des Golfkooperationsrates aufgebaut worden waren. Über Nacht wurde der Landweg für Agrarimporte gekappt. Milch, Gemüse und andere Waren bezog Katar zunächst aus dem Iran und der Türkei.

Um ein Stück weit autark zu werden, startete, nur gut einen Monat nach Beginn der Blockade, der massive Ausbau einer einheimischen Landwirtschaft. Baladna baute riesige Ställe für die eingeflogenen Milchkühe. Hinzu kam eine weitgehend vollautomatisierte Molkerei vom Anlagenbauer GEA und anderen Herstellern. Milch, Joghurt, Feta, Mozzarella, Cheddar, Frischkäse, Sahne und Säfte werden unweit der beiden Farmanlagen hergestellt, alles – bis auf die Käsearten – vollautomatisch. Nach eigenen Angaben liefert die Firma 89 Prozent der Milchprodukte im Land.[139]

Andere Unternehmer haben Hühnerfarmen aufgebaut oder bauen Gemüse an. In den Supermärkten liegen Gurken, Tomaten, Paprikas und Zucchinis »produced in Qatar« neben Gemüse und Obst aus aller Welt. Und das obwohl gerade einmal 2,5 Prozent der Fläche des Landes überhaupt landwirtschaftlich nutzbar sind und ohne ausreichend Wasser zu haben. Trinkwasser muss aufwendig mit fossilen Brennstoffen in riesigen Meerwasserentsalzungsanlagen aufbereitet werden. In Planung ist immerhin der Aufbau von Solarparks, um die Trinkwasserproduktion ökologisch sauberer zu machen. Auch die Gewinnung von Humus aus Lebensmittelabfällen ist im Aufbau. Und für die Gemüseproduktion werden moderne Tröpfchenbewässerungssysteme und vertikales Farming eingesetzt.

»Baladna ist mehr als einfach nur ein Geschäft«, sagt Moutaz Al-Khayyat, Chairman der Power International Holding (PIH), des Mutterkonzerns des Milchproduzenten. »Es ging uns darum, Katar sehr schnell und sicher mit eigener Milchproduktion zu versorgen.« Baladna, 2014 zunächst zur Produktion von Schafs- und Ziegenmilch sowie Fleisch gegründet, ist ein Tochterunternehmen von PIH. 2017, nach Verhängung der Blockade, »wurde dann sehr schnell umgeschwenkt und wir starteten mit der Produktion von Frischmilch von Kühen«, sagt der Firmenchef und betont: »Wir waren in der Lage, binnen eines Jahres die Selbstversorgung des Landes sicherzustellen.« Die Firma leiste so einen »wichtigen Beitrag zu Katars Vision 2030, die einen sehr hohen Anteil der Selbstversorgung vorsieht als Teil der nationalen Sicherheit«.

Baladna wird an der Qatar Stock Exchange gehandelt und ist inzwischen umgerechnet 850 Millionen Euro wert. 25 Prozent der Aktien liegen bei der Al-Khayyat-Familie sowie zu 12,3 Prozent beim katarischen Pensionsfonds. Baladna sei zu einem »Symbol des nationalen Widerstands und der Selbstbehauptung« geworden. So bilanziert Al-Khayyat die Blockadejahre. Diese Jahre hätten auch etwas Gutes gehabt: »Sie haben Unternehmern bei uns im Land viele neue Chancen und Geschäftsfelder beschert.« Branchen, die zuvor von Unternehmen aus den Nachbarstaaten dominiert worden waren. Seine »Fliegende-Kühe-Aktion« erinnert an die Berliner Luftbrücke, mit der die Alliierten 1948/49 – allen voran die Amerikaner mit ihren Rosinenbombern – die sowjetische Blockade West-Berlins durchbrachen.

Baladna soll aber nicht nur in Katar erfolgreich werden. Das Unternehmen exportiert bereits in zwölf Länder. Die Firma soll Modell für den Aufbau einer Milchwirtschaft von Null an werden, sagt der 1983 geborene Al-Khayyat. Er führt PIH als Familienunternehmen in zweiter Generation mit seinem Bruder Ramez, der CEO der Gruppe ist. So sei bereits mit einem staatlichen Agrarkonzern in Malaysia der Aufbau einer Milchfarm mit integrierter Großmolkerei und zunächst 10.000 Kühen vereinbart worden. Und – das Gespräch fand kurz vor dem russischen Angriff auf die Ukraine statt – mit der Ukraine sei eine ähnliche Absichtserklärung unterzeichnet worden, nur Monate nachdem Kiew erstmals im Juli 2021 den freien Landhandel im größten Flächenstaat Europas gesetzlich erlaubt hatte. Risiken gehe seine PIH-Holding auch andernorts ein: So solle zusammen mit Siemens ein Projekt in dreistelliger Millionenhöhe im noch immer bürgerkriegszerrissenen Libyen begonnen werden.

Denn PIH ist nicht nur in der Agrarwirtschaft tätig. UCC, der Baukonzern der Gruppe, ist laut »Middle East Economic Digest«, dem Wirtschaftsfachblatt aus Dubai, die Nummer eins in Katar und der drittgrößte im Mittleren Osten und Nordafrika. Gut 60 Millionen Quadratmeter Wohn- und Industrieflächen hat der Konzern bisher errichtet. Darunter fallen die Hochhäuser am Baywalk, der Uferpromenade der künstlichen Insel »The Pearl«, die Luxusresort-Insel »Banana Island« vor Doha, aber auch Krankenhäuser, das Lekhwiya Stadium in der Hauptstadt (das während der WM als Trainingsstätte dient), die große und etwa eine Milliarde teure »Mall of Qatar«, aber auch künstliche Inseln und Nobelferienresorts auf den Malediven und die Rollbahn des Flughafens von Doha. Es wurden auch ganze Industrieparks und Arbeiterwohnanlagen in Katar errichtet und Luxusimmobilien in London und Paris modernisiert. Neben dem Baukonzern und Baladna gehören der Immobilienentwickler Assets, das ebenfalls inzwischen börsennotierte Dienstleistungs-, Gesundheits- und Industriekonglomerat Elegancia und die Aura Gruppe, die über 70 Restaurants betreibt und sieben Unterhaltungsparks besitzt, zu PIH.

Im Büro im 34. Stock seines »The E18hteen« Towers in der neu erbauten Stadt Lusail am nördlichen Außenrand von Doha lässt Al-Khayyat den Blick aus dem Fenster schweifen. Er blickt auf die von seiner UCC aufgeschüttete künstlichen Insel vor der Stadt, auf der ein »Winterwonderland« entstehen soll – inmitten von azurblauem Ozean und der Hitze der Wüste. Lusail habe er als neuen Firmensitz ausgewählt, weil die Stadt als »smart city« angelegt sei, also voll vernetzt und nach modernsten Standards.

Lusail, das entworfen wurde von der deutschen Projektentwicklergruppe Dorsch, soll bald 200.000 Einwohner zählen. PIH hat jetzt bereits über 65.000 Mitarbeiter, die gut drei Milliarden US-Dollar Umsatz jährlich erwirtschaften, wie es in Branchenkreisen heißt. Publiziert werden die Daten nicht, denn die Holding ist nicht an der Börse QSE notiert. Aber immer mehr Familienunternehmen sollten gelistet werden, davon ist Al-Khayyat überzeugt. Das nutze »dem Wachstum der Firmen, ihrer transparenten Unternehmensführung, der Kapitalbeschaffung und ist nachhaltiger«. Dem diene auch, dass in allen Bereichen der Holding künftig vermehrt katarische Beschäftigte und vor allem Frauen gefördert werden sollten. Ein Drittel der Führungspositionen sollen künftig an Managerinnen gehen, sagt Al-Khayyat. Mehr Diversität und mehr Börsengänge seien »die Zukunft«.[140]

Nasser Al-Khelaifi: Und Geld schießt doch Tore

Als Tennisprofi hat es Nasser Al-Khelaifi nicht bis an die Spitze gebracht: Gerade auf Platz 995 der Tennis-Weltrangliste konnte der erste Tennisprofi Katars 2002 vorrücken, nicht einen Titel erringen – weder bei ATP-Turnieren noch im Davis Cup mit Katars Nationalteam. Erfolg brachte ihm erst der Fußball. Aber ohne Tennis wäre der 1973 in Doha Geborene heute nicht da, wo er steht: mit an der Spitze des europäischen und des Weltfußballs.

2011 wurde Al-Khelaifi Chairman von Qatar Sports Investments. QSI ist ein sieben Jahre zuvor vom katarischen Staatsfonds Qatar Investment Authority gegründetes Vehikel für finanzielles Engagement in einem besonderen Bereich von Katars Investmentstrategie: dem Sport. Und Al-Khelaifi, der in seinen zehn Jahren als Tennisprofi gerade einmal zwölf Siege bei 45 Spielen errang und 16.201 Dollar Preisgeld einspielen konnte, durfte gleich in die Vollen gehen. QSI erwarb 2011/12 vom US-Investorentrio Colony Capital, Butler Capital und Morgan Stanley 70 Prozent des Fußballklubs Paris Saint-Germain.

Seither hat er Medienberichten zufolge 1,3 Milliarden Euro in den Verein gesteckt. Die von der französischen Presse kolportierte Kaufsumme von fast 130 Millionen Euro für den Klub war dabei der kleinste Teil. Ronaldinho, David Beckham, Zlatan Ibrahimovic, Edinson Cavani – Al-Khelaifi holte all die, die nicht zuletzt in den Social Media am besten trendeten. Allein die Verpflichtungen des brasilianischen Superstars Neymar im August 2017 vom FC Barcelona und des siebenmaligen Weltfußballers Lionel Messi verschlangen Unsummen. Zuletzt stach er im Poker um den französischen Stürmer Kylian Mbappé Real Madrid aus. Mbappé blieb in Paris und lehnte einen Wechsel ab. Dass er bei PSG verlängerte, hatte nicht zuletzt mit einer Bleibeprämie über 300 Millionen Euro und einem Gesamtpaket von kolportierten 600 Millionen Euro zu tun. Al-Khelaifi ließ sich denn auch mit seinem Spieler publikumswirksam fotografieren: Auf Mbappés Trikot stand »2025« – die Laufzeit für den höchstdotierten Vertrag aller Zeiten.

Paris Saint-Germain wurde 2022 zum zehnten Mal französischer Meister seit 1986. Gewonnen hat man die Ligue 1, seit Al-Khelaifi das Sagen hat: 2013, 2014, 2015, 2016, 2018, 2019, 2020, 2022. Sein Hauptziel hat Al-Khelaifi dennoch bisher nicht erreicht: Er möchte die Champions League mit PSG gewinnen. Zum ersten Mal. »Diese Ambition habe ich«, sagte er der französischen Sportzeitung »L'Équipe«. Immerhin stand die Mannschaft schon einmal im Champions-League-Finale. Im August 2020 verlor sie gegen Bayern München in Lissabon mit 0:1.

Knapp ein Jahr später stand Al-Khelaifi im Mittelpunkt eines Aufruhrs in der Fußballwelt: Zwölf Vereine um Real Madrid, FC Barcelona, Juventus Turin und Manchester United wollten die Champions League durch eine Super League mit 15 gesetzten Top-Vereinen und vier statt zwei Milliarden Euro Prämien ersetzen. Al-Khelaifi wehrte sich gegen diesen Vorstoß und blieb aufseiten der UEFA. Der Aufstand scheiterte – jedenfalls vorerst.

Seine kompromisslose Haltung hat Al-Khelaifis Position im Weltfußball gestärkt: Er bekam statt des Juve-Präsidenten Andrea Agnelli den Posten des mächtigen Bosses der European Club Association, des Zusammenschlusses der 200 wichtigsten Fußballklubs in Europa. Und als solcher sitzt er auch als erster Araber im UEFA-Exekutivkomitee.

Einer der mächtigsten Männer im Weltfußball ist der Sohn eines Fischers und Enkel eines traditionellen katarischen Perlenfischers geworden. Das gelang ihm auch dank seiner Bekanntschaft mit Scheich Tamim. Mit dem späteren Staatschef schlug er in der Jugend seit 1992 auf dem Al Arabi Tenniscourt die gelben Filzbälle. Die Sportfreundschaft sollte sich bezahlt machen: Wenige Tage nach seiner Inthronisierung als Emir 2013 machte Scheich Tamim seinen fast sieben Jahre älteren Tennispartner zum Minister ohne Portfolio und zudem ein Jahr später zum CEO des neuen katarischen Sportsenders beIN Media Group.

Al-Khelaifi fing 2003 als Direktor für den Einkauf von Übertragungsrechten für den Fernsehsender Al Jazeera Sport an und wurde fünf Jahre später dessen General Manager. Aus Al Jazeera Sport ging dann beIN hervor. beIN baute der Liebhaber der Falkenjagd konsequent aus zu einem der weltgrößten Sportsender und kaufte auch in großem Stil Spielfilmrechte und Entertainmentprogramme zu. Auf der 2021er-Liste der 50 größten Medienkonzerne des Instituts für Medien- und Kommunikationspolitik liegt die beIn Media Group mit einem Umsatz von fast 9 Milliarden Euro auf Rang 29. Zwischen Bloomberg und der BBC.

Al-Khelaifi vereint also drei Erfolgsfaktoren im heutigen Weltsport: Er hat in PSG und Megastars wie Mbappé, Messi und Neymar das Produkt. Er hat in beIN Kanäle, um dieses Produkt weltweit zu vermarkten. Und er hat durch seine Funktionärsposten die Hebel, um in diesem Multimilliardenspiel den wirtschaftlichen Rahmen mitzugestalten.

Al-Khelaifi konnte seine eigene Krise – massive Korruptionsvorwürfe – Ende Juni 2022 abschütteln: Auch in zweiter Instanz sprach ihn das Schweizer Bundesstrafgericht in Bellinzona von den Vorwürfen frei, er habe vor der Vergabe von TV-Rechten für die Fußballweltmeisterschaften 2018 bis 2030 für die Mediengruppe beIN dem ehemaligen FIFA-Generalsekretär Jérôme Valcke »nicht gebührende Vorteile« gewährt. 36 Monate sollte Valcke dafür hinter Gitter, 28 Monate Al-Khelaifi. Er hatte die Vorwürfe stets bestritten. Sein Anwalt sprach nach dem zweiten Freispruch von »jahrelangen unbegründeten Anschuldigungen, erfundenen Anklagen und ständigen Verleumdungen«, die »sich als völlig unbegründet erwiesen« hätten.

Seither konzentriert sich Al-Khelaifi, der regelmäßig zwischen Paris und Doha pendelt, wieder vor allem auf PSG. »Wir setzen unser Projekt fort«, kündigte er an. Einen Kurswechsel soll es jedoch

doch geben nach all den vergeblichen Anläufen, den Fußball-Olymp Champions League zu erklimmen. »Vielleicht sollten wir unseren Slogan ändern ... ›Dream bigger‹ ist gut, aber heute müssen wir realistisch sein, wir wollen kein grelles, blinkendes Bling-Bling mehr, das ist das Ende des Glitzers«, sagte er im Interview mit »Le Parisien«. Von nun an weht ein anderer Wind: »Für die nächste Saison ist das Ziel klar: jeden Tag 200 Prozent arbeiten. Wir müssen wieder demütig werden. Wer in seiner Bequemlichkeit bleiben will, wer nicht kämpfen will, der bleibt draußen.«[141]

Sportdirektor Leonardo musste gehen, genauso wie Trainer Maurizio Pochettino. Dafür wurde als Trainer Christophe Galtier verpflichtet, der 2021 den französischen Provinzklub OSC Lille zur Meisterschaft in Ligue 1 geführt hatte. Glamourös ist die Besetzung am Spielfeldrand nicht. Beim Verkünden weiterer Millioneninvestments schob Al-Khelaifi dennoch hinterher: »Niemand wird uns stoppen können.« Dass Al-Khelaifi solche Sätze vollkommen ernst meint, davon ist ein langjähriger Weggefährte überzeugt. Der marokkanische Tennisspieler Karim Alami, der früher mit Al-Khelaifi spielte und inzwischen das ATP-Tennisturnier in Doha leitet, ist sicher: »Er ist ein netter Kerl, aber er kann auch ein Hai sein.«

Satelliten und VW: die Multi-Aufsichtsrätin Hessa Sultan Al Jaber

Ausgerechnet der arabische Großaktionär Katar musste die Frauenquote im Aufsichtsrat von Volkswagen retten. Das Land Niedersachsen wollte 2016 mit Ministerpräsident Stephan Weil und Wirtschaftsminister Olaf Lies (beide SPD) zwei Männer als Chefkontrolleure berufen. Die IG Metall sowie die mächtigen Betriebsräte hatten mit der Gewerkschaftssekretärin Birgit Dietze damals nur eine Frau aufzubieten. So wurde also ausgerechnet das als erzkonservativ-islamisch geltende Katar gebeten, die 30-Prozent-Frauenquote zu erfüllen, verrieten Diplomaten am Golf. Die Qatar Holding, mit 17 Prozent der Stimmrechte drittgrößte Aktionärin bei VW, benannte Hessa Sultan Al Jaber.

Die resolute Dame, die zwar landesüblich in schwarzer Abaya auftritt, aber als eine der wenigen Frauen am Golf auch Männern die Hand reicht, ist nur in Sachen Volkswagen zurückhaltend. Die promovierte Ingenieurin spricht wortreich und engagiert zu fast allen Wirtschaftsthemen. Nur beim VW-Dieselgate oder bei den umstrittenen Vorstandsbezügen und Abfindungen bei den Wolfsburgern wird sie wortkarg: »Ich glaube, dass Volkswagen eine tolle Firma ist«, sagte sie bei einem Treffen mit Journalisten in ihrer Firmenzentrale 2016 in der Hauptstadt Doha. »Als wir in VW investiert haben, war das die richtige Entscheidung. Wir stehen zu VW«, schob sie hinterher. Im Wolfsburger Konzern-Kontrollgremium hatte sie den wohl bekanntesten katarischen Manager abgelöst: Akbar Al Baker, den wortgewandten und Kontroversen mit amerikanischen und europäischen Firmen nicht scheuenden Chef der Fluggesellschaft Qatar Airways (siehe Kapitel 6: Qatar Airways, S. 202).

Auch sechs Jahre später, als die Managerin nochmals im sandbraunen dreistöckigen, nach ihrem Vater benannten Sultan-bin-Jaber-Gebäude empfängt, hält sie sich in Sachen VW bedeckt. Aber beim Thema Frauenrechte ist sie oft Speerspitze in ihrer Heimat gewesen: Sie war Katars erste Ingenieurin. 2013 berief der neue junge Emir, Scheich Tamim, sie als erste weibliche Ministerin für Informations- und Kommunikationstechnologien. Anfang 2016 fiel dieser Posten zwar der Fusion zweier Ministerien zum Opfer. Ein Jahr später wurde die in Washington promovierte Fachfrau für Computer Science vom Staatschef in den Shura berufen, als eine von vier Frauen unter den 45 Mitgliedern des beratenden Konsultationsrates. Bei der ersten landesweiten Wahl 2021 trat sie nicht an. Es wurde auch keine Frau in den 30 Wahlkreisen gewählt. Unter den 15 vom Emir berufenen Mitgliedern sind noch zwei weibliche Vertreterinnen. »Frauen haben bei uns alles, was sie wollten, erreicht, sie müssen sich und anderen nichts mehr beweisen«, ist sich »Dr. Hessa«, wie sie in Katar genannt wird, sicher.

»Ich glaube an harte Arbeit, und es ist egal, ob Mann oder Frau sie leistet«, sagt die Mutter von zwei Töchtern und einem Sohn. Sie sei gegen eine Frauen-Quote, Frauen hätten heute die gleichen Chancen wie Männer in ihrem Land. Bei Führungsposten in Politik und

Wirtschaft lässt sich das bisher nicht in Zahlen ablesen: Im Kabinett sitzen neben 15 Männern drei Ministerinnen. Die Ressortchefinnen für Gesundheit, für Bildung und Hochschule sowie für Soziales und Familie.

Hessa Al Jaber hat sehr viel erreicht: Sie war eine der ersten Professorinnen an der Qatar University. Dann hat sie als Ministerin Katars Telekommunikationssektor liberalisiert und Katars Breitbandausbau forciert. Sie war an der Gründung der Qatar Satellite Company Es'hailSat beteiligt und hat dort Katars ersten Satelliten entwickeln, bauen und ins Weltall schießen lassen. Dort leitet die 1959 Geborene bis heute den Aufsichtsrat, ebenso als Chairperson das Board der katarischen IT-Firma Malomatia und der Gesundheitsfirma Droobi. Zudem ist Al Jaber Mitglied in den Kuratorien der Qatar University, von Qatar Museums und der Nationalbibliothek im heimischen Doha. Außerdem ist sie Mitglied der ITU Broadband Commission der Vereinten Nationen für nachhaltige Entwicklung und Co-Vorsitzende einer Arbeitsgruppe zum Thema Desinformation und Hassrede.

Viele Posten für die vielbeschäftigte Unternehmerin, und es sind unter den genannten bei Weitem nicht alle. Einige Mandate hat sie aber abgegeben, um mehr Zeit freizuschaufeln für ihr »Hobby«: »Meine Passion ist, in meiner Freizeit in Start-ups zu investieren, vor allem in den Bereichen Technologie und Gesundheit«, betont die Chefin von Trio Investment. Das ist ihre eigene Investmentgesellschaft, die in innovative Technologien investiert, die einige der dringendsten Gesundheitsprobleme in der MENA-Region angehen. Das nütze der Allgemeinheit. Und es gehe es ihr mit ihren Start-ups vor allem um einen weiteren Aspekt: jungen Kataris, die an Dependancen international renommierter Universitäten in Dohas Education City eine exzellente Bildung erhalten, die Chance auf Umsetzung ihrer Ideen und Unternehmensgründungen zu ermöglichen. Wichtig sei ihr, dass die jungen Unternehmer nicht nur Produkte ausländischer Firmen adaptierten, sondern Eigenes entwickeln.

Als Beispiel nennt die 2013 vom Wirtschaftsmagazin »Arabian Business« unter die Top-20 der einflussreichsten Frauen der Golfstaaten gewählte Al Jaber Droobi: ein Unternehmen, das eine Smartphone-App entwickelt hat, die beim Ändern des Lebenswandels helfen soll. Vor allem, um der in den Golfstaaten immer schneller zur Volksseuche gewordenen Krankheit Diabetes zu begegnen. Der Mittlere Osten ist die Region mit dem höchsten Prozentsatz an diabetesbedingten Todesfällen bei Menschen im erwerbsfähigen Alter. Nach eigenen Angaben entstand bei Droobi die »weltweit erste Reihe digitaler therapeutischer Produkte, die sowohl auf Englisch als auch auf Arabisch verfügbar sind«.

Inzwischen wurde daraus eine umfassende digitale Pflegeplattform, die chronisch erkrankte Menschen in die Lage versetzen soll, ihren Gesundheitszustand besser zu überwachen und durch personalisierte Vorschläge und Programme zu verbessern. Dabei kommen sowohl künstliche Intelligenz zum Einsatz als auch Gesundheitstrainerinnen, die digital erreichbar sind. Im Jahr 2020 erhielt das Start-up eine Finanzierung durch den Tech Venture Fund (TVF) des Qatar Science & Technology Park (QSTP). Der Fonds steht technologiebasierten Unternehmen offen, deren Produkte bereits validiert sind und die nun wachsen und dabei ökonomische Skaleneffekte nutzen sollen. Das Fördergeld ermöglichte es Droobi, sein Produkt zu verbessern, die Beschäftigtenzahl zu erweitern und die Plattform und App professionell zu promoten. Inzwischen setzt Katars staatlicher Anbieter von medizinischer Grundversorgung, die Primary Healthcare Corporation, die Programme von Droobi ein, ebenso mehrere Privatkliniken.

Diese Erfolge treiben Al Jaber an. Zwar lenkt sie in vielen Unternehmen und in Deutschland bei VW die Geschicke mit als Multi-Aufsichtsrätin. Doch sie selbst ziehe eine andere Marke vor. Das sagt sie, nimmt ihre Autoschlüssel und setzt sich in ihren blütenweißen Range Rover. Sie denke inzwischen schon nach: Ihre Tochter fahre einen Elektro-VW, Modell ID4. Und sie wolle auch ein neues Auto, diesmal vielleicht einen Porsche SUV, der immerhin ja auch aus dem Volkswagen-Reich stammt, oder einen VW Touareg.

Qatar Airways: der »Preuße der Lüfte«

Ziemlich oft ist Akbar Al Baker auf »seinem« Flughafen zu sehen, mal um 3:00 Uhr nachts, mal eine Stunde später. Das sei kein »Mangel an Vertrauen« oder gar »Kontrollwahn«, sagt der CEO der Fluggesellschaft Qatar Airways. Vielmehr sei das Respekt gegenüber den Mitarbeitenden, von denen man ja auch verlange, zu nachtschlafener Zeit auf einem 24/7-Airport ihre Leistung zu bringen. Und außerdem ist der 1962 in Doha Geborene, an dem sich in der gesamten Flugindustrie die Geister scheiden, fest davon überzeugt: »Die Sichtbarkeit des Chefs ist sehr, sehr wichtig. Vor allem zu Zeiten, an denen du ihn nie erwarten würdest.«[142] Das zeige, dass er Teil des Teams sei: Und er sei sich sicher, dass es keinen Mitarbeiter gebe, der ihn noch nie persönlich gesehen habe.

Wie sein Image sei? Jede Münze habe zwei Seiten, antwortet Al Baker in seinem Vorzimmer in der Konzernzentrale in Doha. Einerseits werde er wohl als »hart arbeitend, fair und ansprechbar« angesehen. Andererseits sehe man ihn wohl auch als jemand, der kein Erbarmen kenne und sehr fordernd sei. Er werde deshalb auch als »sehr hart, unerbittlich und unflexibel« wahrgenommen, räumt der Mann ein. Er wird der »Preuße der Lüfte« genannt. Aber wenn er wegen Fehlern andere hart kritisiere, »dann ist nach fünf Minuten alles vorbei, ich bin nicht nachtragend«.

Die Härte hat er schon in seiner Kindheit zu spüren bekommen: Im Alter von vier Jahren schickten sein iranisch-stämmiger katarischer Vater und seine indisch-stämmige Mutter den Jungen auf ein von Anglikanern gegründetes Internat in Indien. »Ich habe es damals gehasst«, erinnert er sich. Doch: »Ohne diese Erfahrung wäre ich heute nicht das, was ich bin« – Chef der inzwischen weltgrößten Langstrecken-Airline.

Dass er erbarmungslos sein kann und seine Airline führt wie ein Königreich, wird bei Flugzeugherstellern, anderen Fluggesellschaften oder Airport-Betreibern gerne diskutiert:[143] So hat Al Baker schon bestellte Flugzeuge nicht abgenommen, da die Farbe von Teppichen nicht exakt so gewesen sei wie bestellt. Und mit dem Flugzeugbauer Airbus liefert er sich seit Monaten eine heftige Schlacht um die

Lackierung der A350, deren Erstkunde Qatar Airways ist. 21 dieser Maschinen wurden von der katarischen Flugbehörde »gegroundet«, also vorerst stillgelegt. Der Grund: heftig abblätternder Lack an der Außenhaut der Flieger. Das Thema beschäftigt auch ein Gericht in London. Neue Modelle von Boeing oder Airbus betitelte Al Baker schon mal als »Schrott«, Boeing-Manager als »Erbsenzähler«.

Für seinen »Kollegen und Freund«, Lufthansa-Chef Carsten Spohr, hat er Mitleid übrig: »Lufthansa ist eine wunderbare Airline, aber sie wird von den Gewerkschaften geknebelt.«[144] Zugleich wisse er, dass Spohr und die Chefs anderer europäischer Fluggesellschaften wie Air France, KLM und anderer massiv gegen Qatar Airways in Brüssel vorgingen, denn: »Sie wollen keine Konkurrenz.« Hart für diese ist, dass keine europäische Airline in internationalen Rankings mehr fünf Sterne bekommt. Die Lufthansa verlor diese Qualitätseinstufung als letzte im Juni 2022. Demgegenüber ist Qatar Airways im September 2021 bereits zum sechsten Mal von der Fachjury der Unternehmensberatung skytrax als »Airline of the year« ausgezeichnet worden – so oft wie keine andere Fluglinie.[145]

Dabei fing Al Baker sehr bescheiden an. Mit gerade einmal fünf Flugzeugen und sehr wenigen Landerechten, die die benachbarte bahrainische »Gulf Air« nicht nutzte, startete der Manager 1997, als er die Leitung der damals noch privaten Fluglinie übernahm. Er solle Qatar Airways zu einer der führenden Fluggesellschaften der Welt machen, habe ihm der Emir damals gesagt. »Das wurde mir ins Gehirn gebrannt«, sagt Al Baker 25 Jahre später. Erst gewann er die katarischen Regierung 1999 dafür, die Hälfte der Fluggesellschaft zu übernehmen, später dann die ganze Airline. Denn um als Airline zu wachsen, hätten die Flugzeughersteller Sicherheiten gewollt. Mit einem Staat als Eigner sei das einfacher gewesen denn als kleine Firma. Für die Flugzeugbauer gelte ohnehin der Spruch: »Wenn du Milliardär bist und Millionär werden willst, gründe eine Airline.« Die Eigner von Air Berlin, Hamburg Airways, Deutscher BA, Germania, Alitalia oder Pan Am können ein Lied davon singen.

Al Baker weist auch die Vorwürfe europäischer und amerikanischer Rivalen wie der Lufthansa, Air France oder United Airlines zurück, Qatar Airways habe nur dank massiver Subventionen wachsen können:[146] Qatar Airways habe von seinem Eigner, dem Staat Katar, Kapital bekommen, während Wettbewerber durch von Regierungen verbürgte Kredite oder Kurzarbeitergeld faktisch ebenjene Staatshilfen erhielten, die den Golf-Airlines vorgeworfen würden. Die Lufthansa hat während der Pandemie 3,8 Milliarden Euro vom Staat bekommen, »ohne dieses Geld wäre die Lufthansa untergegangen«, sagt Al Baker. Seine Airline habe hingegen »keinen einzigen Dollar« von der Regierung bekommen, um Jobs zu erhalten. Auch seien Kerosin und Landegebühren in Doha nicht billiger als andernorts.

Im zweiten Jahr der Corona-Pandemie ist es ihm gelungen, an die Weltspitze der Langstrecken-Airlines zu fliegen: 2021 hat Qatar Airways laut dem globalen Branchenverband IATA einen Marktanteil von sechs Prozent aller Langstreckenflüge.[147] Nur Ryanair hatte einen noch größeren Anteil an bezahlten Flugkilometern (RPK), aber davon einen großen Anteil kurzer Routen. Qatar Airways konnte 2021 seine bezahlten Flugkilometer 2021 um 26 Prozent steigern, während die gesamte Branche nur um 1 Prozent zulegen konnte. Überrundet wurde so in der Pandemie der erfolgsverwöhnte Dauersieger Emirates: Die Airline aus Dubai stand seit Jahren oben. Aber nach dem Ausbruch von Covid-19 musste Emirates viel länger den Flugbetrieb runterfahren, auch weil die Dubaier mit der weltgrößten Flotte des Airbus-A380-Riesenjets deutlich unflexibler agieren konnten. Qatar Airways hat in der Spitze auch 90 Prozent seiner Flotte stilllegen müssen, aber es hat auch nach Ausbruch der Pandemie den Flugverkehr aufrechterhalten. Al Baker ist davon überzeugt, dass viele Menschen Qatar Airways heute vertrauen, weil seine Fluggesellschaft Passagiere befördert hat, vor allem aus Asien nach Europa, die die zuvor gebuchten Airlines wegen Einstellung des Flugbetriebs nicht mehr heimholten.

Qatar Airways musste aber auch trotz Pandemie weiterfliegen, denn seit 2017 hatten arabische Nachbarstaaten eine Blockade gegen den kleinen Staat verhängt. Vieles musste eingeflogen werden, was zuvor über die nun gesperrte Landgrenze per Lkw kam. Der Hafen musste erst massiv ausgebaut werden. Über 1,5 Milliarden US-Dollar Verluste habe die erst im Januar 2021 beendete, dreieinhalbjährige Blockade Qatar Airways gekostet, rechnet Al Baker vor. Durch die

Sperrung des Luftraums mussten Qatar-Airways-Maschinen große Umwege fliegen und vor allem immer Richtung Norden gen Iran starten, der Kerosinverbrauch stieg enorm. »Wir haben überlebt und wir sind gewachsen«, bilanziert Al Baker die schwere Zeit.

Im Ende März 2022 abgelaufenen Geschäftsjahr 2021/22, dem 25. Jahr des Bestehens, hat die Qatar Airways Group Rekordeinnahmen in Höhe von 14,4 Milliarden US-Dollar erzielt. Mit 257 Maschinen wurde ein Nettogewinn von 1,5 Milliarden US-Dollar eingeflogen, 18,55 Millionen Passagiere wurden transportiert, vor und zu Beginn des Corona-Ausbruchs 2019/20 waren es sogar 32,3 Millionen Fluggäste.[148] Die QA Group umfasst auch die Flughafenmanagement-Firma Matar, das Alkohol-Vertriebsmonopol in Katar – Qatar Distribution Company –, eine Cateringfirma, den Luftfahrtlogistiker Qatar Airways Cargo, den Privatfliegeranbieter Qatar Executive, Dhiafatina Hotels, Qatar Duty Free und andere.

»Extrem gut« laufe es inzwischen wieder, meint Al Baker, der in seinem Unternehmen nur »Chief« genannt wird. Seine Flotte sei wegen verschiedener Modelle so flexibel, dass je nach Buchungslage größere oder kleinere Maschinen eingesetzt würden und so nur wenig leere Sitzreihen blieben. Für enorme Probleme und »Hunderte Millionen Dollar Verluste« sorge jedoch, dass viele seiner 53 Airbus-A350-Maschinen wegen technischer Defekte mit der Außenhaut nicht eingesetzt werden könnten.

Um die Rolle als weltgrößte Cargo-Airline weiter auszubauen, hat Qatar Airways 50 Boeing-777-Transportflugzeuge für 20 Milliarden US-Dollar und General-Electric-Flugzeugturbinen für 6,8 Milliarden US-Dollar bestellt. Einige in der Branche sehen die Bestellung bei den Amerikanern als Retourkutsche gegen Airbus aufgrund des Ärgers mit der Flugzeug-Außenhaut und der Absage eines Auftrags für die begehrten A321neo-Maschinen durch Airbus.[149] Andere sehen es als deutliches Signal für eine weitere Annäherung an die Schutzmacht USA.

Akbar Al Baker genießt bei Geschäftsleuten in seiner Heimat Hochachtung: Oft wird bei kniffligen Fragen gefragt, was »Akbar« denn sagen und denken würde. Die meisten Firmenchefs reden über ihn nur mit Vornamen. Al Bakers Bedeutung in der katarischen und globalen Wirtschaft wird auch an zwei neuen Posten deutlich, die er seit Kurzem bekleidet: Zu Beginn der Pandemie und im Vorfeld der Fußball-WM wurde Al Baker neben seinem Job als CEO von Qatar Airways auch noch Qatar Tourism Chef. Außerdem wurde er Chairman der internationalen Oneworld Allianz. Dieser Airline-Klub umfasst Fluggesellschaften um British Airways, Iberia und American Airlines. Er konkurriert mit der Star Alliance um die Lufthansa.

Qatar Airways ist gut vernetzt in der internationalen Welt der Luftfahrt. Auch über Firmenbeteiligungen. So hält das Unternehmen heute 25,1 Prozent an IAG, der börsennotierten Mutter-Holding von British Airways, der irischen Aer Lingus sowie den spanischen Airlines Iberia, Vueling und Level. Daneben hält Qatar Airways je 10 Prozent an Cathay Pacific aus Hongkong und an Latam aus Chile sowie 3,6 Prozent an der größten chinesischen Fluggesellschaft China Southern. In Italien ist Qatar Airways allerdings mit dem Versuch gescheitert, eine Rivalin zu Alitalia aufzubauen.

Für Qatar Airways steht seit Monaten im Mittelpunkt, ob die Airline durch eigene Flüge, Kooperationen mit anderen Fluggesellschaften und Charterflüge von Partnern im Oneworld-Verbund den Ansturm zur Fußball-WM im November und Dezember 2022 erfolgreich bewältigen wird.

Er habe bereits angefangen, Maschinen zu leasen, verriet Al Baker acht Monate vor dem Eröffnungsspiel. Und auch der von ihm maßgeblich vorangetriebene neue Flughafen Hamad International in Doha werde dadurch entlastet, dass der alten Airport für die Zeit des erwarteten Fan-Andrangs modernisiert wurde, sagte Al Baker. Der Top-Manager sitzt auch im Aufsichtsrat des Londoner Flughafens Heathrow. Katars Staatsfonds QIA hält – wie auch Staatsfonds von China, Singapur und private Infrastrukturfonds – Anteile an Heathrow. Im Falle Dohas sind es 20 Prozent. Während Heathrow der von der Passagierzahl her größte Flughafen Europas ist, ist Hamad International zum zweiten Mal bereits als »World's best airport« von skytrax ausgezeichnet worden.

Davon soll auch die inzwischen wieder wachsende Zahl der Qatar-Airways-Mitarbeitenden profitieren. 900 Piloten suche er gerade. Er habe 20.000 Bewerbungen erhalten, berichtete Al Baker. Und die

Beschäftigten würden, da sie in Katar keine Steuern zahlen müssten, Stewards und Stewardessen in Wohnheimen untergebracht und kostenlos verpflegt würden,»netto mehr Gehalt bekommen« als andernorts.

Akbar Al Baker ist ein Freund der klaren Worte. Das geht bisweilen auch nach hinten los. So sagte er einmal, er halte den Posten eines Flughafen-Chefs nur für Männer machbar. Ein missglückter »Witz«, für den er sich von ganzem Herzen entschuldige, wie Al Baker einräumte.[150]

Doch eines ist kein Witz: Bei seiner Expansion setzt er auf Wachstum in Europa – in der EU bekam Qatar Airways 2021 umfangreiche Slots, also Start- und Landerechte. Denn das Drehkreuz Doha soll vor allem für viele Menschen in Osteuropa zum Tor zur Welt werden. Von Lufthansa, Air France und Emirates war daran Kritik vernehmbar. Helfen bei der weiteren Expansion des Flugplans soll ein besseres Image von Qatar Airways. Auch über den Fußball. Bei Paris Saint-Germain wird Qatar Airways von der Saison 2022/23 an als Sponsor auf der Brustseite des Trikots zu lesen sein. 60 bis 70 Millionen Euro soll das dem Klub jährlich bringen. Bei Bayern München prangt das Qatar-Airways-Logo auf dem Ärmel und auch bei Argentiniens Serien-Sieger Boca Juniors, Katars Fußballrekordmeister Al-Sadd sowie bei der FIFA und wichtigen Turnieren bei Golf und Tennis ist die Staats-Airline Sponsor.

Al-Faisal-Holding: der Grandseigneur der Familienunternehmer

»Ich liebe Autos«, sagt Scheich Faisal Bin Qassim Al-Thani. Fast 700 nennt der 1948 geborene Unternehmer inzwischen sein Eigen. Er hat damit die größte private Autosammlung der Welt. Er stellt seine Kollektion in einem eigenen Museum aus, darunter einen Benz Ideal von 1900 sowie einen Buick von 1951 und einen Chrysler desselben Baujahrs sowie andere Limousinen, die früheren Herrschern Katars gehörten. Scheich Faisal sammelt aber nicht nur Autos: Sein Museum in einem Fort außerhalb der Hauptstadt ist voll mit Uniformen, Schwertern, wertvollen Teppichen, Koran-Ausgaben, alten Schiffen und Dingen, die er von Reisen aus aller Welt mitgebracht hat oder die wichtig für die Geschichte Katars sind.

Doch am Anfang stand eben das Auto. Mit dem Verkauf von Kfz-Ersatzteilen verdiente er schon als 16-Jähriger Geld und begann mit dem Import von Mercedes-Fahrzeugen. »Ich bekam anfangs nur eine Länderquote für Katar zugeteilt, reiste dann aber nach Deutschland, um mehr zu bekommen«, erinnert sich der Geschäftsmann in seinem Büro im 23. Stock seines Marriott-Hotels in Doha. Aus dem Fenster seiner dort residierenden Firmenzentrale sind seine im Jahr 2000 eröffnete City Center Shoppingmall und weitere seiner Hotels zu sehen. In Stuttgart konnte der junge Händler überzeugen und bekam »die Vertriebsquote für ein afrikanisches Land« noch obendrauf. Das war 1964 und der Beginn seiner Handelsfirma Al Shaab International Trading. Es waren wirre Zeiten. Wenige Jahre später reiste er nach Italien, sah einen Jaguar auf einer Auktion und bot mit. Am Ende musste der junge Araber, der italienischen Sprache nicht mächtig, insgesamt sechs Autos bezahlen, die er zusammen ersteigert hatte.[151] Sie wurden nach Beirut verschifft und vom Libanon auf dem Landweg nach Katar gebracht, denn einen eigenen Handelshafen gab es damals im Osten der Arabischen Halbinsel noch nicht.

Heute, nach einem seiner Meinung nach »moderaten Beginn«, gehören Scheich Faisal eine Logistikfirma mit Lkw-Flotten, eigene Containerschiffe und mit seiner Al-Faisal-Holding ein Industrie- und Dienstleistungskonglomerat. Es umfasst ein großes Zementwerk, Handelshäuser, Hotels in Katar und im Ausland, Stahl- und Röhrenwerke, bis hin zu einem Immobilienentwickler, dem Baukonzern Gettco, und seit 2020 auch eine Hühnerfarm.

Lebensmittel wie Eier im eigenen Land zu produzieren, ist seit der 2017 von arabischen Nachbarstaaten verhängten Blockade Teil der nationalen Sicherheit. Dabei fühlt sich Scheich Faisal, der auch Präsident der angesehenen Qatari Businessmen Association und damit quasi Katars ranghöchster Privatunternehmer ist, an seine Kindheitstraumata erinnert. In den 1950er-Jahren sei seine Heimat durch die Folgen des Zweiten Weltkriegs und den Einbruch der Einnahmen aus dem Perlentauchen – durch das Aufkommen von Zuchtperlen – »in wirklich harte Zeiten mit Hunger geraten«. Damals versorgten

Händler ihr Land mit Importen von Lebensmitteln in ihren hölzernen, Dhau genannten Handelsschiffen vor allem aus Indien.

Scheich Faisal ist deshalb stolz, Händler zu sein. Sein auf Investitionen im Laufe der Jahrzehnte in Höhe von insgesamt 20 Milliarden US-Dollar gegründetes Firmenimperium[152] begann mit der Lizenz zum Verkauf von Bridgestone-Reifen und Mercedes-Fahrzeugen. Das gab er bereits in den 1970er-Jahren auf und wandte sich dem Bau zu. Mercedes wird heute von einem anderen katarischen Multimillionär, Nasser bin Khaled und seiner NBK Gruppe, vertrieben. Seine Schwester, Scheicha Hanadi Nasser Bin Khaled Al-Thani, ist mit ihrer Firma Q-Auto für den Verkauf von Volkswagen-Fahrzeugen im Land verantwortlich. Am VW-Konzern selbst ist Katar über seinen Staatsfonds QIA beteiligt.[153]

Der Aufbau von Vertriebsgesellschaften für europäische und amerikanische Unternehmen stand am Anfang der meisten der heutigen katarischen Firmenimperien. Bei der Al Faisal Group sind dies bis heute Verkäufe für westliche Pharmaunternehmen, von in Deutschland oder Spanien hergestellten »Energizer«-Batterien und die Maschinen bekannter Anlagenbauer. Im Laufe der Jahre führte dies zu industriellen Kooperationen und dem Aufbau von Joint Ventures und gemeinsamen Fabriken wie für die Stahlproduktion mit der niederländischen Frijns oder der Herstellung von Kunststoff-Rohrleitungen mit dem emiratischen Röhrenproduzenten Hepworth.

Vor den Friktionen mit den Nachbarstaaten und laut Scheich Faisal auch hoffentlich nach dem Ende der Blockade können die so produzierten Waren in allen Ländern der Region verkauft werden. Denn Katar allein ist als Markt oft zu klein.

Vertrauen – das sei die Grundlage für Wirtschaft am Golf, unterstreicht der Seriengründer. Vertrauen habe auch der deutsche Ersatzteile-Händler gehabt, den er Mitte der 1960er-Jahre besucht habe. Den Namen fand er über eine Anzeige in einer Zeitung in Italien. »Als ich nach 500 Kilometern mit dem Taxi ankam, hatte ich kein Geld mehr für den Rückflug. Das haben sie mir dann vorgestreckt, ohne mich wirklich zu kennen.« Am Ende sei eine jahrzehntelange Freundschaft entstanden, sagt Scheich Faisal, der mit einem etwas wärmeren und lammfarbenen Thawb gekleidet ist, dem eigentlich weißen traditionellen arabischen Gewand.

Das Vertrauen in der Al-Faisal-Holding basiert auf familiären Banden: Drei Söhne und drei Töchter sitzen neben Chairman Scheich Faisal im Aufsichtsrat, und nur ein Externer: der aus Jordanien stammende langjährige Finanzvorstand der Gruppe. Der Grandseigneur der katarischen Familienunternehmen ist fest überzeugt, dass »der Markt groß genug ist, weil die großen Familien Katars ihre Geschäftsfelder nicht gegeneinander abgegrenzt haben«. Will heißen: Für die Konglomerate der verschiedenen Zweige der Al-Thanis, der Al-Fardans, Al-Manas, Al-Emadis oder der Abu Issas, also die großen Familienholdings auf der Halbinsel, ist genügend Geschäft vorhanden.

Die meisten seiner Kinder haben an den in Doha angesiedelten Dependancen internationaler Universitäten studiert. Katar hat sich der Bildung verschrieben und kooperiert mit weltweit renommierten Universitäten, die sich in der eigens errichteten Education City angesiedelt haben. Scheich Faisal ist einer der Financiers der nationalen Qatar University und unterstützt auch andere, von ausländischen Trägern aufgebaute Bildungseinrichtungen.

Doch nicht nur Colleges oder Universitäten will er nach Katar locken, sondern auch vermehrt ausländische Unternehmen. Katar habe den Vorteil von billigem Gas, niedrigem Strompreis, günstigen Rohstoffen und aus dem Ausland geholten Arbeitskräften. Seit der Blockade müssen ausländische Firmen keinen einheimischen Partner mehr haben. 100 Prozent ausländisches Eigentum ist möglich. Und in »Free Zones« – besonderen Industriezonen – werden Grund und Boden und Steuervorteile angeboten. Er wiederum schaut auf Expansionsmöglichkeiten im Ausland: die BNF-Bank in Malta, zwei Dutzend Hotels und Malls in Europa, den USA und zuletzt immer mehr in Ägypten.

Das gerade in JW Mariott umfirmierte, ehemalige Maritim Hotel in der Berliner Stauffenbergstraße, direkt gegenüber dem Verteidigungsministerium, wurde kurzerhand gekauft, weil für einen Kongress Katars in der deutschen Hauptstadt nichts anzumieten gewesen sei. »Da haben wir das Hotel halt einfach erworben«, erinnert sich ein Manager der Arctic-Gruppe. Auch das Grand Hyatt und berühmte Häuser am Times Square in Manhattan, in Miami und andernorts gehören dazu,[154] und weitere »gute Gelegenheiten in Deutschland werden gesucht«.

Die Arctic-Gruppe, in der seit 2003 die Hotels, Malls und Wohnanlagen gebündelt sind, soll dabei auch an die Börse gebracht werden, um ein Vererben zu vereinfachen. Denn wenn ein Eigentümer nicht zu Lebzeiten sein Erbe verteilt, entscheidet ein Scharia-Gericht mit nach islamischem Recht urteilenden Richtern. Und das Bewerten von Firmen ist über die Börse deutlich einfacher als über Schätzungen. Die Firmentochter Aamal, in der große Immobilien- und Industriebeteiligungen konzentriert sind, ist bereits seit 2007 gelistet und wird dort mit umgerechnet gut zwei Milliarden Euro bewertet.[155] 73,3 Prozent halten weiterhin Scheich Faisal und seine Holding.

Al Jazeera: zwischen Freiheit und Angst

Medienmacht kann nicht schaden. Diesem Grundsatz folgte 1996 auch der neue Emir Scheich Hamad. Er gründete den Satellitensender Al Jazeera. Als Startkapital schoss er mit einem Kredit 137 Millionen US-Dollar zu. Nach einem unblutigen Putsch hatte er gerade erst seinen Vater aus dem Amt gedrängt und wollte sein Land auf einen Modernisierungskurs bringen. Da können eigene Medien, die im In- und Ausland die eigenen Botschaften übermitteln, einen wichtigen Dienst tun.

Seither scheiden sich an diesem TV-Kanal die Geister, der 300 Millionen Araberinnen und Araber auf Arabisch erreicht und seit 2006 mit Al Jazeera English dazu ein großes Publikum in den USA und Europa – via Satellit oder Internet.

Vor der Gründung von Al Jazeera war BBC Arabic als Joint Venture mit dem saudischen Sender Orbit der einzige TV-Kanal für die arabische Welt. Die einflussreichsten Medien in der Region – ob Print oder TV – wurden aus Saudi-Arabien gelenkt. Nach kritischen Berichten über das saudische Königshaus wurde BBC Arabic aufgelöst, 150 Redakteurinnen und Journalisten wurden arbeitslos, bis Al Jazeera fast die Hälfte übernahm und seinen Sendebetrieb aufnahm.

Al Jazeera hat dabei vor allem anfangs im Gegensatz zu den oft moralinsauren und verlautbarenden arabischen TV-Programmen mit einem modernen Ansatz vielen die Augen geöffnet. Al Jazeera präsentierte durch seine Reportagen und Talkshows ein Gegengewicht zu westlichen Sichtweisen, wie sie CNN, BBC, France 24 oder die Deutsche Welle boten – ohne eben islamistisch moralisierend zu sein. Forscher sehen Al Jazeera, wie auch die Auslands-Investitionen des Staatsfonds QIA, zu dem Al Jazeera gehört, als ein »Soft-Power-Werkzeug in internationalen Angelegenheiten«[156] oder sogar das zentrale Element der katarischen Soft-Power-Strategie.[157]

Der US-Politikwissenschaftler Joseph Nye begründete die Theorie der »Soft Power« als nicht militärische oder machtpolitische, sondern durch »weiche« Faktoren wie Kultur- oder Sportbeziehungen oder gemeinsame Werte erreichte Beeinflussung anderer Staaten. Die Anwendung von »Soft Power« gilt als typisch für ein kleines Land, das wie Katar versucht, seine globale Präsenz zu erhöhen und damit vor allem seine Sicherheit gegenüber größeren Nachbarn zu verbessern. Der an der Georgetown University Qatar lehrende Politikprofessor Mehran Kamrava hält Katars Außen-, Kultur- und Sport-Politik, die dann auch noch über Al Jazeera verbreitet wird, für so effizient, dass er von »subtiler Macht« statt »Soft Power« spicht.[158]

Al-rai war ai al-akhar – »eine Meinung und die gegenteilige Meinung«, das war lange die Losung des Senders. Er hatte die Reputation, fair, ausgewogen und kontroverse Standpunkte abbildend zu berichten. Auf Al Jazeera sei von der Rolle der Frau bis zur Kompetenz von Regierungen alles hinterfragt worden, und dies teilweise sehr laut, bescheinigte der inzwischen emeritierte kalifornische Journalistikprofessor Philip Seib dem Sender und fügte hinzu: Das sei »eine Ausnahme in arabischen Medien«. Al Jazeera transportiere oft Sichtweisen, die in anderen internationalen TV-Kanälen nicht vorkämen.[159] Es sei »ein Wind der Freiheit von Al Jazeera« herübergeweht und hätte keinem der repressiven Regime mehr ein Monopol auf Informationsverbreitung gelassen, hieß es lange.[160]

Es sind vor allem drei Zeitpunkte, die Al Jazeera in der Wahrnehmung global geprägt haben: Die zweite Intifada der Palästinenser im Jahr 2000, als der katarische Sender das Leiden vor allem im Gazastreifen dokumentierte, während westliche Sender sehr zurückhaltend berichteten. Zweitens der Beginn des Krieges in Afghanistan nach 9/11. Über den berichteten natürlich alle internationalen TV-Networks. Aber Al Jazeera ließ nach den Anschlägen der Al-Qaida am 11. September 2011 in New York und Washington immer wieder auch Terrorchef Osama Bin Laden zu Wort kommen, sodass der damalige US-Außenminister Colin Powell vom Emir eine Änderung der Berichterstattung verlangte. Katars Herrscher lehnte mit Verweis auf die Pressefreiheit ab. Und, drittens, der Arabische Frühling – die Arabellion der vor allem jungen Menschen in Tunesien, Ägypten, Syrien und andernorts gegen verknöcherte, korrupte und autokratische Regime.

»Wir geben den Sprachlosen eine Stimme«, sagt Mostefa Souag, der früher Literaturprofessor in Algier war und den Emir beim Aufbau von Al Jazeera beriet, dann die Nachrichtenredaktion leitete und jetzt Generaldirektor ist. In seinem Büro im Sendezentrum in Doha laufen sieben Fernseher. Wiederholten Vorwürfen, Al Jazeera werde mehr und mehr zum Sprachrohr von »Moslembrüdern« und Islamisten, kontert er: »Islamismus ist Teil der moslemischen Gesellschaften, darüber muss geredet werden.« Damit bleibe Al Jazeera seiner Haltung treu, alle Seiten zu Wort kommen zu lassen. Der Kanal sei »nicht Teil der Politik und wir sind keine Richter«. Aber er unterstreicht sehr entschlossen: »Al Jazeera propagiert keinen Islamismus, sondern wir erklären ihn.«[161]

Immer mehr unter Druck geriet Al Jazeera nach Ausbruch des Arabischen Frühlings 2011: Intensiv berichteten Reporter und Redakteurinnen des Senders aus Tunesien, Ägypten, Libyen und anderswo über den Aufstand gegen die korrupten und nepotistischen Gerontokraten in Kairo, Tunis, Sanaa. Al Jazeera erarbeitete sich so den Ruf eines Katalysators für den Wandel in der arabischen Welt, der in relativ kurzer Zeit Millionen von Anhängern aller Altersgruppen gewann.[162]

Dabei wurde Al Jazeera immer lauter vorgeworfen, die Rebellen zu unterstützen. Vor allem die Moslembrüder in Ägypten, eine der ältesten Parteien des Nilstaates, die seit Jahrzehnten für islamische Grundwerte in der Politik streitet, sich über eigene Hospitäler, Rechtsanwälte für einfache Bürger und Sozialeinrichtungen eine breite Basis geschaffen und nach dem Sturz des Langzeitdiktators Hosni Mubarak bei den Wahlen mit ihrem Kandidaten Mohammed Mursi erstmals den Sieg holte. Katar hatte mit Krediten in dreistelliger Millionenhöhe und noch größeren Investitionsversprechen deren Anführer Mursi gefördert, was vor allem den Führungen in Saudi-Arabien und den Vereinigten Arabischen Emiraten ein Dorn im Auge war, die wiederum das ägyptische Militär unterstützten. Der Armeeführung gelang es, die alte Militärdiktatur wiederherzustellen. Gegen die Mursi-Anhänger ging sie brutal vor. Der frühere Feldmarschall Abdel-Fatah Al Sisi kam an die Macht. Er ist bis heute Ägyptens Präsident.

Al-Jazeera-Journalisten kamen nicht nur in Ägypten reihenweise in Haft oder wurden des Landes verwiesen. Im Irak und in Afghanistan, wo der katarische Kanal intensiv über die Situation nach westlichen Interventionen berichtet hatte, wurden Al-Jazeera-Korrespondentenbüros von US-Raketen getroffen. Im Gazastreifen wurden sie Ziele von israelischen Luftschlägen. Politische Interventionen erfolgten 2014, als Riad, Abu Dhabi, Manama und Kairo ihre Botschafter aus Doha abberiefen: aus Protest auch gegen die Al-Jazeera-Berichterstattung über ihre Länder.

2017 war eine der Forderung der arabischen Nachbarstaaten, die eine Blockade gegen Katar verhängten, die Abschaltung des Senders und ein Ende der angeblichen Einmischung in die inneren Angelegenheiten dieser Länder mittels TV-Berichterstattung. Al Jazeera hatte über die Unterdrückung der schiitischen Mehrheit durch das sunnitische Königshaus in Bahrain ebenso berichtet wie über das ausschweifende Leben der mehr als 10.000 saudischen Prinzen. »Al Jazeera ist für Katar das, was für Monaco die Casinos sind«, bewertete der französische Journalist Olivier Da Lage die Bedeutung des Senders.[163] Also: unentbehrlich für das Image des Landes. Al Jazeera ist Da Lage zufolge »keineswegs ein Propaganda-Sprachrohr« und berichtet auch fair über andere Religionen, etwa über Papstbesuche. Auch hätte der Sender über die schlechten Arbeitsbedingungen von Gastarbeitern auf katarischen Baustellen und die Korruptionsvorwürfe gegen die WM-Vergabe berichtet.[164]

Doch das bestreiten andere Politik- und Medienwissenschaftler, die in Al Jazeera »nie ein neutrales, unvoreingenommenes und unabhängiges Medium« sahen, sondern »ein Instrument der herrschenden katarischen Familie, ihre politischen Ansichten zu verbreiten«.[165]

Die Redaktionsstandards von Al Jazeera Arabisch und Englisch seien identisch, wehrt Generaldirektor Souag Vorwürfe ab, dass vor allem der arabischsprachige Teil mehr und mehr katarische politische Positionen verbreite, während das englischsprachige Programm stärker auf Objektivität setze. »Niemand in der Regierung hat das Recht, uns zu sagen, was wir zu tun haben.« Al Jazeera habe durch die Kredite des Emirs den Luxus, »keine Finanzprobleme zu haben« und sich nicht an Werbekunden ausrichten zu müssen. Die Regierung in Saudi-Arabien hatte es Unternehmen des Landes sogar untersagt, dort Werbeclips zu schalten. Der redaktionelle Unterschied zwischen beiden Programmen sei begründet durch das Fokussieren auf unterschiedliche Zielgruppen. Souag nennt ein Beispiel: Da es im Mittleren Osten gerade einmal zwei Atomkraftwerke gebe, sei in der arabischen Community das Interesse etwa an der Berichterstattung über den GAU im japanischen Fukushima wesentlich geringer gewesen als in anderen Teilen der Welt. Für die englischsprachige Sparte sei das Thema hingegen bedeutend wichtiger gewesen. Souag sieht seine Sender mit über 3.000 Mitarbeitenden und knapp 80 Auslandsstudios in Bezug auf die journalistsiche Qualität auf Augenhöhe mit anerkannten Wettbewerbern wie CNN oder BBC.

Unbeantwortet blieb die Herausforderung Al Jazeera durch die Rivalen am Golf nicht: Saudi-Arabien versuchte, mit Al-Arabiya einen Kanal zu etablieren, der dasselbe Publikum ansprechen sollte. Eine auch nur annähernd so große Bedeutung konnte Riads Kanal, der zwei Wochen vor dem US-Einmarsch in den Irak 2003 gegründet worden war, jedoch bis heute nicht erreichen.[166]

Al Jazeera war seinerseits 2016 mit dem Versuch gescheitert, mit dem Sender Current TV einen starken amerikanischen Newschannel neben CNN und Fox News zu etablieren. Drei Jahre zuvor hatte man den Sender dem früheren US-Vizepräsidenten Al Gore abgekauft. Während dieses Projekt und ein ähnlicher Versuch in der Türkei mangels Zuschauerinteresses floppten, hat Al Jazeera seit 2011 einen eigenen Kanal auf dem Balkan – in der bosnischen Hauptstadt Sarajevo. Bei Facebook hat Al Jazeera+ fast elf Millionen Follower, während CNN auf nahezu 35 Millionen kommt. Und eines ist beiden Al-Jazeera-Kanälen geblieben: Ob auf Englisch oder Arabisch gesendet wird – die Moderatorinnen sitzen zuallermeist ohne Kopftuch im Studio.

Für das Fachmagazin »Oil and Gas Middle East« jedenfalls war die Gründung des Senders »die vielleicht wichtigste Einrichtung, die Katar in den letzten Jahren auf die Landkarte gebracht hat«.

Epilog

> »Man fängt keine Unterhaltung mit Antworten an.«
>
> *Der weise Heykar, Tausendundeine Nacht*

Katar steht am Scheideweg, nicht zuletzt wegen des Klimawandels. In diesem Teil der Welt ist es heißer als andernorts, und ein weiterer Temperaturanstieg würde die Lebensbedingungen in der Region noch unwirtlicher machen. Man benötigt schon heute enorme Strommengen, um für Kühlung und ein angenehmes Leben zu sorgen. Der Bedarf würde dann noch einmal enorm steigen. Wenn der Kampf gegen den Klimawandel nicht erfolgreich geführt wird, werden die bisherigen Tankstellen der Welt als Erste untergehen: am Golf durch die brutale Hitze, in Russland durch das Auftauen der Permafrostböden

Katar und seine Nachbarn haben viele Dinge angekündigt, um dem Klimawandel entgegenzutreten: Sie wollen den Ausbau erneuerbarer Energien vorantreiben, Pilotanlagen für grünen Wasserstoff bauen, Wälder aufforsten und vieles mehr. Das ist alles richtig – nur muss es jetzt sehr schnell kommen und in einem deutlich größeren Umfang, als bislang proklamiert. Bis 2050 gerade einmal die Hälfte des Strombedarfs aus Erneuerbaren zu generieren, ist zu wenig ambitioniert.

Bisher hatten Katar und die arabischen Golfstaaten eine Art Gesellschaftsvertrag als Rentierstaat: Das Land nimmt viel Geld mit Öl- und Gasverkäufen ein und lässt einiges davon seinen Bürgerinnen und Bürgern zukommen, sodass diese besser leben können als in vielen Teilen der Welt. Die Bevölkerung lässt dafür ihre Führung gewähren. Das wird in Zukunft nicht mehr reichen. Die Golfstaaten brauchen im Gegenteil dringend eine grüne Entwicklungsagenda: Viele Milliarden aus ihren mit Petrodollars gefüllten Haushalten und Staatsfonds müssen in den Aufbau von 100 Prozent Erneuerbaren daheim aufgewendet werden. In grüne Stromgewinnung und den Export von grünem Wasserstoff, in die Verlagerung energieintensiver Produktion wie Stahl und Aluminium aus Europa in die Öko-strom-Erzeugerländer. Und das alles muss verbunden werden mit massiven finanziellen Hilfen für die grüne Stromgewinnung in allen Teilen der armen arabischen Welt.

Katar darf nicht nur starr auf Prognosen schauen, die von einem bis 2050 steigenden Gasbedarf von jährlich 1,3 Prozent ausgehen und somit kontinuierliches Wachstum versprechen. Prognosen, die verheißen, dass 2050 Gas bei den Energieträgern mit einem Anteil von 28 Prozent dann Öl überholt haben wird. Was manche Katars »Lebensversicherung« nennen, könnte wegen des rasanten Klima-wandels zur Land-unter-Strategie werden.

Katar sollte stattdessen eine grüne Entwicklungsagenda engagiert verfolgen. Die finanziellen Möglichkeiten und die außenpolitischen Ambitionen dafür hat es. Katar würde so auch dauerhaft zu einem der wichtigsten geoökonomischen Player auf dem Globus. Dies gilt auch für ein anderes Projekt, das gerade Deutschland und die EU zusammen mit Katar verfolgen könnten: gemeinsame Entwicklungspolitik, um Klima-Migration zu verhindern oder zumindest zu lenken. Katar, das aufgrund seiner gewachsenen Bedeutung nicht mehr einfach ignoriert werden kann, könnte dabei geopolitisch eine wichtige Rolle spielen und hätte auch die Mittel politisch wie finanziell dazu.

Zudem sollte Katar den Schwung und den Reformgeist von der Fußball-WM mitnehmen und den weiteren Umbau des Landes vorantreiben. Die Abschaffung des unmenschlichen Kafala-Systems und die Einführung eines Mindestlohns waren erste wichtige Schritte. Der Aufbau von Education City, dem universitären Konglomerat in Doha mit weitreichender Forschungs- und Redefreiheit, ist das Versuchslabor für Katar. Was dort stattfindet, ist der Testlauf für die Gesellschaft, gerade für viele ambitionierte junge Frauen. Mehr und mehr an Ideen und Reformwillen sollten aus Education City ins Land schwappen. Darunter auch das Verständnis für die Bedeutung von Umweltschutz und grüner Energie, für mehr Verteilungsgerechtigkeit und mehr Bewegung hin zu einer echten Gleichstellung von Frauen in Führungspositionen.

Katar ist eine absolutistische Monarchie, in der der Emir aber wenigstens »Volkes Stimmen« – also die Meinungen verschiedener

Stämme – anhört. Das Land wird nicht zu einer Demokratie werden. Aber große Mitwirkungsrechte, Meinungsfreiheit für die Suche nach richtigen Lösungen, das Einbeziehen von Zuwanderern statt schlichter Ausbeutung von Arbeitskräften und vor allem auch die volle Beteiligung von Frauen sind die Voraussetzungen für gesellschaftlichen, wirtschaftlichen und sozialen Fortschritt. Freiheit, Partizipation und offener pluralistischer Diskurs – Kernelemente der Demokratie – sind die Grundlagen für den Forschergeist, den Erfindungsreichtum und die Innovationskraft des Westens. Antriebsfedern, die auch die Gesellschaften in Katar und dem ganzen Mittleren Osten dringend gebrauchen können.

Der Mittlere Osten und Vorderasien waren nach der Geburt des Propheten Mohammed und spätestens im 8. Jahrhundert eine wissenschaftliche Vormacht. Die arabische Astronomie hat Fachausdrücke wie Zenit, Nadir, Azimut und Sternnamen wie Deneb, Atair, Rigel, Beteigeuze hervorgebracht, die für Himmelsfreunde allgegenwärtig sind – all dies sind Bezeichnungen arabischer Herkunft. Der Unsinn, den Islamhasser verbreiten von einer vermeintlichen Unterlegenheit der Araber, ist also leicht widerlegbar. Es fehlte aber zuletzt oft der Wille, sich wirklich um die Zukunft des eigenen Landes, der ganzen Region oder gar der arabischen Welt zu widmen.

Katar hat gezeigt, dass es nicht nur wegen seines Ressourcenreichtums in der Lage ist, Krisen zu bewältigen und aus ihnen Chancen zu kreieren: So hat die katarische Führung auch bei Teilen der Bevölkerung unpopuläre Reformen angepackt – die Einführung des Mindestlohns gehört dazu – und muss auf diesem Weg voranschreiten. Für die Zeit nach Öl und Gas wird das Land nur gerüstet sein mit einer gut ausgebildeten und eingebundenen Bevölkerung sowie kompetenten Arbeitskräften, die sich in Katar willkommen und heimisch fühlen.

Ein Zeichen weiteren Reformwillens könnten Katar und der von der Wüsten-Weltmeisterschaft am meisten profitierende Fußballweltverband FIFA schnell setzen. Sie könnten einen Millionen-Fonds zur Entschädigung der Familien der verstorbenen Arbeiter, für nicht gezahlte Löhne, zur Erstattung illegaler Vermittlungsgebühren und zur Unterstützung von Initiativen zum Schutz der Arbeitnehmerrechte in der Zukunft auflegen. Der Deutsche Fußballbund (DFB) unterstützt diesen Vorstoß. Ein Umfang von 440 Millionen Dollar schwebt der Nichtregierungsorganisation Human Rights Watch dabei vor. Sie verweist auf die erwarteten Einnahmen der FIFA in Höhe von sechs Milliarden Dollar aus dem Turnier und die 1,6 Milliarden Dollar, die der Verband als Rücklagen hält. Der neue DFB-Präsident Bernd Neuendorf sagte im »Aktuellen Sportstudio« des ZDF: »Es wäre natürlich ein tolles Zeichen der Kataris, aber auch der FIFA, wenn sie sagen würden, wir würden hier so eine Maßnahme unterstützen.« Der DFB würde sich an einem solchen Hilfsfonds beteiligen, versicherte er.

Ein solcher Hilfsfonds wäre mehr als eine Geste. Es wäre die Chance für Katar und den Fußball zu beweisen, dass Änderungen tatsächlich stattfinden und Sportgroßveranstaltungen positiven Wandel bewirken können. Bisher haben Olympische Spiele und Fußball-WMs zumeist in den Austragungsorten Bauruinen und Schulden wie in Athen oder Umweltsünden nach den Olympischen Winterspielen wie in Peking hinterlassen. Wenn nach der so oft gescholtenen WM in Katar ein positiver Wind wehen würde, wäre das ein Gewinn für das Land, den man sich für Geld nicht kaufen kann.

Katar erfüllt mit der Wüsten-WM den im Buch »Sport in Islam and in Muslim Communities« benannten Wunsch der moslemischen Welt, »Teil des globalen Sporterlebnisses zu sein«. Die Schaffung des angedachten Hilfsfonds würde noch viel weiter positiv ausstrahlen.

Auch dass Katar, dem Korruption bei der Vergabe des Turniers vorgeworfen wird, nun den Sheikh Tamim Bin Hamad Al-Thani International Anti-Corruption Excellence Award vergibt, ist ein Schritt in die richtige Richtung. Die öffentliche Unterstützung des Kampfes gegen Korruption, die Förderung investigativer Journalistinnen und Journalisten, von Whistleblowern und mutigen Korruptionsbekämpfern ist ein gutes Zeichen. Beweisen muss das Land aber, dass solche Initiativen kein Feigenblatt sind. Dazu gehört die Aufarbeitung der WM-Vergabe. Immerhin: Katar rangiert auf der Anti-Korruptions-Weltrangliste (Corruption Perception Index 2021) der Organisation Transparency International auf Platz 31 von 180 Ländern, direkt vor Südkorea, Portugal, Spanien und Israel. Katar sollte hier nicht nachlassen.

Die Fußball-WM und das Hereinwachsen in die Rolle des welt-größten Flüssiggasexporteurs und eines potenziell bedeutenden Herstellers und Exporteurs von grünem Wasserstoff rücken ein klei-nes, den meisten verschlossenes und weitgehend unbekanntes Land in den Mittelpunkt. Es bleibt zu hoffen, dass Katar diese Chance nutzt. Aber auch, dass Veränderungen in Katar bei uns wahrgenom-men und gewürdigt werden. Es wäre schlimm, wenn die katarische Hürdenläuferin Mariam Farid mit ihrer Befürchtung Recht behielte. Die Sportlerin sagte: »Viele Leute im Westen halten uns vor, dass der Nahe Osten verschlossen ist und dass wir uns öffnen sollen. Doch dieselben Leute wollen Signale des Fortschritts nicht anerken-nen, und sie werden uns auch weiterhin einen Stempel aufdrücken. Das ist eine Dauerschleife.« Damit möchte sich Mariam Farid nicht abfinden: »Ich werde mich weiter dafür einsetzen, Stereotype zu brechen.« Das sollte auch unser Anspruch sein, wenn wir die Kom-plexität der gerade aufbrechenden neuen geopolitischen Realitäten verstehen wollen.

Danksagung

Dass dieses Buch erscheint, ist ein kleines Wunder und es kam nur zustande, weil mich Menschen aus meinem Umfeld immer wieder angespornt haben. Als am 24. Februar 2022 Russland die Ukraine überfiel, war ich für dieses Buch zu Recherchen in Doha. Aber ich kehrte doch erst einmal in die Handelsblatt-Redaktion zurück zum Schreiben über den Krieg und seine Folgen. Solch ein Ereignis ist für einen Korrespondenten, der seit 1983 die Sowjetunion und ihre Nachfolgestaaten bereist hat und allein elf Jahre lang als Bericht-erstatter in Moskau stationiert war, so herausfordernd, dass vorerst an Katar gar nicht zu denken war. Ich bin aber sehr froh, dass mir meine Redaktion, Auslands-Ressortleiterin Nicole Bastian und Chef-redakteur Sebastian Matthes, dann doch die Zeit gaben, dieses Buch zu schreiben und andere Mehrarbeit für meine Auszeit leisteten.

Ich danke dem Dietz-Verlag und seinem Verlagsleiter Alexander Behrens, dass er trotzdem auf das Projekt Katar-Buch drängte, mich anspornte und mir Zeit gab.

Großer Dank gebührt auch Panja Acksel für ihre Ausdauer und Geduld, die ich hoffentlich nun nicht weiter überstrapaziere. » So was wie Dich nenn' ich Glück«, damit spricht mir Herbert Grönemeyer aus der Seele. Es ist ein Privileg, Dich zu kennen und sich mit Dir auszutauschen, Deine Hilfe zu bekommen. Wenngleich ich sie bisher leider viel zu selten auch wirklich genutzt habe im zermürbenden Alltagsgeschäft.

Für den Gedankenaustausch sowie große Hilfe beim Organisieren von Hintergrundgesprächen und Interviews danke ich dem katarischen Botschafter in Berlin, Scheich Abdulla bin Mohammed Al-Thani, und seinem Team sowie dem Government Communication Office in Doha, und dort vor allem Thamer, Al Anoud und Aamer. Sie haben geholfen, wo immer sie konnten, und vieles, was unmöglich schien, möglich gemacht. Meine ständigen Nachfragen und Bitten um weitere Informationen, auch zu später Stunde, bitte ich zu entschuldigen. Der Dank gilt auch Scheich Saoud bin Abdulrahman Al-Thani, der früher als Botschafter und heute als Leiter des Amiri Diwans immer ein hervorragender Gesprächspartner war. Ich danke ihm für seine Gastfreundschaft und seine Hilfe.

Ich danke auch der Immanuelgemeinde in Berlin Prenzlauer Berg, wo ich im heißen Sommer in der kühlen Sakristei und dem Pfarrbüro Unterschlupf zum Schreiben fand. Pfarrer Mark Pockrandt war zudem stets ein guter Gesprächspartner für mich bei meinem ersten Buch. Die Gemeindekirchenratsvorsitzende Uta Motschmann war beim Gegenlesen und Diskutieren von Inhalten des Buches sehr behilflich.

Auch dem Nah- und Mittelostverein (numov) und insbesondere seiner geschäftsführenden Vorständin Helene Rang gebührt Dank: Über viele Jahre dufte ich von den Früchten ihres unermüdlichen Einsatzes für die Wirtschaftsbeziehungen deutscher Unternehmen zum Mittleren Osten und insbesondere zu Katar profitieren, sei es am Rande von Delegationsreisen, numov-Veranstaltungen oder persönlichen Gesprächen. Ich möchte mich auch bei den vielen Gesprächspartnerinnen und Gesprächspartnern bedanken in Doha und in Deutschland, die mit mir ihre Kenntnisse über Katar teilten, sei es aus Regierungsbehörden, diplomatischen Vertretungen, Unternehmen und Thinktanks in Deutschland, Katar und andernorts.

Bedanken möchte ich mich auch für alle Diskussionen und den inhaltlichen Austausch seit Jahren über Themen des Mittleren Ostens bei Christian Hanelt von der Bertelsmann Stiftung sowie dem Kollegen Oliver Tofiq Nia. Das hat mir immer wieder wertvolle Anregungen gegeben, Erkenntnisse und nützliche Kontakte, die für einen Journalisten notwendig sind.

Und ganz besonders bedanken möchte ich mich bei Jens Hartmann: Ohne sein beharrliches Drängen wäre dieses Buch nie erschienen. Und sein Gegenlesen, Streiten um inhaltliche Auslegungen, das Hinterfragen, Korrigieren und seine Anregungen, Dinge nochmal zu durchdenken, waren unersetzlich. Er hat erneut quasi bewiesen, mein bester Freund zu sein, obwohl er Bayern-Fan ist. Im Journalismus fehlt er.

Und ich danke den Menschen in Katar, die ich kennenlernte und die mir ihre Geschichten erzählt haben. Den Gastarbeitern, die mich Einblick nehmen ließen in ihre Lebensverhältnisse und die Gründe für ihre Arbeitsmigration an den Golf. Vor allem ihnen wünsche ich, dass sich Katar weiter positiv entwickelt zu einem modernen Staat mit Partizipationsmöglichkeiten für Einheimische und Zugereiste, für eine faire Verteilung des Ressourcenreichtums zwischen den Menschen, die dort leben und arbeiten, für faire Löhne und ein wahrhaft gedeihliches Miteinander.

Anmerkungen

1 Mehran Kamrava: Qatar. Small State, Big Politics, 2013.

2 Michael Q. Morton: Masters of the Pearl. A History of Qatar, 2020.

3 Das Nationalmuseum von Katar, in: Bauwelt, 11.2019.

4 Allen J. Fromherz: Qatar. Rise to Power and Influence, Neuauflage 2017.

5 Fromherz, Morton: Encyclopædia Britannica: History of Qatar.

6 Abschrift des Originalvertrages in der Doha Digital Library: ‹https://www.qdl.qa/en/archive/81055/vdc_100023626988.0x000003›

7 Fromherz.

8 Rosemarie Said Zahlan: The Creation of Qatar, 1979, S. 64.

9 Cambridge University Press, Editor A. Rush: Families of Arabia, Volume: Qatar, 1991.

10 ‹https://www.geoexpro.com/articles/2010/01/the-qatar-oil-discoveries›.

11 ‹https://www.diwan.gov.qa/about-qatar/qatars-rulers/sheikh-abdullah-bin-jassim-al-thani?sc_lang=en›.

12 *Gulf Times*, 28.12.2016: ‹https://www.gulf-times.com/story/526227/Looking-back-to-how-oil-exploration-started-in-Qatar›.

13 Gespräch mit Scheich Faisal im Februar 2022 in Doha.

14 Jill Crystal: Oil and Politics in the Gulf. Rulers and Merchants in Kuwait and Qatar, 1990.

15 Gespräch mit einem Top-Vertreter aus der katarischen Führung unter der Bedingung, nicht namentlich zitiert zu werden, Mai 2022.

16 ‹https://www.britannica.com/place/Qatar/History›.

17 Rosemarie Said Zahlan: The Making of the Modern Gulf States: Kuwait, Bahrain, Qatar, the United Arab Emirates and Oman: Kuwait, Bahrain, Qatar, United Arab Emirates, Oman (The making of the Middle East), 1989.

18 Library of Congress, Federal Research Division: Persian Gulf states: country studies, Chapter 4: Qatar by Anthony Toth, Third Edition 1994, ‹https://lccn.loc.gov/93046476›.

19 Ausstellung im Nationalmuseum.

20 Library of Congress. Federal Research Division: Persian Gulf states : country studies, Chapter 4: Qatar by Anthony Toth, Third Edition 1994.

21 Fromherz.

22 Andrew Hammond: »Qatar's Leadership Transition: Like Father, Like Son«, ECFR Policy Brief, 2014.

23 Paul Michael Brannagan und Richard Giulianotti: The soft power-soft disempowerment nexus: the case of Qatar, In: International Affairs 94 / 2018.

24 Hammond.

25 Michael Q. Morton: Masters of the Pearl. A History of Qatar, 2020.

26 Fromherz, Rise to Power and Influence, 2017.

27 Gespräch mit hochrangigen Politikern, Regierungsbeamten und Unternehmern in Doha.

28 A guide tot he most powerful families in Qatar, Beratungsfirma Priya D'Souza.

29 Reuters in Gulf News. *6 August 2003*.

30 Andrew Hammond: Qatar's Leadership Transition: Like Father, Like Son, 2014.

31 Meet the 10 richest billionaire royals in the world right now, Updated: 17.7.2019: ‹https://www.businessinsider.com/royal-family-net-worth-worlds-richest-billionaires-ranked-2018–5?r=US&IR=T#1-king-maha-va-jiralongkorn-thailand-10›.

32 ‹https://ceoworld.biz/2019/09/18/these-are-the-worlds-richest-royals-2019/›.

33 The 10 Richest Royal Families In The World As of 2022, Ranked. 24.4.2022: ‹https://www.therichest.com/rich-powerful/the-10-richest-royal-families-in-the-world-as-of-2022-ranked/›.

34 Gespräch mit einem katarischen Regierungsvertreter April 2022 unter der Bedingung, dass er nicht namentlich nicht zitiert wird.

35 Gespräche mit katarischen und ausländischen Beamten, Managern, Diplomaten.

36 Gespräch in der Qatar Foundation im Februar 2022.

37 ‹https://trendeconomy.com/data/h2/Qatar/TOTAL›.

38 ‹https://www.worldstopexports.com/worlds-top-oil-exports-country/›.

39 ‹https://www.mof.gov.qa/en/Pages/StateBudget2022.aspx›.

40 ‹https://fred.stlouisfed.org/›.

41 ‹https://www.worldbank.org/en/country/gcc/publication/economic-update-april-2022›.

42 ‹https://atlas.bti-project.org›.

43 Maximilian Felsch.

44 Gespräche im Mai 2022.

45 Gespräch im März 2021.

46 Gespräch in Doha im Februar 2022.

47 ‹https://foreignpolicy.com/2018/06/04/qatar-won-the-saudi-blockade/›.

48 Karen DeYoung und Ellen Nakashima: »UAE orchestrated hacking of Qatari government sites, sparking regional upheaval, according to U.S. intelligence officials«, Washington Post, 16. Juli 2017.

49 ‹https://atlas.bti-project.org/›.

50 Near & Middle East Titles in den Cambridge Archive Editions: Arabian Boundary Disputes – Historical, Political And Legal Dossier, Bände 16, 1+2, 17. With the conclusion of the 1974 Saudi-Abu Dhabi border agreement, granting Saudi Arabia a 25 km land corridor through the Khawr al-Udaid, Qatar and the United Arab Emirates could no longer strictly claim to be neighbours, though the 1974 agreement was, in truth, only a formalisation of a situation which had pertained for decades. Saudi Arabia's land corridor entitles it to no rights over the continental shelf, however, so the 1969 seabed boundary negotiated between Qatar and Abu Dhabi still holds good.

51 Qatar hosts largest US military base in Mideast, CNN, 6.6.2017.

52 Maximilian Felsch: Qatar's rising international influence: a case of soft power?, Conjuntura Internacional, November 2016.

53 Gespräch im Mai 2022, Interview im Handelsblatt.

54 Mehran Kamrava.

55 ‹https://www.thedailybeast.com/report-qatar-just-bought-dollar65m-apartment-in-trump-property›.

56 Promoting Terror or Sport? The Case of Qatar's International Image, American Behavioral Scientist 2016.

57 Mehrere Gespräche in Doha 2019 und 2022.

58 Hammond.

59 »Die Neugier ist riesig«, Zeit, 4.8.2016.

60 Paul Michael Brannagan und Richard Giulianotti: The soft power-soft disempowerment nexus: the case of Qatar, In: International Affairs 94 / 2018.

61 »Everything I Have to Do is Tied to a Man«, Women and Qatar's Male Guardianship Rules, HRW Report, 29.3.2021; »We're treated as children"‹ Qatari women tell rights group, Guardian, 29.3.2021.

62 Frauenfußball in Katar: Erster Auftritt vor Vätern, Süddeutsche Zeitung, 16. August 2013.

63 Sun-drenched Middle East has a high vitamin D deficiency rate. Why?, Arab News, 10.6.2019.

64 ‹https://data.unwomen.org/country/qatar›.

65 ‹https://www3.weforum.org/docs/WEF_GGGR_2022.pdf›.

66 ‹https://www.overshootday.org/newsroom/country-overshoot-days›.

67 ‹https://km.qa/CustomerService/Pages/Tariff.aspx›.

68　‹https://edgar.jrc.ec.europa.eu/booklet/GHG_emissions_of_all_world_countries_booklet_2021report.pdf›.

69　‹https://list.solar/news/kahramaa-closes/›.

70　‹https://www.handelsblatt.com/politik/international/klimapioniere-teil-6-gruene-technik-der-superlative-wie-sich-die-golfstaaten-auf-die-zeit-nach-dem-oel-vorbereiten/24970338.html›.

71　Scandal at the Soccer World Cup (Corruption Documentary) | Real Stories , DR 2017, ‹https://www.youtube.com/watch?v=U0onvrn71Qc›.

72　»Plot to buy the World Cup«. *The Sunday Times, 1.6.2014.*

73　Gespräch im Juli 2022, sein Projekt an der Georgetown University Qatar: ‹https://cirs.qatar.georgetown.edu/research/research-initiatives/qatars-world-cup-goals-moving-from-the-periphery-to-the-center/›.

74　Gespräch im Februar 2022 in Doha.

75　Meddling for medals: the politics of sport in the Gulf, Arabian Business 27.11.2015.

76　Natalie Koch: Sports sponsorship and Gulf geopolitics, in: Orient – deutsche Zeitschrift für Politik, Wirtschaft und Kultur des Orients, III/2022.

77　Why the Gulf is betting on sport, *Financial Times*, 27.11.2019.

78　Das reiche Emirat und das Fußball-Kaff – Warum Katar Millionen in die KAS Eupen steckt, *Handelsblatt*, 2.3.2019.

79　Gespräch im Februar 2022, Besuche bei Aspire 2022, 2016.

80　Qatar's multibillion-dollar World Cup signifies shifts in wealth and power, Guardian, 21.11.2021.

81　‹https://www.axios.com/pro/media-deals/2022/05/26/chelsea-fc-sale-record-setting›.

82　Natalie Koch: Sports sponsorship and Gulf geopolitics, in: Orient – deutsche Zeitschrift für Politik, Wirtschaft und Kultur des Orients, III/2022.

83　‹https://globalswf.com/news/most-english-fans-feel-negative-about-swfs-but-newcastle-and-man-city-reap-rewards›.

84　‹https://www.theguardian.com/football/2021/nov/21/qatars-multibillion-dollar-world-cup-signifies-shifts-in-wealth-and-power›.

85　‹https://www2.deloitte.com/uk/en/pages/sports-business-group/articles/deloitte-football-money-league.html›.

86　‹https://www.forbes.com/soccer-valuations/list/›.

87　‹https://www.derstandard.de/consent/tcf/story/2000089951997/des-saudischen-kronprinzen-mann-fuers-grobe›.

88　Special 301 Report.

89　‹https://ustr.gov/sites/default/files/IssueAreas/IP/2022%20Special%20301%20Report.pdf›.

90　Gespräch mit beIN-Management.

91 Bloomberg 18.9.2020: BeIN Sports walks away from renewal talks with Bundesliga, und eigene Gespräche mit beIN.

92 ‹https://variety.com/2021/digital/global/saudi-qatar-blockade-al-jazeera-bein-media-1234881166/›.

93 42 nationale Meistertitel bisher, 37 Pokalsiege und zehn Mal Gewinner der afrikanischen Champions League.

94 James M. Dorsey: Soccer: A Middle East and North African Battlefield, November 2011.

95 James M. Dorsey: Soccer vs. Jihad: A Draw, American Behavioral Scientist, März 2016.

96 Danyel Reiche: Investing in sporting success as a domestic and foreign policy tool: the case of Qatar, International Journal of Sport Policy and Politics, 2014.

97 Gespräch in Doha im Februar 2022.

98 Gespräch im Juli 2022.

99 Revealed: 6,500 migrant workers have died in Qatar since World Cup awarded, Guardian, 18. März 2021.

100 Ex-Fußballer konnte Katar nicht verlassen: »Sie haben mein Leben zerstört«, *tageszeitung taz*, 24.9.2016.

101 ‹http://www.emro.who.int/emhj-volume-24–2018/volume-24-issue-10/trends-in-occupational-injuries-and-diseases-among-saudi-and-non-saudi-insured-workers.html›.

102 ‹vitalsignsproject.org›.

103 Halil Kursad Aslan, Dynamics of labor migration in the Gulf region, Middle East Analysis, Januar 2022.

104 ‹https://www.migrant-rights.org/2022/08/if-my-husband-touches-you-i-will-kill-you/›.

105 ‹https://www.tadbeer.me/›.

106 International Domestic Workers Federation, ‹https://idwfed.org/en/about-us-1›.

107 Gespräche in Doha 2012, 2016, 2022.

108 Matthias Krug: Journeys on a Football Carpet. An inside look at Qatar's football story and its transformation into the 2022 FIFA World Cup Host, 2019.

109 Ausgabe vom 6.11.1973.

110 ‹https://www.cycling4fans.de/index.php?id=5388›.

111 Wie Phönix aus dem Sand, *FAZ* 10.4.2004.

112 Gespräch im März 2022 in Doha.

113 Wirtschaftsratgeber Katar, herausgegeben vom Nah- und Mittelost-Verein, 2020.

114 ‹https://www.qia.qa/en/Pages/default.aspx›.

115 Gespräch mit einem ranghohen QIA-Manager.

116 ‹https://globalswf.com/reports/2022annual›.

117 Durch den Kauf eines Anteils Adani Electricity Mumbai Limited.

118 ‹https://www.qia.qa/en/About/Pages/leadership.aspx›.

119 Gespräche mit mehreren Vertretern von Banken, Ministerien, Unternehmen und Diplomaten zwischen 2017 und 2022.

120 ‹https://www.handelsblatt.com/unternehmen/handel-konsumgueter/foodtech-milliarden-bewertung-aber-mini-geschaeft-start-up-infarm-musste-umsatz-rueckgaenge-hinnehmen/28579432.html›.

121 Gespräch im August 2018 in Doha, »Wir sind keine Schönwetterinvestoren«, *Handelsblatt*, 3.9.2018.

122 Gespräch im Februar 2019, Interview im *Handelsblatt*, 18.2.2019.

123 Gespräch im Mai 2022.

124 Gespräch im November 2021 unter der Bedingungen, dass nicht namentlich zitiert wird.

125 ‹https://www.spiegel.de/wirtschaft/airbus-soll-qatar-bestellungen-ueber-a350-jets-gekuendigt-haben-a-7c7bcb60-d276–4a32-a327-a3261708370d›.

126 ‹https://www.qf.org.qa/stories/hh-sheikha-moza-gives-unique-insight-into-how-qatar-foundation-went-from›.

127 Backstory: The royal couple that put Qatar on the map, Christian Science Monitor, 5.3.2007.

128 Gespräch in der Qatar Foundation Februar 2022.

129 ‹https://qz.com/1482426/qatar-has-a-plan-to-bring-gender-equality-to-the-middle-east-and-its-working/› Last updated July 21, 2022.

130 »Die Neugier ist riesig«, *Die Zeit*, 4.8.2016.

131 *Die Zeit*, 4.8.2016.

132 ‹https://www.qatarenergy.qa/en/WhoWeAre/Governance/Pages/BoardofDirectors.aspx›.

133 ‹https://www.qatarenergy.qa/en/MediaCenter/Publications/QatarEnergy%20Summary%20Financial%20Statements%202021.pdf›.

134 BP Statistical Review of World Energy 2022.

135 Flüssiggas für Deutschland: Emir von Katar will bei Staatsbesuch LNG-Deal abschließen, *Handelsblatt*, 19.5.2022.

136 Russia's war helps Qatar boost its influence over global energy flows, *Financial Times*, 8.7.2022.

137 BP Statistical Review – R/P ratio.

138 Schumpeter: Why Saudi Aramco could be eclipsed by ist Qatari nemesis, *Economist*, 26.3.2022.

139 ‹https://baladna.com/wp-content/uploads/2022/01/NEW-BALADNA-CORPORATE-PROFILE-Web.pdf›.

140 Gespräch mit Moutaz Al-Khayyat und PIH Managern.

141 Kein Bling Bling mehr bei PSG?, *spox.com*, 30.6.2022. ‹https://www.spox.com/de/sport/fussball/international/england/2206/Artikel/psg-paris-will-kein-%20bling-bling-nehr-bei-psg-neymar-weggang-droht.html›.

142 Gespräch mit Akbar Al Baker in Doha im Februar 2022.

143 Gespräche mit CEOs anderer Airlines, Managern von Flughäfen und Ausrüstern.

144 Gespräch mit Al Baker in Doha 2014.

145 ‹https://skytraxratings.com/qatar-airways-is-voted-the-worlds-best-airline-for-the-sixth-time-at-the-2021-world-airline-awards›.

146 Gespräche mit Al Baker 2014, 2018, 2019, 2022.

147 Berechnungen nach IATA Ranking 2021 nach international RPKs / revenue passenger kilometer.

148 ‹https://www.qatarairways.com/content/dam/documents/annual-reports/2022/annual-report-en.pdf›.

149 ‹https://www.manager-magazin.de/unternehmen/industrie/boeing-qatar-airways-bestellt-102-flugzeuge-seitenhieb-auf-airbus-a-e168f327-b9a1-4780-bdf3-d10946296c9f›.

150 Pressegespräch auf der ITB in Berlin mit Al Baker 2019.

151 Gespräch mit Scheich Faisal in seiner Konzernzentrale Februar 2022.

152 Unternehmensbroschüre der Al Faisal Holding.

153 https://www.linkedin.com/company/volkswagen-qatar/?originalSubdomain=de›.

154 ‹https://www.artic.com.qa/portfolio/all.aspx›.

155 Stand: Ende Juli 2022.

156 Mohammad Nuruzzaman: Qatar and the Arab spring: down the foreign policy slope, in: Contemporary Arab Affairs, 8 / 2015.

157 Paul Michael Brannagan und Richard Giulianotti: The soft power-soft disempowerment nexus: the case of Qatar, In: International Affairs 94 / 2018.

158 Mehran Kamrava, Qatar: small state, big politics, 2013.

159 Philip Seib: Hegemonic No More: Western Media, the Rise of Al-Jazeera, and the Influence of Diverse Voices, in: International Studies Review, Vol. 7, No. 4 (Dec., 2005), S. 601–615.

160 Tarek Cherkaoui: Al Jazeera's Changing Editorial Perspektives and the Saudi-Qatari Relationship, In: The Political Economy of Communication, 2014.

161 Gespräch mit Mostefa Saouag, Februar 2022.

162 Nabil Sultan: Al Jazeera: Reflections on the Arab Spring, in: Journal of Arabian Studies, No. 2, 2013.

163 Olivier Da Lage: The Politics of Al Jazeera or the Diplomacy of Doha, in: »The Al Jazeera Phenomenon: Critical Perspectives on New Arab Media«, 2005.

164 Solomon Simukoko: Al Jazeera its Purpose and Ethos, Swansea University, Department of Media and Communication, o. J., ‹https://www.academia.edu/22163343/Al_Jazeera_its_Purpose_and_Ethos?sm=b›.

165 Maximilian Felsch: Qatar's rising international influence: a case of soft power?, in: Conjunctura Internacional, Belo Horizonte, v. 13, no. 1, 2016.

166 ‹https://www.nytimes.com/2008/01/04/world/africa/04iht-04jazeera.9019066.html?pagewanted=all›.

Alle Fotos: Mathias Brüggmann
Alle Grafiken: Rohtext

Über den Autor

Mathias Brüggmann

geboren 1965 in Hamburg, International Correspondent für das »Handelsblatt« und Kommentator auf arabischen TV-Kanälen. Seit den 1990er-Jahren ist er regelmäßig im Mittleren Osten unterwegs. Er verfolgte den Arabischen Frühling auf Kairos Tahrir-Platz, danach gleich in Bahrain, im Iran und in Tunesien. Seit Jahren bereist er immer wieder Katar, Saudi-Arabien und die VAE. Mathias Brüggmann ist bekennender Fan des 1. FC St. Pauli und lebt in Berlin.